십자군 이야기
2

JYUJIGUN-MONOGATARI vol 2
by Nanami Shiono

Copyright ⓒ 2011 by Nanami Shiono
All rights reserved.
Original Japanese edition published by SHINCHOSHA Publishing Co., Ltd,
Korean translation rights arranged with SHINCHOSHA Publishing Co., Ltd,
through Eric Yang Agency Co., Seoul.
Korean translation rights ⓒ 2011 by MUNHAKDONGNE Publishing Corp.

이 책의 한국어판 저작권은 에릭양 에이전시와 SHINCHOSHA Publishing Co., Ltd를 통해
저자와 독점 계약한 (주)문학동네에 있습니다.
저작권법에 의해 한국 내에서 보호를 받는 저작물이므로
무단 전재 및 무단 복제를 금합니다.

이 도서의 국립중앙도서관 출판예정도서목록(CIP)은
서지정보유통지원시스템 홈페이지(http://seoji.nl.go.kr)와
국가자료종합목록 구축시스템(http://kolis-net.nl.go.kr)에서 이용하실 수 있습니다.
(CIP제어번호 : CIP2011004511)

Story
of the
Crusades

십자군 이야기

2

시오노 나나미

송태욱 옮김 | 차용구 감수

문학동네

제1장

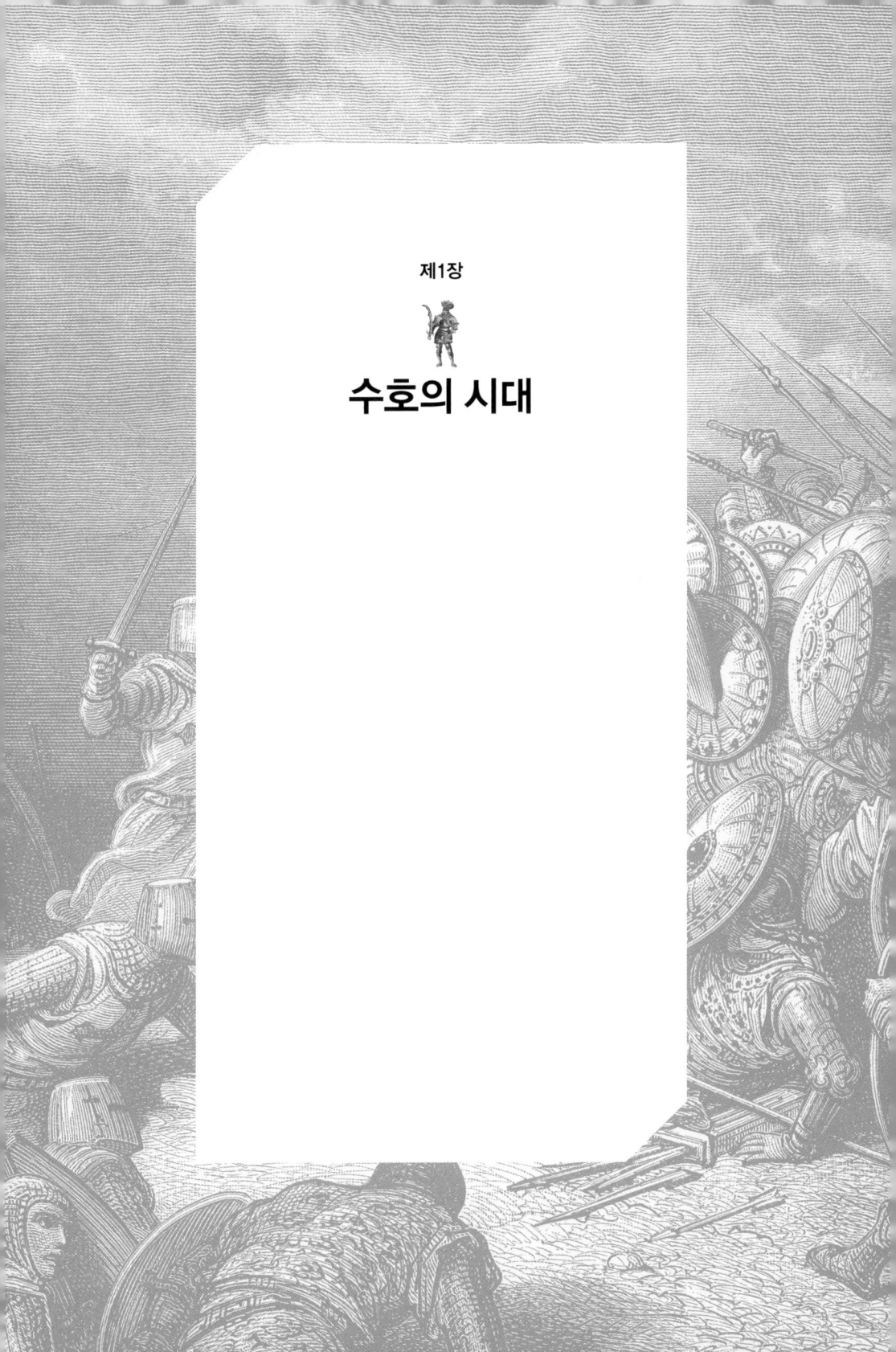

수호의 시대

어째서인지 인재는 어느 시기에 한쪽에서만 집중적으로 배출되는 것 같다. 하지만 이런 현상도 시간이 좀 지나면 잦아들고, 이번에는 다른 쪽에서 인재가 집중적으로 배출된다.

　이제부터 시작하는 2권에서는, 그리스도교측에서 배출된 남자들을 그린 1권에 이어 이슬람측에서 배출된 남자들을 중심으로 이야기한다. 왜 양쪽 모두 같은 시기에 인재가 배출되지 않았을까, 하는 의문에 명쾌하게 답해준 철학자도 역사가도 없다. 인간은 인간의 한계를 알아야 한다는 신들의 배려인가, 아니면 이것이야말로 역사의 부조리인 것일까……

　중세 유럽의 그리스도교도에게 십자군 원정은 신이 바라는 일을 한다는, 신자로서 더할 나위 없이 정당한 행위였다.

그러므로 무슨 일이 일어나든 신이 지켜줄 것이라 믿고 멀리 오리엔트로 향했던 것이다.

사실 『십자군 이야기』 1권에서 전반적으로 서술한 것처럼, 제1차 십자군의 성공은 거기 참가한 사람들의 노고와 희생의 결과였다. 하지만 이 또한 신의 도움이 있었기에 가능했다고 믿은 사람들은 그 성과를 유지하는 단계에 들어선 이후에도, 신이 앞으로도 틀림없이 도와줄 것이라 믿어 의심치 않았다.

1095년, 프랑스 중부의 클레르몽에서 열린 공의회에서 십자군 원정을 선언한다.

1096년, 십자군 참가를 서약한 제후들이 유럽을 뒤로하고 중근동으로 향한다.

1097년, 예루살렘으로 가는 길을 가로막고 있던 최대의 난관인 시리아의 대도시 안티오키아 공방전이 시작된다.

1098년, 안티오키아 공략에 성공한다.

1099년, 예루살렘을 '해방'한다.

실제로 움직인 기간만 따지면 불과 3년 만에, 제1차 십자군은 '이교 이슬람의 멍에에 시달리고 있던 성도 예루살렘의 해방'이라는 거대한 목적을 달성했다. 이를 알고 전 유럽이 열광했다.

그러나 신의 도움을 믿는 정도와는 상관없이, 실제로 십자군에 참가하여 고생 끝에 성과를 거둔 제후들은 알고 있었다. 성도 예루살렘이 '해방'된 상태로 존속하기 위해서는 그 주변 일대까지 지배하에 둘 필요가 있다는 것을. 즉 시리아, 팔레스티나라고 불리는 중근동 일대를

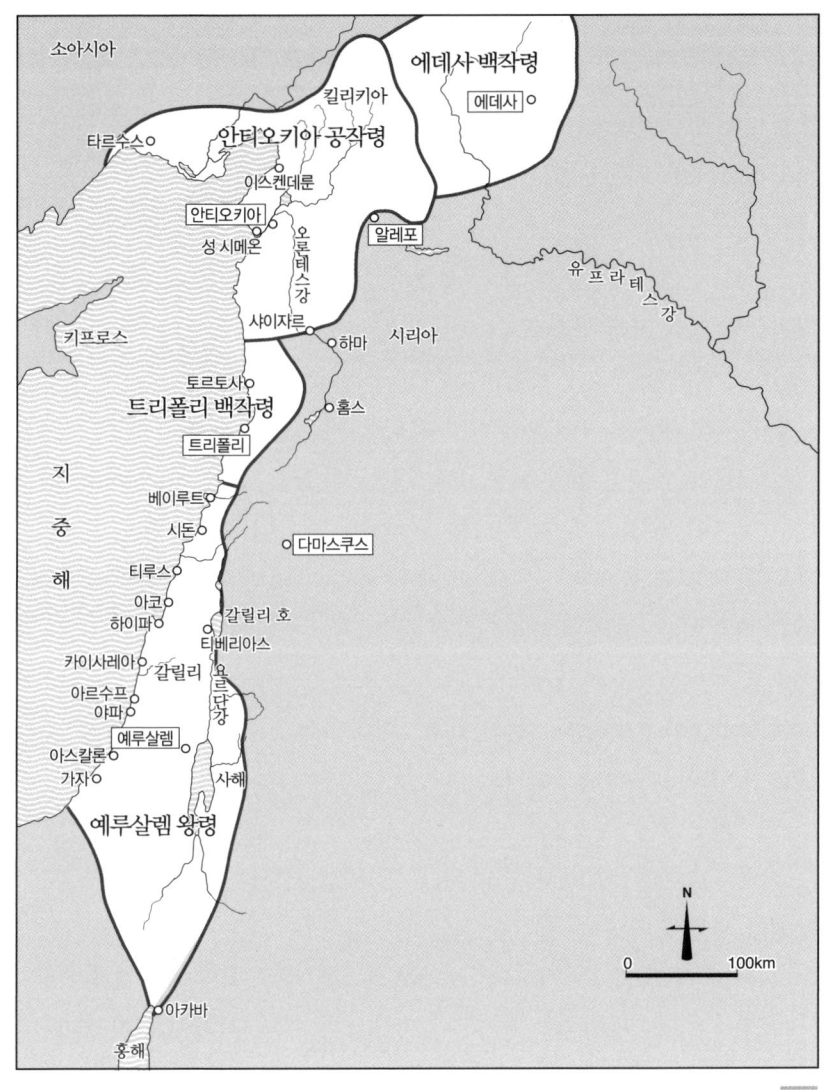

소아시아

에데사 백작령

킬리키아

에데사

타르수스

안티오키아 공작령

이스켄데룬

안티오키아

성 시메온

오론테스강

알레포

유프라테스강

샤이자르

하마

시리아

키프로스

토르토사

트리폴리 백작령

트리폴리

홈스

지
중
해

베이루트

시돈

다마스쿠스

티루스

아코

하이파

갈릴리 호

카이사레아

티베리아스

아르수프

갈릴리

요르단강

야파

예루살렘

아스칼론

사해

가자

예루살렘 왕령

N

0   100km

아카바

홍해

1118년까지의 중동 십자군 국가

지배하에 두는 것이 예루살렘의 수호에 불가결하다는 사실을 알고 있었던 것이다. 그들은 황제도 왕도 아니었지만 고향 유럽에 광대한 영토를 소유하고 있던 봉건영주였다. 획득한 성지를 내버려두어도 신이 지켜주리라고 생각할 수 없는 남자들이었던 것이다.

스스로 '성묘의 수호자'라고 칭했지만 실질적으로 초대 예루살렘 왕이었던 로렌 공작 고드프루아.

안티오키아 함락의 주역이기도 한 풀리아 공작 보에몬드.

트리폴리 지방을 지배하에 두는 데 공을 세운 툴루즈 백작 레몽.

이 세 주요인물의 바로 뒤를 이은 이는, 에데사 지방을 정복하여 에데사 백작이 되고 그후 형 고드프루아의 뒤를 이어 예루살렘 왕이 된 보두앵, 그리고 보에몬드 1세의 오른팔 이상의 커다란 활약을 보여준 탄크레디, 이 두 젊은 장수였다.

이 남자들이 1099년까지는 정복을, 그후 18년간은 정복을 확고히 함으로써 시리아와 팔레스티나의 십자군 국가가 성립된 것이다.

그러나 1118년, 이 다섯 명 가운데 마지막으로 남은 예루살렘 왕 보두앵이 세상을 떠났다. 자식은 없었다.

'아무도 남지 않게 된' 이런 상황에서 예루살렘의 왕위에 오른 이는, 이름이 같다는 이유로 보두앵 2세라고 불리는 사람이다. 이 보두앵 2세가 유럽에서 멀리 떨어진 중근동 십자군 국가의 수호라는 중책을 맡게 되었다.

십자군의 제2세대

보두앵 2세는 태어난 해가 확실하지 않아 에데사 백작에서 예루살렘 왕으로 승격했을 때의 나이를 알 수 없다. 사촌형인 보두앵 1세보다는 몇 살 어리고 6년 전 서른여섯의 나이로 세상을 떠난 탄크레디보다는 조금 많았으므로, 예루살렘 왕위에 올랐을 때의 나이는 사십대 후반에 들어선 무렵이었을 것이다. 에데사 백작이었던 시기에 아르메니아 영주의 딸과 결혼했고, 그 아내와의 사이에 딸 넷이 있었다.

초대 예루살렘 왕이었던 고드프루아는 유럽 북동부 광대한 공국의 영주였으므로, 그가 그리스도교도라면 모르는 사람이 없는 예루살렘이라는 도시의 통치자가 되는 것에 아무도 위화감을 갖지 않았을 것이다. 그 뒤를 이어 2대 왕이 된 보두앵 1세는 고드프루아의 친동생이었으니 역시 당시 유럽에서 유력한 집안이었던 로렌 공작가의 본가에 속한 셈이다.

하지만 이 두 사람과 사촌지간인 보두앵 2세는 본가의 일원이라 할 수는 없었다. 그런 그가 이렇다 할 반대 없이 예루살렘 왕위에 오른 것은 현지 사람들의 위기감 때문이 아니었을까.

사실 보두앵 1세가 죽은 직후, 유럽에 있는 로렌 공작가 사람 중 하나를 불러와 다음 왕으로 앉혀야 한다는 목소리가 높았다. 이에 대해 당시 에데사 백작이었던 보두앵 2세를 강력하게 추천한 이가, 그 무렵 갈릴리 지방의 방어를 담당하고 있던 조슬랭 드 쿠르트네였다.

이유는 간단하다. 이름만 들어도 누구나 고개를 끄덕일 만한 명문가의 남자를 유럽에서 불러오는 것보다, 현지 정세를 잘 아는 사람에게 맡기는 것이 적절한 대책이라는 것이다. 그리고 현지에서 이에 찬성한 또 한 명의 주요인물이 예루살렘의 대주교였다. 대주교 드 로는 예루살렘이 '해방'되었을 무렵부터 팔레스티나에 있던 사람으로, 고드프루아와 보두앵 1세가 예루살렘을 정복한 이후 고생하던 모습을 직접 눈으로 보아 잘 알고 있었다.

이리하여 고드프루아나 보두앵 1세 같은 명문가 출신도 아니고, 그렇다고 보에몬드나 탄크레디처럼 전략전술에 능하지도 않던 남자가 3대 예루살렘 왕이 된 것이다. 지금까지는 사촌형 보두앵 1세를 대신하는 역할로만 그 이름이 등장하던 남자가.

그는 십자군 원정의 최종목표였던 예루살렘 공격 때, 에데사 백작령을 방어하느라 움직일 수 없었던 보두앵 1세가 자기 대신 예루살렘으로 보낸 인물이었다. 고드프루아가 죽은 후 예루살렘 왕이 된 보두앵 1세가 에데사 백작령을 떠나면서 그곳을 맡긴 인물이기도 했다. 그리고 보두앵 1세가 죽은 후 예루살렘의 왕위에 오른 이도 바로 이 사람이다.

고드프루아, 보에몬드, 레몽, 이 세 사람이 제1차 십자군의 맨 앞줄에 서고, 그 바로 뒤에는 제1차 십자군의 젊은 세대인 보두앵 1세와 탄크레디가 섰다. 그리고 세번째 줄에 해당하는 것이 보두앵 2세라는 이름으로 예루살렘의 왕위에 오른 이 사람이다. 이슬람측의 평가를 집약하면 '평범한 남자'였는데, 그렇게 보였다고 해도 어쩔 수 없다. 그 리스도교측에서조차 그는 예루살렘 왕이 되기 전까지는 늘 '누군가를 대신하는 남자'였기 때문이다.

그러나 평범한 사람에게도 그 평범함을 돌파하는 길이 있다. 자기 능력의 한계를 냉철하게 따져보고, 자기 혼자 모든 일을 하려 하지 않고 다른 사람에게 맡기는 것의 중요성을 인식했을 때 그 길이 열린다. 그리고 이것은 '아무도 남지 않은' 시기에 지도자가 되어버린 '누군가를 대신하는 남자'가 유일하게 할 수 있는 올바른 방법이기도 했다. 어쨌든 보두앵 2세는 경험만은 부족하지 않았다.

고드프루아를 따라 유럽을 뒤로한 이래 22년. 세번째 줄이었다 해도, 또 늘 '누군가를 대신하는 남자'였다고 해도 제1차 십자군의 모든 것을 경험한 사람은 이제 보두앵 2세 혼자였다. 이 사람이 현 정세를 잘 알고 있다는 이유로 3대 예루살렘 왕으로 추천된 것도 당연하다. 조슬랭 드 쿠르트네가 함께하긴 했지만, 어쨌거나 그는 이슬람측의 포로가 되어 4년 동안이나 포로생활을 경험하기도 했으니까.

1118년에 3대 예루살렘 왕이 된 보두앵 2세가 직면한 문제는, 1099년에 예루살렘을 정복하고 초대 왕이 된 고드프루아가 직면했던 문제와 다르지 않았다.

한마디로 '병력의 절대적인 부족'이었다. 유럽을 떠날 당시만 해도 십자군은 수만 명을 헤아리던 대병력이었는데, 예루살렘 해방이라는 큰 목적을 달성했음에도, 아니, 바로 그 때문에 병력이 더더욱 급격하게 감소해갔던 것이다.

첫째, 유럽을 떠나 소아시아, 시리아, 팔레스티나를 거치면서 벌어진 전투에서 수많은 병사를 잃었다.

둘째, 이와 같은 시기에 식량이나 물 부족, 병으로 쓰러진 자도 많았다.

셋째, 성도 예루살렘의 해방으로 신에 대한 서약을 이루었다며 예루살렘 '해방' 직후 유럽으로 돌아간 십자군 병사가 상당히 많았다.

제후들 중에서도 플랑드르 백작과 노르망디 공작, 이 두 사람이 귀국했다. 대장이 귀국하면 그 수하의 병사들도 따르게 마련이다.

이들이 귀국한 후 정복 직후의 예루살렘을 방어할 책임을 떠맡게 된 것은 초대 예루살렘 왕인 고드프루아였는데, 그에게 남아 있는 장수는 탄크레디 한 사람뿐이었다. 이 두 사람이 거느린 병력을 합해도 기병 3백 명에 보병 2천 명밖에 되지 않았다.

형 고드프루아의 뒤를 이어 예루살렘 왕이 된 보두앵 1세가 자유로이 운용할 수 있는 병력이 어느 정도였는지는 알려져 있지 않다. 하지만 이보다 30년 후인 제2차 십자군 시대에, 당시 예루살렘 왕이었던 보두앵 3세가 이끌던 병력에 대한 기록은 남아 있다. 기병 550명에 보병 6천 명. 중근동의 여러 십자군 국가 중에서 가장 큰 규모였던 예루살렘 왕국조차, 제1차 십자군에 참가한 제후 한 사람이 이끌고 온 병력에도 훨씬 못 미치는 병력을 보유하고 있었던 것이다. 제1차 십자군 당시 제후들 중 세력이 작은 편이었던 플랑드르 백작만 해도 기병 5백 명을 거느리고 있었으니까.

　게다가 보두앵 1세 때는 이슬람 세력과의 경계인 갈릴리 지방의 정복을 담당한 탄크레디와 안티오키아 공작령을 견고하게 유지하고 있던 보에몬드, 그리고 보두앵 1세가 자기 대신 에데사 백작령을 맡긴 사촌 보두앵 2세, 제1차 십자군 세대인 이 세 사람에게 의지할 수 있었다.

　그러나 이 제1차 십자군 세대 장수들이 모두 세상을 떠 '아무도 없었다'고 해도 좋은 정황에서 예루살렘 왕이라는 중근동 십자군 국가의 최고지도자가 된 보두앵 2세가 의지할 수 있는 사람은 조슬랭 드 쿠르트네밖에 없었다. 그전까지 갈릴리 지방의 방어를 담당하던 쿠르트네는, 왕이 되어 예루살렘으로 향하는 보두앵에게 위임받은 에데사 백작령을 방어하고 있었다.

　'그리고 아무도 없었다'고 할 수 있는 1118년 당시 십자군 국가의 정황은, 제1차 십자군의 주역이었던 제후들이 차례로 세상을 떠났다는 이유만으로는 설명할 수 없다. 이 제후들의 수족이 되어 용감하게 싸워온 베테랑들, 현대 군대로 말하자면 유능한 하사관급에 해당하는 사람들까지 이 20년 남짓한 기간에 모두 죽고 말았던 것이다.

　이것이 병력 부족에 '절대적'이라는 수식어를 붙이지 않을 수 없는 이유다. 병역 지원자가 있어도 그것을 전력(戰力)으로 바꾸어가는 데 없어서는 안 될, 훈련을 담당하는 이들이 바로 하사관급 베테랑들이기 때문이다.

이것이 중근동에 성립된 십자군 국가의 당시 상황이라면, 그 최고책임자가 할 수 있는 일에는 한계가 있게 마련이다.

방어에 전념할 수밖에 없는 것이다.

십자군이 유럽을 뒤로한 1096년부터 시작해 보두앵 1세가 죽은 1118년까지의 22년간을 그리스도교측의 공세 시대라고 한다면, 보두앵 2세가 즉위한 뒤에는 수세의 시대로 접어든다. 그것도 '아무도 없는' 상황에서.

한편 유럽에서는 성도를 탈환했다는 소식에 환호한 신자들이 이전보다 더 많이 순례길에 올랐다.

이 사람들은 예루살렘이 그리스도교 아래로 다시 돌아온 것은 신의 도움 덕이라고 믿고 있었다. 신이 성도 탈환까지 도와주었으니, 긴 바닷길을 거쳐 팔레스티나에 상륙하고, 그곳에서 예루살렘으로 향하는 길의 안전도 지켜줄 것이라 믿어 의심치 않았다. 하지만 현실은 이들이 생각하는 대로 되지 않았다.

고드프루아와 보두앵 1세가 예루살렘 왕이던 19년간 시종 수세에 몰려 있던 이슬람측은, 정면승부하면 질 게 뻔하므로 게릴라 전법에 중점을 두는 것으로 전략을 바꾸었다.

게릴라 전법은 적의 가장 약한 곳을 공격하는 것이 상식이다. 머리에서 발끝까지 갑옷과 투구로 무장한 군대는 이기지 못해도, 무방비로 찬송가를 합창하며 예루살렘으로 향하는 순례자 무리라면 간단했다.

게다가 이들은 예루살렘의 성묘교회에서 기도하는 것만을 바라고 유럽에서 먼 길을 마다하지 않고 달려온 사람들이다. 신분이 높은 남녀도 적지 않았고, 무방비일지언정 그 신분에 상응하는 자금과 소지품을 지참하고 있었다. 이슬람측에서 보면 증오스러운 침략자인 이교도를 죽인다는 대의명분에 더해, 돈과 물건, 노예로 팔 사람까지 노획할 수 있다는 이점이 있었던 것이다.

이리하여 팔레스티나의 항구도시 야파에서 예루살렘으로 향하는 순례가도는 그 어느 곳보다 위험한 길이 되고 말았다.

십자군 시대의 야파는 지금의 이스라엘 수도 텔아비브와 거의 일치한다. 유럽에서 온 순례자들이 배에서 내리는 이 항구도시에서 내륙에 위치한 예루살렘까지는 직선거리로 60킬로미터밖에 되지 않는다. 이 순례의 중심이 되는 길의 안전을 보장하는 일은 예루살렘 왕이 된 사람이 맡아야 할 책무였다.

그러나 보두앵 2세는 앞서 말한 사정으로 병력이 부족했다. 게다가 에데사 백작령과 안티오키아 공작령 역시 제1차 십자군 세대가 지키고 있던 때와는 달리 그 뒤를 이어받은 방어 책임자의 능력이 떨어져, 이슬람측의 공격을 받을 때마다 예루살렘 왕이 직접 군대를 이끌고 가서 지원해야 했다.

보두앵 2세의 치세는 13년간 이어지는데, 그는 그 대부분의 세월을 언제 예루살렘에 있었던가 싶을 정도로 십자군 국가인 시리아와 팔레스티나의 북쪽에서 남쪽까지를 빈번하게 왕래하는 데 보낸다. 그나마 있는 병력도 왕이 직접 이끄는 전력으로 써야 했으므로 순례가도의 안전을 확보하는 데 할애할 여유까지는 없었다. 보두앵 2세가 왕위에 올랐을 때의 예루살렘은 '고양이 손이라도 빌리고 싶은' 상황이었다 해도 좋았다.

이 예루살렘 왕에게, 고양이는 아니지만 손을 빌려주겠다고 나선 남자들이 나타났다.

템플 기사단의 탄생

전해지는 이야기에 따르면, 막 예루살렘 왕위에 오른 보두앵 2세에게 어느 날 두 기사가 찾아왔다. 두 사람 중 쉰 가까운 나이로 보이는 기사는 프랑스 샹파뉴 지방에서 태어난 위그 드 파엥이라고 했고, 옆 사람도 같은 지방 출신으로 고드프레 드 생 오메르라고 자신을 소개했다. 그들은 자신들 외에 일곱 명의 동지가 더 있다고 말하며, 이 아홉 명으로 종교 기사단을 결성할 테니 야파에서 예루살렘으로 향하는 길을 방어하는 임무를 맡겨달라고 청했다.

지도자 격인 위그까지 포함해 아홉 명이면 너무 적다고 생각할지 모르겠지만, 중세의 기사는 보조전력 삼아 다섯 명 내외의 보병을 거느렸다. 거기에 서너 명의 마부 겸 하인을 거느리는 것이 보통이었다. 따라서 기사 아홉 명은 아흔 명의 남자들이기도 했다. 하지만 주요 전력은 어디까지나 기사 아홉 명일 수밖에 없다.

그래도 보두앵 2세는 크게 기뻐하며, 예루살렘 시가의 동남부에 위치한 기원전 유대시대의 성전 터를 이 남자들의 본부로 제공했다. 십자군의 역사를 이야기하는 데 빼놓을 수 없는 템플(성전) 기사단이 탄

020

생한 것이다. 이 기사단의 명칭이 '템플 기사단'이 된 것도 옛 성전 터에 본부를 두었던 데서 연유한다.

　종교 기사단이기는 해도 기사단인 이상 템플 기사단의 단원이 되기 위해서는, 무엇보다도 무기를 가지고 싸우는 사람, 다시 말해 기사가 아니면 안 되었다.

　다음으로 세속의 기사와 달리 종교 기사단의 기사가 된 이상, 세속의 신분을 버리고 일생을 신에게 바치는 수도사가 되어야 했다. 속인이었을 때 소유했던 재산을 기부하는 것도 의무였다. 따라서 이후에는 이름도 기사(슈발리에) 위그 드 파앵이 아니라 수도사(프라) 위그가 된다.

　셋째로, 수도사가 되었으니 마찬가지로 신에게 일생을 바치기로 한 다른 수도회의 수도사와 똑같은 서약을 해야 했다.
　청빈, 복종, 순결이 그것인데, 구체적으로는 사유재산을 버리고 신에게 절대 복종하며 독신으로 일생을 마친다는 것이다. 결혼한 상태였던 위그 드 파앵은 템플 기사단을 결성하기 전에 이미 결혼을 무효화했다.

　종교 기사단의 네번째 특징은, 세속의 기사가 일반적으로 그 지방의 봉건영주를 주인으로 모시는 데 비해 이들은 왕이나 영주의 수하가 되지 않는다는 것이다. 무기를 들고 싸우지만 종교 기사단은 수도사의 몸인 이상 그 지방의 주교 관할이 아니라 직접 로마 교황의 관할하에 있는 수도원과 마찬가지로 제후와 왕, 황제, 주교로부터 독립된 존재가 된다.

즉 '템플 기사단'은 예루살렘 왕에게도, 안티오키아 공작에게도, 트리폴리 백작에게도, 또한 예루살렘 대주교에게도 속하지 않는, 시리아와 팔레스티나의 십자군 국가 내에 생겨난 전사 집단이 되었다.

템플 기사단을 창립한 위그 드 파앵은 로렌 공작 고드프루아가 지휘하는 군대에 가세해 제1차 십자군을 경험한 인물이기도 했다.

그런 그가 만약 세속의 기사 신분으로 예루살렘 왕 보두앵 2세를 찾아가 순례자들의 안전을 지켜주고 싶다고 청했다면 어떻게 되었을까. 보두앵 2세도 로렌 일가에 속하므로, 그는 고드프루아 휘하에서 싸웠을 때와 마찬가지로 보두앵 2세의 군대에 편입되었을 것이다.

그런데 같은 기사라도 종교 기사단의 기사가 되면, 세속의 제후나 봉건영주의 의사와 상관없이 행동할 수 있는 독립적인 전사 집단으로 변모한다. 로렌 일가의 보두앵 2세가 영원히 예루살렘 왕위에 있으리란 보장은 없다. 종교 기사단이라는 형태를 취하기로 한 위그 드 파앵의 판단은, 자신과 동지들이 계속해서 자유롭게 행동할 수 있다는 점에서도 실로 현명한 선택이었다.

그리고 마지막 다섯번째 특징이야말로 템플 기사단을 다른 종교 기사단과 구별되게 한다.

템플 기사단의 단원에게는 청빈, 복종, 순결이라는 3대 원칙에 더해

네번째 원칙을 지키는 것까지도 의무였다. 순례자들을 이슬람교도의 폭력으로부터 지키는 것을 목표로 내건 이상 당연한 귀결이기도 했는데, 이교도를 보면 즉시 죽인다는 원칙이었다.

템플 기사단의 문장

개종을 권하는 단계도 밟을 필요가 없었다. 묻지도 따지지도 않는 말살을 회칙에 명기한 것이다. 그리스도교측의 종교 기사단은 원래 무기를 드는 것이 금지되어 있지 않았으나, 이슬람교도를 보면 그 즉시 죽이라고 당당하게 명기하고 출발한 종교 기사단은 템플 기사단밖에 없었다.

십자군이 시작되고 아직 20년밖에 지나지 않은 이 시대에, 템플 기사단이 내세운 강경노선에 찬동하는 사람은 많았다.

성도 예루살렘을 목표로 무장도 하지 않고 걷는 순례자들에게는, 흰색 흉의(胸衣)에 붉은 십자, 그 위에 걸친 흰색 망토에도 커다란 붉은색 십자 표시를 단 제복 차림의 템플 기사단 기사들이 자신들을 지켜주는 강력한 존재로 비쳤을 것이다. 그리고 다시 유럽으로 돌아간 뒤 누군가를 만나면 이때의 심정을 이야기했을 게 틀림없다.

이리하여 당초 아홉 명이었던 템플 기사단은 나날이 늘어났고, 결성된 지 10년이 되었을 때는 로마 교황으로부터 공식 인가까지 받게 된다. 로마 교황이 인정했다는 것은 그리스도교 세계 전체로부터 공인

받았다는 것을 의미한다. 입단을 희망하는 자도 늘어났고, 동산과 부동산의 기증도 훨씬 많아졌다.

게다가 템플 기사단은 강력한 협력자를 얻는 행운도 누렸다. 제2차 십자군을 보낸 공로를 인정받아 가톨릭교회에서 성인 반열에 올라, 성 베르나르두스라는 이름으로 역사에 남은 인물이다. 그런데 이 사람은 그보다 30년 전인 이 무렵에도 '클레르보의 베르나르두스'라고 하면 전 유럽 사람들이 알 만한 시토파의 수도사였다.

당시 아주 유명했던 그는 「Liber ad milites Templi: De laude novae militae(템플 기사단 서: 새로 탄생한 기사단을 찬양하며)」라는 제목의 글까지 발표했는데, 이 글에서 그는 다른 종교를 믿는 자를 육체적으로 말살하는 행위가 그리스도교 기사로서 정당한 일이라고 분명히 말하고 있다. 왕과 제후, 고위 성직자조차 설득당할 만큼 훌륭한 라틴어로 템플 기사단을 홍보해준 것이다. 조직의 출발로서는 더할 나위 없이 좋은 출발이었다.

그런데 이 시기에 또 하나의 종교 기사단이 등장했다. 십자군 역사에서 템플 기사단과 쌍벽을 이루는 성 요한 기사단이다.

성 요한 기사단의 변모

'탄생'이 아니라 '등장'이라고 한 것은, 성 요한 기사단이 12세기 초인 이 시기 새로이 창립된 것이 아니라 반세기도 더 전, 십자군이 공격해오기 전부터 예루살렘에 존재했기 때문이다. 그랬던 것이 이 시기를 경계로 전사 집단으로 거듭난 것이다. 아마 처음부터 전사 집단으로 탄생한 템플 기사단에 자극받아서일 것이다. 또한 둘은 창립 당시의 사정도 달랐다. 템플 기사단은 프랑스인 기사들이 모여 결성한 것이지만, 성 요한 기사단은 이탈리아 상인들에 의해 창립되었다.

중세의 지중해를 종횡무진 항해하며 이민족과의 교역을 통해 크게 성공한 것으로 알려진 이탈리아 해양 도시국가는 아말피, 피사, 제노바, 베네치아 네 곳이다. 그 첫번째 주자가 아말피였다.

오늘날에는 남유럽의 아름다운 관광지일 뿐이지만, 천년 전 아말피의 남자들은 '해외 웅비'란 바로 이들을 말하는 게 아닌가 싶을 정도로 오리엔트와의 교역에 적극적이었다. 이처럼 이교도 이슬람과의 교역으로 재산을 모은 아말피의 상인 중에 마우로라는 남자가 있었다. 이 남자가 주력했던 건 이집트산 고급 천을 구입해 로마의 고위 성직자에게 파는 일이었는데, 이 사업을 하면서 그는 이집트의 칼리프와 우호관계를 맺은 모양이다.

그래서 상인 마우로는 칼리프에게 부탁했다. 당시 이집트의 칼리프 지배하에 있던 예루살렘으로 순례를 떠나는 그리스도교도를 위해 진료소를 세우는 걸 허락해달라고.

이슬람교도 역시 메카 순례를 신자에게 가장 중요한 일로 생각한다. 종교는 다르지만 그들도 성지순례의 중요성을 알고 있었던 것이다. 게다가 마우로가 상인으로서 신뢰할 수 있는 인물이라는 평판도 도움이 되었다.

칼리프의 허가를 얻은 마우로는 동향(同鄕) 상인들과 함께 예루살렘에 최초로 유럽인 진료소를 설립한다. 이 시기에는 아직 '종교 기사단'도 아니고 '병원'이라 부르기도 주저될 정도의 '진료소'였으므로 결코 무장집단이라 할 수는 없었다. 하지만 이것이 나중에 유명해지는 성 요한 기사단의 시작이다. 그 때문에 가슴과 등에 단 십자도, 도시국가 아말피의 문장인 십자와 동일한 것을 그후에도 내내 사용했다.

이처럼 성 요한 기사단은 순례자에 대한 '의료 서비스'를 목적으로 설립되었다. 서비스의 대상은 템플 기사단처럼 순례자이지만, '군사 서비스'를 목적으로 설립된 것은 아니었다.

그렇기 때문에 '병원'으로 통칭되는 그들의 본부도, 순례자들이 예루살렘으로 들어오는 '야파 문'에서 순례자들에게 가장 중요한 성소인 성묘교회로 가는 길목에 세워졌다. 치료가 필요하지 않은 건강한 순례자들도 성묘교회에 참배하기 전에 그곳에서 손발을 씻고 잠깐 휴식을 취할 수 있었다.

또한 의료시설에는 반드시 의사가 필요한데, 아말피 바로 가까이에 있는 살레르노에 유럽에서 가장 오래되었다는 의학교가 있었다. 일신교 지배하의 중세에 아주 드물게도 이 의학교는 의사와 학생의 민족이나 종교를 따지지 않았는지, 교수 중에 유대인이나 아랍인 의사도 있었다.
어쩌면 마우로와 그의 동지인 아말피의 상인들은 살레르노 의학교 출신 의사들을 믿고, 순례자들을 위한 단순한 숙박 장소가 아니라 의료를 전면에 내세운 시설을 만들었는지도 모른다. 만약 이 가설이 맞다면 아말피에서 오리엔트를 향해 출항하는 배에는 살레르노 의학교 출신의 젊은 의사들도 상인들에 섞여 승선해 있었을 것이다.

예루살렘에 세운 이 '병원'의 설립 시기는 정확하게 알려져 있지 않지만, 마우로에게 건립 허가를 내준 이집트 칼리프의 치세 기간으로 추측해보면 1050년 전후가 아닐까 한다.

만약 그렇다면 십자군이 공격해오기 반세기 전의 일이다. 그리고 그 반세기 사이에, 처음에는 세속 사람인 상인에 의해 운영되던 '병원'이 서서히 수도사라는 성직자의 손으로 옮겨가게 된다.

이유는 두 가지다. 첫째는 후원자였던 아말피의 국력이 쇠퇴한 점. 둘째는 다른 본업을 가진 세속의 사람에 비해 수도사는 이런 자선사업에만 전념할 수 있었기 때문이다.

따라서 제1차 십자군이 예루살렘을 공격하기 시작했을 때 예루살렘 시내에는 그리스도교도가 운영하는 '병원'이 있었고, 그곳에서 봉사하는 수도사들도 있었던 셈이다.

십자군의 공격을 받았던 1099년 당시 예루살렘 총독은 시내에서 그리스도교도를 전원 추방했지만, 성 요한 수도회의 '병원'에서 일하는 수도사들만은 남겨두었다. 여태껏 그들이 그리스도교도가 아닌 이들도 치료해주었기 때문인지, 아니면 공격을 당하는 입장에서는 누구든 의사가 필요했기 때문인지는 알 수 없다.

어쨌든 그들은 십자군이 공격하는 예루살렘에 남아 있었는데, 성

성 요한 병원 기사단의 문장

벽을 사이에 두고 격렬한 전투가 벌어지자 이들도 싸움터로 내몰렸다. 성벽을 기어오르는 십자군 병사를 향해 돌을 던지라고 한 것이다.

그렇지만 그들도 그리스도교도다. 그들이 낙낙한 수도복 품속에 넣은 것은 돌이 아니라 빵이었다. 돌을 던진 것이 아니라 빵을 던졌던 것이다.

하지만 이는 곧 발각되었고, 빵을 던지기로 결의한 제라르도를 비롯한 전원의 참수형이 결정되었다.

처형되었다면 적어도 순교자가 되었겠지만 그렇게 되지 않았던 것은, 처형이 집행되기 전 십자군이 예루살렘을 '해방'했기 때문이다. 그리고 승리한 십자군측에도 치료를 요하는 자가 많았으므로, 그리스도교 치하의 예루살렘에서도 성 요한 수도회의 '병원'은 매우 분주했다.

빵으로 유명해진 제라르도는 보두앵 2세가 즉위하고 2년 후에 죽었다.

그리고 이탈리아 북부 출신의 이 수도사 뒤를 이어 성 요한 의료 수도회의 회장이 된 사람이 레몽 뒤 퓌라는 이름의 프랑스 남부 출신 기사다. 제1차 십자군에 교황의 대리인으로 참가하던 아데마르 주교와 인척관계였다고 하는데, 어쨌든 이 프랑스 귀족이 회장에 취임하면서 순례자들에 대한 의료 서비스를 목적으로 설립되어 운영되어온 성 요한 수도회는 1118년부터 종교 기사단으로 변모한다.

의료 행위만 하는 집단이 아니라 이교도와의 전투도 행하는 집단으로 바뀐 것이다.

18세기에 그려진 것이긴 하지만, 1118년까지 '성 요한 의료 수도회'의 회장이었던 이탈리아 출신의 제라르도 사소와 1118년부터 '성 요한 의료 기사단'의 단장이 된 프랑스 출신의 레몽 뒤 퓌의 초상화는 이 시기 수도회의 변화를 잘 보여준다.

돌 대신 빵을 던졌던 제라르도는 수도복을 입고 있지만, 레몽 뒤 퓌는 갑옷으로 단단히 무장한 모습으로 그려져 있다.

다시 말해 몸은 수도사여도 순수한 전사 집단인 템플 기사단이 탄생한 해에, 성 요한 수도회 역시 전사 집단으로 변모한 것이다.

그들에게 직속상관이기도 한 로마 교황은 이미 수도회로서 공식 인가를 내준 상태였는데, 전사 집단으로 변모한 후에는 군기(軍旗)까지 하사한다. 붉은색 바탕에 흰색 십자의 군기, 그것은 흰색 바탕에 붉은색 십자인 템플 기사단의 군기와 대조를 이룬다.

그러나 성 요한 수도회는 종교 기사단으로 변모한 후에도 템플 기사단처럼 이교도 말살을 회칙으로 내세우지 않았다. 성 요한 기사단의 목적은 어디까지나 의료를 주축으로, 그리스도교도 순례자를 보호하는 데 있다고 명기되어 있다. 나중에 돌이켜보면 이러한 차이는 성 요한 수도회가 현명했다는 증거라고 생각된다.

초대 회장 제라르도(왼쪽), 2대 단장 레몽 뒤 퓌(오른쪽)

싸우는 것밖에 모르는 기사에게도 입단의 길이 열려 있었으며, 오히려 전사 집단의 색이 짙어짐에 따라 이런 유의 남자들이 주류를 차지하게 되었지만, 이들도 일주일 중 하루는 입원 환자를 돌보거나 전문 의사를 돕는 것이 의무로 정해져 있었다. 본거지를 이동함에 따라 '로도스 기사단', 이어서 '몰타 기사단'으로 이름이 바뀐 후에도 기사들에게 부과된 이 의무는 변하지 않았다.

'템플 기사단'과 '성 요한 기사단'은 십자군 역사에서 빼놓을 수 없다는 점에서는 공통적인데, 이 두 기사단에는 또 한 가지, 자세랄까 스타일 같은 면에서 차이가 있었다.

예루살렘 왕 보두앵 2세가 하사한 템플 기사단의 본부는 예루살렘의 동쪽 절반을 차지하는, 이슬람 구역으로 여겨지던 지역의 한가운데에 있었다.

그 일대는 고대로 거슬러 올라가면 솔로몬의 신전이 있던 곳인데, 중세에 들어서면서 이슬람화되어 '알 아크사(Al Aqsa)'라 불리는 모스크가 세워졌다. 바로 북쪽에는 통칭 '바위 사원'이라 불리는, 지금도 황금색 돔이 사람들의 눈길을 끄는 모스크가 세워져 있다.

중세의 이슬람교도에게 예루살렘의 동쪽 절반은 오랫동안 자신들의 성스러운 땅이었던 것이다.

제1차 십자군에 의해 예루살렘이 그리스도교 도시가 된 이후, 예전의 '이슬람화'처럼 이번에는 '그리스도교화'가 진행되었다. '바위 사원'은 그리스도교 교회로 변하고, '알 아크사'는 예루살렘 왕의 궁전이 되었다.

이곳은 원래 광활한 장소다. 그 때문에 보두앵 2세도 절반 이상을 템플 기사단에 제공했을 것이다. 또한 이곳은 유대시대에 왕궁이었기에 옆에는 지금도 '솔로몬의 마구간'으로 불리는 넓은 공간이 있었다. 기사단에게 말은 필수품이다. 많은 말을 매어두기에 편리하다는 점도 보두앵 2세가 이곳을 템플 기사단에 제공한 이유였는지 모른다.

하지만 아무리 예루살렘이 그리스도교 도시가 되었다 하더라도 그곳에 사는 이슬람교도들은 적지 않았다. 제1차 십자군이 '해방'한 당초에는 닥치는 대로 죽였으니 당연히 없었겠지만, 도시가 기능하도록

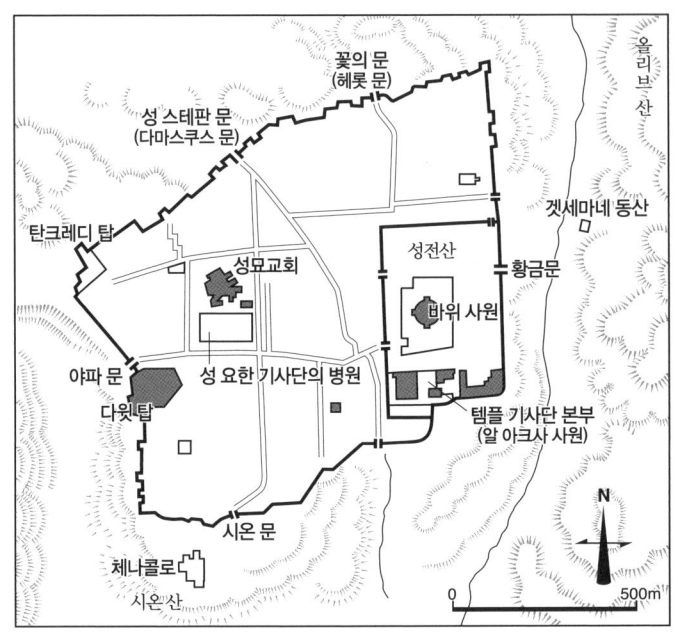

꽃의 문
(헤롯 문)

성 스테판 문
(다마스쿠스 문)

올리브산

탄크레디 탑

겟세마네 동산

성전산

성묘교회

황금문

바위 사원

성 요한 기사단의 병원

야파 문

다윗탑

템플 기사단 본부
(알 아크사 사원)

시온 문

체나콜로

시온산

N

0   500m

그리스도교 지배하의 예루살렘 시가도

하기 위해서는 정착해 사는 사람들이 필요하다. 순례자가 속속 도착했
으나 이 사람들은 대부분 성지순례를 끝낸 후 유럽으로 돌아간다. 또
한 모든 이슬람교도가 그리스도교도만 보면 죽이려든 것도 아니었다.

　다수의 이슬람교도가 사는 중근동 땅에 소수의 그리스도교도가 세
운 것이 십자군 국가다. 예루살렘이 그리스도교화된 지 19년이 지나
자 상인과 하인, 통역 등의 필요를 충족시키기 위해 현지인인 이슬람
교도도 예루살렘으로 조금씩 돌아오고 있었다. 18년간 예루살렘 왕위
에 있었던 보두앵 1세의 유연한 이교도 정책도 원주민이었던 이슬람
교도의 귀환을 도왔을 것으로 보인다. 보두앵 1세는 이슬람 여자와의

결혼까지 허용한 사람이었으니까.

그의 뒤를 이어 보두앵 2세가 예루살렘 왕이 된 무렵에는, 그리스도교 도시가 된 예루살렘에도 상당수의 아랍인과 투르크인 이슬람교도가 살게 되었다. 자신들의 성소인 '알 아크사'에서 기세등등하게 몰려나오는, 흰색 수도복 차림의 가슴팍에 큼직한 붉은색 십자를 붙인 기마병 무리는 이들 눈에 어떻게 비쳤을까. 게다가 이 기사들은 이교도를 보면 곧바로 죽일 것을 당당하게 회칙에 명기한 집단에 속해 있었다.

유럽인이 '신전'이나 '성전'이라 간단히 부르던 이슬람의 성소를 본거지로 삼는 것에 눈곱만큼의 망설임도 느끼지 않는 듯한 그들의 태도가 '템플 기사단'의 성격을 규정한 것은 아니었을까 하는 생각이 든다.

한편 병원 근무시에는 흰색 아말피 십자가 붙은 평범한 검은색 수도복을 입고, 전투에 나갈 때는 붉은색 바탕에 흰색 십자를 붙인 검은색 수도복 위에 갑옷과 투구를 착용하던 성 요한 기사단은, 전사 집단으로 변모한 후에도 아말피 상인들이 세운 장소를 떠나지 않았다. 이곳은 병자를 수용하는 게 우선이었기 때문에, 말을 매어두는 공간을 확보하는 데 적합하지 않았는데도 말이다.

그 때문에, 템플 기사단과 쌍벽을 이루는 성 요한 기사단은 '병원 기사단'으로 통칭되었다. 통칭이란 오랜 세월에 걸쳐 사람들에게 각인된 인상이기도 하다. 이슬람교도는 '성전'이라고 하면 자신들의 '알 아크사'를 먼저 떠올리겠지만, '병원'은 자신들과 같은 이슬람교도인 칼리프나 술탄도 다니는 친숙한 곳이었다.

템플 기사단과 성 요한 기사단으로 대표되는, 수도사와 기사의 겸업 집단인 종교 기사단은 십자군의 산물이다. 수도회와 기사단은 그 밖에도 있었지만, 그 둘을 겸하는 집단은 십자군이 존재하지 않았다면 생겨나지 않았을 것이다.

하지만 이 현상이 제1차 십자군 시대에는 나타나지 않았던 것을 주목했으면 한다. 제1차 십자군을 이끈 제후들은 경우에 따라서는 프랑스 왕보다 광대한 영지를 소유하고 있던 대영주들로, 그 봉건제후의 부하 기사나 원래부터 주군이 없는 떠돌이 기사는 제1차 십자군 시대에 로렌 공작이나 툴루즈 백작의 군대에 가담해 오리엔트로 올 수 있었다.

그런데 예루살렘이 '해방'되자 유럽의 제후들은 해야 할 일이 끝났다고 생각했는지 더는 오리엔트로 향하지 않았다. 그래서 십자군 정신이 흘러넘친다고 자부하는 기사들은 개별적으로 중근동을 향해 갈 수밖에 없었다. 그 남자들을 템플 기사단과 성 요한 기사단이 흡수한 것이다.

처음부터 전투 집단으로 시작한 템플 기사단은 대부분의 단원이 프랑스 출신이고, 의사 집단에서 기사 집단으로 변모한 성 요한 기사단에도 프랑스 출신 단원이 점점 늘어난 것은 제1차 십자군에 참가한 제후들 대부분이 프랑스인이었던 것과 무관하지 않다. 제후를 따라 십자군에 참가할 수 없게 된 기사들은 이제 막 생겨난 종교 기사단에 들어감으로써 십자군 전사가 될 수 있었다.

템플 기사단의 기사(왼쪽)와 성 요한 기사단의 기사

　게다가 수세에 놓인 시기에 십자군 국가 방어를 맡은 보두앵 2세가, 만성적인 병력 부족에 시달려 고양이 손이라도 빌리고 싶은 상황이었던 것이 이들 종교 기사단에 존재이유를 부여했다는 사정도 잊어서는 안 된다.

　종교 기사단이란 군사행동을 목적으로 하는 수도사 집단이다. 일생을 신에게 바치기로 결심한 이상, 그 일생을 신이 바라는 군사(軍事)에 바치는 것이다.

보두앵 2세의 입장에서는 이제 중근동 십자군 국가의 방어를 전업으로 삼은 상설 전사 집단에 의지할 수 있게 된 것이다. 이 두 기사단이 점차적으로 중근동 십자군 국가의 '상비군' 역할을 담당하게 되었으니까.

　다만 템플 기사단과 성 요한 기사단은 모두 지원제였다. 그것도 유럽에서 머나먼 중근동까지 와서, 이교도 이슬람이 삼면을 둘러싸고 있는 십자군 국가를 방어하는 임무를 맡게 된다. 게다가 이 임무는 죽을 때까지 계속된다. 두 기사단 모두 강력한 병력을 자랑할 수 있었던 시기는 한 번도 없었다. 많을 때라고 해봐야 모두 3백에서 5백 명 정도였고, 대부분의 경우 기병 1백 명 정도의 병력으로 전투에 나섰다. 연구자 중에는 현대에서 비슷한 예를 찾는다면 '특수부대'에 해당한다고 보는 사람도 있다.

　그러나 비록 1백 명의 기병이라 해도 보두앵 2세에게는 도움이 되었을 것이다. 템플 기사단이든 성 요한 기사단이든 그들이 활동을 시작한 당초에는 예루살렘 주변 방어밖에 손을 대지 못했지만, 그래도 보두앵 2세는 필요에 쫓길 때마다 예루살렘 방어를 그들에게 맡기고 멀리까지 나갈 수 있었던 것이다.

▌보두앵 2세

▌실제로 '아무도 없는' 시대에 방어의 최고책임자가 된 보두앵 2세는 죽음을 맞이하기까지 13년간 여간 분주한 게 아니었다. 하나하나

깊이 들어가지 않고 각 항목만 정리하면 다음과 같다.

육상의 릴레이 경기에서도 배턴이 건네지는 동안에는 속도가 떨어진다. 마찬가지로 나라의 지도자가 교체될 때 대응책이 늦어진다. 물론 적은 그것을 예상하고 공격해온다. 보두앵 1세가 죽고 예루살렘의 왕위가 보두앵 2세에게 넘어가던 시기에도 그런 일이 일어났다.

취임하고 1년도 지나지 않은 1119년 다마스쿠스 군대가 갈릴리 지방으로 습격해온 것이다. 이 지방의 방어를 맡고 있던 쿠르트네는 새롭게 맡게 된 에데사로 가려던 것을 미룰 수밖에 없었다. 쿠르트네는 원군 요청을 받자마자 달려온 보두앵과 협력하여 다마스쿠스에서 온 군대를 물리치는 데 성공했다. 하지만 이 일 이후 갈릴리 지방의 방어까지 보두앵의 어깨를 짓누르게 된다. 아무래도 쿠르트네는 에데사를 방어하기 위해 떠나보낼 수밖에 없었기 때문이다.

중근동에 수립된 십자군 국가는 항상 바그다드와 카이로 양쪽으로부터 이슬람 세력이 반격해올 위험성을 염두에 두고 있어야 했다.

당시 바그다드는 투르크인과 페르시아인을 중심으로 한 이슬람 세계의 '수도'로, 종교 면에서의 최고 권위자인 칼리프를 정점으로 하는 아바스 왕조가 다스리는 수니파의 본거지였다.

한편 카이로는 똑같은 이슬람교 세계여도 아랍인이 중심인 파티마 왕조의 수도다. 이곳도 칼리프가 군림하고 있으며, 시아파를 믿는 이슬람교도의 본거지였다.

십자군 국가에 다행스러웠던 것은, 바그다드와 카이로라는 이슬람의 양대 세력이 늘 사이가 좋지 않았다는 점이다. 시아파를 너무 증오한 나머지 이교도인 십자군과 손을 잡은 수니파가 있는가 하면, 그 반대도 드물지 않았다. 또한 수니파 안에서도 투르크인과 페르시아인 사이가 원만하다고 할 수 없었다.

이러한 정황에서 에데사 백작령은 바그다드가 있는 메소포타미아 지방에서 공격해오는 이슬람 세력의 앞길을 가로막는, 십자군 국가의 방벽 역할을 해야 했다. 12세기 초인 이 시기에, 전략상 중요하기 그지없는 이곳 에데사의 방어를 맡길 수 있는 사람은 조슬랭 드 쿠르트네밖에 없었다. 바로 그 이유 때문에 쿠르트네를 에데사 백작으로 임명한 것인데, 이 쿠르트네를 대신해 갈릴리 지방을 맡길 장수가 없었다.
제1차 십자군 세대 전원이 퇴장한 후의 십자군 국가에는 병력만 부족한 것이 아니라 지휘관도 부족했던 것이다.

일단 갈릴리 지방의 안전을 확보하고 예루살렘으로 돌아온 보두앵은 수도에 머물 여유도 없이 군사를 이끌고 북쪽으로 향해야 했다. 이번에는 알레포 영주의 군대가 안티오키아로 다가온다는 보고가 들어왔기 때문이다.

안티오키아 공작령은, 7년 전에 죽은 탄크레디가 보에몬드의 아들이 성년이 될 때까지만 통치를 맡겼던 루지에로가 지키고 있었다. 섭정 루지에로는 7백 명의 기병과 4천 명의 보병으로 이루어진 병력으로도 자신이 있었는지 쿠르트네처럼 보두앵이 올 때까지 기다리지 않았다. 자기 군대만 이끌고 알레포군을 요격하러 나간 것이다.

기병 7백 명에 보병 4천 명이라는 병력은 이 시기 예루살렘 왕이 가진 병력보다도 많은 것이었다. 하지만 그 대부분은, 그리스도교도이기는 하나 중근동에 살고 있는 그리스인 병사들이었다. 게다가 루지에로는 탄크레디가 뒷일을 맡겼을 정도로 신의가 두터운 남자였지만, 무장으로서의 재능은 불과 24명의 기병으로 갈릴리 지방을 정복한 탄크레디와 비교가 되지 않았음에 틀림없다.

결과는 완패였다. 루지에로가 전사하고 기병 대부분도 전사했다. 죽지 않고 포로가 된 자는 모두 알레포로 연행되어 군중의 심한 욕설을 들으면서 참살되었다. 안티오키아로 도망쳐온 것은 일부 보병밖에 없었다.

이 패배 소식에 놀라 어찌할 바를 모르던 안티오키아 주민의 마음을 진정시킨 사람은 베르나르두스 대주교였다. 대주교는 프랑스인, 즉 유럽 출신들만으로 방어부대를 조직해 성벽의 수비를 강화하고, 보두앵과 그의 군대가 도착하기를 기다렸다. 지금이야말로 안티오키아를 공략할 절호의 기회라고 생각한 알레포 영주가 승리로 사기가 충천한 군대를 이끌고 다가오고 있었으므로, 기다리는 데에도 배짱이 필요했다.

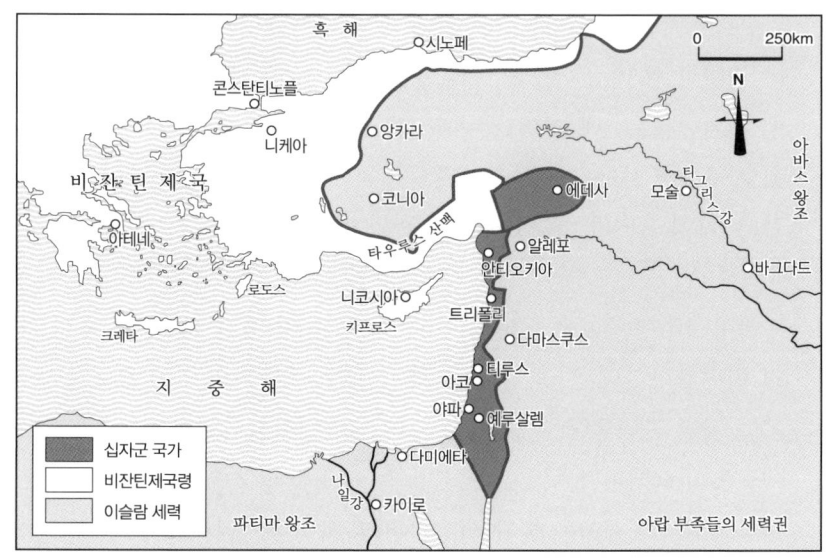

십자군 국가
비잔틴제국령
이슬람 세력

제1차 십자군 이후의 세력도

트리폴리 백작 퐁스와 동행한 보두앵은 적이 없는 남쪽에서 안티오키아로 들어갔다. 그후 시작된 알레포군과의 전투는 어느 쪽이 이겼다고 말할 수 없는 상태로 끝났지만, 안티오키아까지 육박해온 적을 철퇴시키는 데는 성공했다.

안티오키아 시내로 돌아온 보두앵이 제일 먼저 한 일은 안티오키아 공작령에 새로운 지도자를 세우는 일이었다. 섭정이었던 루지에로가 전사한 지금도 아직 소년인 정통 공작 보에몬드 2세를 보고, 보두앵은 이 소년이 성인이 될 때까지 자신이 섭정을 할 수밖에 없겠다고 생각한다.

하지만 그에게는 예루살렘 왕국을 주축으로 하는 십자군 국가 전체를 두루 살필 의무가 있었다. 그래서 보에몬드의 아들이 성인이 될 때까지 안티오키아 공작령의 방어책임은 자신이 맡더라도, 내정은 대주교인 베르나르두스에게 일임하기로 결정한다. 쿠르트네가 담당하는 에데사 백작령과 이곳 안티오키아 공작령만 제대로 방어할 수 있다면 십자군 국가 북쪽 절반의 안전은 확보할 수 있기 때문이다. 이 시점에서는 보두앵 2세도 안도감을 갖고 예루살렘으로 돌아갔을 것이다. '불안정 속의 안정'이라 할 만한 이러한 상황은 적어도 3년간 이어진다.

그런데 그후 예루살렘에 있던 보두앵에게 예기치 못한 소식이 날아들었다. 조슬랭 드 쿠르트네가 적의 손에 넘어갔다는 소식이었다. 전투중에 포로가 된 것이 아니라, 말을 타고 원정 갔다가 적의 부대와 맞닥뜨려 알레포 병사들에게 붙잡힌 것이다.

영주이자 방어책임자가 없어져버린 에데사를 방치해둘 수는 없었다. 보두앵 2세는 또다시 군대를 이끌고 북상한다.

에데사로 들어간 보두앵은 우선 지도자가 없는 상황을 어떻게든 해결해야 했다. 그는 어지간히 급했던지 주변 사정에 밝은 한 기사를 에데사 백작의 대리자로 임명했다.

쿠르트네는 그 행방조차 알 수 없었다. 그렇다고 알레포측이 공격을 해온 것도 아니었다. 아랍인이든 투르크인이든 상관없이, 중세시대 이슬람교도의 장기이기도 했던 친족 간의 싸움이 격화되어 그들도 조직적인 군사행동을 취할 수 없었던 것이다.

그런데 이번에는 그런 이유로 일단 한숨을 돌리고 있던 보두앵 2세에게 불상사가 덮쳤다. 에데사 교외로 사냥을 나갔다가 습격당해 호위병들은 모두 죽고 혼자 포로가 된 것이다. 보두앵 2세를 붙잡은 사람은 쿠르트네를 붙잡은 알레포 영주의 조카였다. 그가 갇힌 감옥에는 먼저 잡혀온 쿠르트네가 있었다.

에데사 백작 시절의 일이긴 하지만, 보두앵이 이슬람측의 포로가 된 것은 이번이 두번째였다. 쿠르트네는 이번에도 그때처럼 감옥의 동료가 되었다. 이 둘은 왜 이렇게 잘 붙잡힐까 싶어 우습기도 하지만, 이번에 이슬람 수중에 떨어진 것은 다름아닌 십자군 국가의 최고위직인 예루살렘 왕의 신분이었다.

이 소식에 예루살렘이 온통 패닉상태에 빠진 건 당연했고, 이슬람측은 생각지 못한 엄청난 전리품에 크게 기뻐했다.

예루살렘 왕이라는 거물을 포로로 잡은 이슬람측은, 이제 그리스도교측도 공격을 꺼릴 수밖에 없을 테니 빼앗긴 자신들의 땅을 탈환하는 것도 쉬워질 거라고 예측했다.

그러나 이슬람의 이런 예측은 말 그대로 희망적인 관측으로 끝나게 된다.

첫째로, 포로였던 예루살렘 왕과 에데사 백작이라는 십자군 국가의 두 주요인물이 감옥에서 탈출하는 데 성공했기 때문이다. 하지만 자력으로 탈출한 것은 아니고, 에데사 백작 쿠르트네에게 심취해 있던 아르메니아 병사들이 두 사람이 잡혀 있는 성채를 급습했기 때문에 탈출할 수 있었다.

어쨌든 두 사람은 다시 자유를 얻었지만 자유를 계속 누린 사람은 쿠르트네뿐이고, 보두앵은 예루살렘으로 돌아오는 도중에 또다시 포로가 되고 만다. 이슬람측은 예루살렘 왕이라는 좋은 카드를 변함없이 쥐고 있었다.

이슬람측의 예상이 배반당한 또 하나의 이유는, 자신들의 왕이 포로가 된 후에 보인 그리스도교측의 움직임이었다.

왕이 붙잡혔다는 이야기를 듣고 패닉상태에 빠졌던 것은 잠깐이었다. 그리스도교측은 곧바로 붙잡힌 왕을 대신할 사람을 찾았고, 외스타스 가르니에라는 기사를 총사령관으로 선출했다. 지도자가 없는 상황을 재빨리 극복한 것이다. 이 타개책을 강력하게 후원한 것은, 총독이 직접 이끄는 해군을 파견하고 있던 베네치아 공화국이었다.

1123년, 자신들의 왕이 적에게 붙잡혀 있다는 것에 신경도 쓰지 않는 양, 항구도시 티루스에 대한 십자군측의 맹공이 육지와 바다 양쪽에서 시작되었다. 이 티루스를 함락한 것은 해가 바뀐 지 얼마 되지 않은 1124년 2월이었다. 하지만 이때까지 티루스에서는 함락 후의 대량살육은 일어나지 않았다. 그건 이슬람측 감옥에 갇혀 있는 보두앵의 신변이 신경 쓰여서였는지도 모른다.
하지만 이로써 이슬람측의 희망적 관측은 완전히 배반당했다. 동시에 감옥에 있는 보두앵의 이용가치도 떨어졌다. 인질이 그리스도교측의 행동에 전혀 영향을 주지 못했던 것이다.

이 기회를 활용한 것이 그동안 계속해서 보두앵의 신변을 걱정하고 있던 쿠르트네다. 그는 보두앵을 포로로 잡고 있는 알레포 영주에게, 몸값을 지불할 테니 석방해달라고 요청했다. 이슬람교도측도 포로의 이용가치가 생각했던 것만큼 크지 않아 실망하고 있었으므로, 계속해서 수중에 붙잡아두는 것보다는 몸값이라도 챙기는 것이 낫겠다고 생각하기 시작했다.

몸값 교섭은 이슬람교도이면서 여러모로 그리스도교도와 접촉이 많았던 샤이자르 태수의 중개로 이루어졌다.

타결된 금액은 이슬람 세계의 통화인 디나르로 8만. 이중에서 2만은 포로와 맞바꾸고, 나머지 6만 디나르는 몇 번이었는지 분명하지 않지만 석방 후에 나눠서 지불하기로 정해졌다. 지불을 완료할 때까지 담보로 쿠르트네의 어린 아들을 보내기로 한다. 보두앵에게는 아들이 없었기 때문이었는데, 이리하여 1년 정도의 포로생활 끝에 예루살렘 왕은 자유를 되찾을 수 있었다.

포로생활을 두 번이나 경험한 후에도 보두앵의 행동이 전혀 소극적으로 변하지 않았던 것은 흥미로운 일이다. 석방될 때 했던 이슬람 영토에 대한 불가침 약속은, 그런 상황에서 이루어진 서약은 무효라며 지키지 않고, 보두앵 2세는 그후로 죽을 때까지 7년간 예루살렘 왕으로서의 책무를 다하며 바쁜 나날을 보낸다.

그것은 곧, 북쪽의 셀주크투르크인이 되었든 남쪽의 이집트인이 되었든 중근동의 십자군 국가를 에워싸고 있는 이슬람 세력이 가해오는 공격에 계속해서 맞서 싸웠음을 뜻한다.

다만 병력은 여전히 부족했으므로 템플 기사단과 성 요한 기사단에 의지하는 비율이 점점 높아졌다. 그것은 곧 종교 기사단의 존재이유를 한층 강화해주었다. 그러나 십자군 국가 존속의 관건은 어디까지나 에데사 백작령, 안티오키아 공작령, 트리폴리 백작령, 예루살렘 왕령 등 십자군 국가의 단결에 있었다.

십자군의 여자들

에데사 백작 시절에 결혼한 보두앵 2세와 아르메니아 공주 모르피아 사이에는 아들은 없었으나 딸이 네 명 있었다. 그는 이 딸들을 시집보냄으로써 십자군 국가가 긴밀한 관계로 이어지기를 바랐다.

데릴사위를 얻어 장녀 멜리장드에게 예루살렘 왕국을 맡기고 자기 뒤를 잇게 할 생각이었던 보두앵은, 차녀 알리스를 이제 막 성인이 된 안티오키아 공작 보에몽드 2세에게 먼저 시집보냈다. 삼녀 오디에르나의 결혼상대는 트리폴리 백작 레몽 2세였고, 아직 소녀인 막내딸 요베타에게는 미래의 수녀원장 자리가 예정되어 있었다. 중세는 군주의 딸이 수녀원에 들어가는 것이 아버지의 깊은 신앙심의 증거라 생각하던 시대였다.

예루살렘 왕국의 공식 상속인은 어디까지나 장녀 멜리장드라 해도, 그녀의 남편이 될 사람은 사실상 예루살렘의 왕이 되는 것이었다. 선택에 신중을 기하지 않으면 안 되었고, 그 때문에 멜리장드는 당시로서는 노처녀라 불릴 만한 스물여덟 살이 될 때까지 결혼하지 못했다.

가까스로 정해진 상대는 보두앵 2세의 요청을 받아 프랑스 왕 루이 6세가 추천한, 프랑스 왕가의 친족이자 부유한 귀족으로도 알려져 있던 앙주 백작 풀크였다. 멜리장드와 이 프랑스 귀족의 결혼식은 1129년 예루살렘에서 거행되었다. 이로써 쿠르트네가 맡고 있던 에데사 백작령 외의 십자군 국가 세 나라가 모두 자매를 통해 인척관계를 맺게 되었다. 이리하여 보두앵 2세에게도 마침내 평온한 여생이 약속되는가 싶었는데, 현실은 그것을 허락하지 않았다. 오랫동안 인재 부족에 시달리던 이슬람측에 드디어 강고한 의지와 대담한 행동력을 겸비한 남자가 나타났기 때문이다.

널리 인간세계에 눈을 돌리면 인재가 마치 분수처럼 한 시대에 한꺼번에 배출되는 현상이 종종 일어난다는 것을 알 수 있다. 그리고 역시 분수처럼 많은 물을 기세 좋게 뿜어올리고는 소리 없이 떨어지며 인재 고갈의 시대로 접어든다.

이런 현상이 끼치는 영향이 국내에만 한정된다면 문제해결은 그다지 어렵지 않다. 이전 시대에 축적해놓은 것을 갉아먹으며 차분히 앉아 다음 분수가 뿜어져오르기를 기다리면 되기 때문이다.

하지만 불행하게도 인간세계에서는 한 나라의 인재 배출과 인재 고갈의 순환이 다른 나라에서도 같은 시기에 일어나지는 않는다. 한쪽은 인재 고갈 시대에 접어들었는데 다른 한쪽에서는 인재 배출의 시대를 맞이하는 일이 상당한 비율로 일어나는 것이 인간세계이다.

유럽을 떠난 1096년부터 1099년 예루살렘 정복을 거쳐 보두앵 1세가 죽은 1118년까지의 22년은, 십자군측에서 인재가 배출된 시대였다.

연구자들은 제1차 십자군의 성공요인으로 두 가지를 든다.
하나는, 허를 찔린 이슬람측에 방어준비가 불충분했다는 것.
또 하나는, 각 영지의 태수와 영주 사이의 불화와, 그에 따른 이슬람측의 분열.

둘 다 옳다. 십자군의 공격을 받은 이슬람측은 그들을 단순한 침략자로 생각했으므로 평소 사이가 나쁜 인근 도시의 영주가 공격받는 것을 손놓고 지켜보기만 했고, 자신이 공격을 받아 맞서 싸우게 되면 이번에는 다른 영주들이 가만히 지켜보는 식이었다. 이렇듯 그들에게 통일된 방어전 같은 것은 꿈같은 이야기였는데, 이는 제1차 십자군이 성공할 수 있었던 한 요인이었다.
그러나 그에 앞서 말할 게 있다. 뛰어난 인재에게 요구되는 조건이 일관된 의지와 자신이 지닌 힘을 충분히 활용할 줄 아는 능력이라면, 제1차 십자군 시대의 이슬람측에는 그런 인재가 없었다. 이슬람측에 유능한 지도자가 없었다는 것이 십자군측에 성공을 가져다준 것이다.

인재가 많았던 제1차 십자군 시대가 끝난 후 공식무대에 등장한 것이 3대 예루살렘 왕이 된 보두앵 2세다. 하지만 이 사람은 1096년에 로렌 공작 고드프루아를 따라 오리엔트로 온 십자군 기사 중 하나였으므로, 엄밀히 말하자면 제1차 십자군 세대 중 아직 남아 있는 사람에 속한다. 또한 조슬랭 드 쿠르트네라는 맹우가 목숨을 구해주기도 했다. 이 보두앵 2세의 시대에는, 그 높이와 기세는 뚝 떨어졌을지언정 분수가 아직 물을 내뿜고 있었던 것이다.

그러나 십자군이 유럽을 떠나던 해에 겨우 다섯 살이었고, 그후 30년 넘게 프랑스 왕가의 일원으로 지낸 사람이 예루살렘 왕이 되었을 때, 분수는 물을 내뿜기를 멈추었다. 그런데 이슬람측에서는 이 시기부터 물을 높이 뿜어올리게 된다. 역사의 불가사의, 하지만 이것은 인간세계의 부조리이기도 하다.

이슬람측에서 배출한 인재의 첫번째 주자는 장기(Imad ed-Din Zengi)이다. 그는 바그다드를 사실상 지배하고 있던 투르크군 내에서 실적을 올린 후 이라크 북부 모술의 패권까지 손에 넣은 남자다. 이 사람이 메소포타미아 지방에서 서쪽으로 군대를 이끌고 온 것이다. 당초의 목적은 할거상태로 싸움을 멈추지 않는 영주들을 일소하고, 시리아 전역을 셀주크투르크의 깃발 아래 통합하는 것이었다.

아직 석유의 활용까지는 몰랐어도 각종 산업이 활발하던 모술의 군대가 움직인다는 것은 대군이 움직이기 시작했음을 뜻한다. 이 사실을 안 시리아의 영주들은 마치 목장 안으로 뛰어든 소에 놀라 우왕좌왕하는 양들 같았다. 그러한 혼란을 이용해 안티오키아 공작령을 확장하려고 생각한 것이 보에몬드 2세에게 불행을 가져왔다. 아직 젊었던 안티오키아 공작은 전투중에 전사하고 만다. 예루살렘 왕의 차녀로 보에몬드 2세에게 시집갔던 알리스는 일찌감치 미망인이 되어버렸다. 게다가 이 젊은 미망인은, 겨우 두 살에 아버지를 잃은 어린 딸의 섭정 자격으로 안티오키아 공작령을 통치하겠다고 선언한다.

알리스의 통치를 받게 된 안티오키아 주민들은 불안해했고, 예루살렘의 아버지 보두앵 2세도 걱정을 했다. 재빨리 알레포까지 수중에 넣은 장기군의 기세는 예루살렘에서도 골칫거리였다.

그런데 보두앵 2세가 군대를 이끌고 북상하는 동안, 사태는 기묘하게 전개되었다.

장기의 군대가 알레포를 점거했다는 소식에 동요한 알리스가 발칙하게도 적장 장기에게 편지를 쓴 것이다. 그 편지는 다행히 사안의 중대성을 깨달은 측근에 의해 장기 대신, 북상중이던 보두앵에게 전해졌다. 그 편지에는 만약 장기가 안티오키아 공작령 내에서 현재 그녀의 지위를 인정하고 이후로도 존속을 보장해준다면, 알리스가 섭정의 이름으로 안티오키아 공작령 전체를 장기에게 넘겨주겠다고 쓰여 있었다.

알레포와 안티오키아는 직선거리로 100킬로미터도 떨어져 있지 않다. 그 알레포까지 육박해온 것에 동요하는 건 당연하다 해도 십자군 국가 고위직에 있는 사람으로서는 미친 짓이라고 할 수밖에 없었다. 보에몬드 2세에게 시집간 알리스는 안티오키아 공작부인이 되어 있었는데, 젊은 남편이 안티오키아 주민들로부터 사랑받던 것과는 반대로 인기가 없었다. 남편을 잃고 미망인이 되자 그녀는 안티오키아에서 신분을 유지하는 것에 자신이 없어졌는지도 모른다. 실제로 그녀의 측근조차 극비 편지의 수신처를 바꿔버렸을 정도였으니까.

보두앵 2세 입장에서 보면, 알리스 혼자 결정한 지위라 해도 그녀는 섭정이라는 공적인 입장에 있었다. 비록 친딸이지만 일시적인 심적 동요로 치부하고 그냥 넘어갈 수는 없었다. 안티오키아에 도착하자마자 그는 딸을 근처 항구도시 라타키아로 추방한다. 그리고 향후 안티오키아 공작령 통치와 두 살배기 손녀딸을 에데사 백작 쿠르트네에게 맡기고 나서야 예루살렘으로 돌아올 수 있었다. 이후 십자군 역사에는 국정에 개입하려 하는 여자들이 차례로 등장하게 되는데, 알리스가 그 첫번째 예이다.

1131년 여름, 보두앵 2세는 예루살렘으로 돌아와 있었는데, 딸 알리스가 저지른 불미스러운 일을 처리한 것이 마지막 공적 업무가 되었다. 예루살렘으로 돌아오고 얼마 지나지 않아 병상에 눕게 된 것이다.

1096년에 유럽을 뒤로한 뒤, 제1차 십자군의 모든 전투와 고생을 경험하고, 그후 13년간은 어려운 상황 아래 예루살렘 왕으로서의 책무를 다해온 인생이었다.

35년이나 되는 세월 동안 여러 지역을 전전하며 싸웠고, 세 차례의 포로생활도 경험했다. 예순이 다 된 그는 심신이 몹시 피폐해졌을 것이다.

8월 21일, 한 번도 병상을 떠나지 못한 채 보두앵 2세는 죽음을 맞는다. 그의 유해는 초대 예루살렘 왕 고드프루아와 2대 왕 보두앵 1세 때와 마찬가지로 예루살렘 성묘교회 지하에 묻혔다.

그는 특기할 만한 재능의 소유자는 아니었다. 하지만 책임감만은 부족하지 않은 남자였다.

4대 예루살렘 왕위에는 공식적인 상속자인 멜리장드의 남편 앙주 백작 풀크가 오른다.

하지만 그 직후 중근동 십자군 국가는 또 한 명의 책임감 강한 사람을 잃게 된다.

장기군의 수중에 떨어진 도시를 탈환하기 위한 전투중에, 에데사 백작 쿠르트네가 적이 설치한 지뢰 폭발로 중상을 입었다. 훗날의 지뢰만큼 진보한 것은 아니었지만 중세 이슬람군도 한때 지뢰 같은 것을 사용했다. 중상을 입었음에도 들것 위에서 전투를 지휘하여 적군을 격퇴한 것은 너무나도 쿠르트네다운 일이었지만, 그 역시 죽음을 이길 수는 없었다. 보두앵 2세가 예루살렘에서 숨을 거둔 지 얼마 지나지 않아 그의 유일한 맹우도 그 뒤를 따른 것이다.

조슬랭 드 쿠르트네의 죽음으로, 십자군 국가의 존속에 더할 나위 없이 중요한 에데사 백작령과 안티오키아 공작령 모두 지도자를 잃는 사태를 맞고 말았다. 그중 하나인 에데사에 장기의 시선이 집중된다.

프랑스에서 온 예루살렘 왕

12세기 전반기가 지나가던 무렵, 중근동에서 이 장기와 대결해야 할 입장에 있었던 이가 4대 예루살렘 왕이 된 풀크였다.

프랑스에서 자란 이 귀족이 갖고 있던 플러스 요소는 다음 두 가지뿐이었다. 첫째는 본인이 대단히 유복했으므로 사재를 털어 편성한 한 무리의 기병과 보병을 직속군대로 거느리고 올 수 있었다는 점이다. 둘째는 중근동에 온 후에도 영지획득이나 재산축적에는 무관심했다는 점이다.

프랑스 왕 루이 6세의 천거는 마이너스는 아니었지만 플러스도 되지 않았다. 천거의 책임을 느껴 프랑스 왕의 병력을 떼어주었던 것도 아니었고, 친족 중 한 사람이 왕위에 오른 예루살렘이 위기에 직면하면 십자군을 이끌고 동방으로 오겠다고 약속해준 것도 아니었다. 프랑스 왕과의 혈연관계는 실리를 가져다주지 못했다.

반대로 마이너스 요인이 주는 영향은, 사비로 편성한 병사 한 무리를 데려온 정도로는 메워지지 않을 만큼 컸다.

첫째로, 그는 마치 낙하산 인사 같은 형식으로 중근동의 십자군 국가 지도자가 되었다는 점이다. 투르크계든 아랍계든 당시 이슬람의 여러 나라와 이슬람교도를 잘 알고 있는 사람이 아니었다.

둘째는, 선량한 사람이기는 했지만 인간적인 매력은 부족했다는 점이다.

아내 멜리장드가 일찌감치 바람을 피우기 시작했다는 사실을 두고 매력이 없었다고 말하는 것은 아니다. 그러나 아내에게조차 영향력을 발휘할 수 없었다는 것은 제후와 가신을 통솔해나갈 능력이 부족했다고도 말할 수 있다.

중근동에 수립한 십자군 국가들은 동시대 유럽의 봉건제도를 그대로 이식해 만들어진 국가였다.

한쪽에 풀리아 공작 보에몬드의 직할영토로 시작된 안티오키아 공작령이 있고, 다른 한쪽에는 왕국 내에 독자적인 영지를 갖고 분산되어 있는 제후의 힘을 통합함으로써 성립한 예루살렘 왕국 같은 나라도 있었다. 이것은 당시 프랑스 왕국의 축소판이 아닌가 싶을 정도로 비슷하다.

따라서 연대기에는 똑같이 기병 5백 명과 보병 2천 명의 병력을 거느렸다고 쓰여 있다 해도, 안티오키아 공작령의 경우에는 공작 자신이 갖고 있던 병력일 가능성이 높지만, 예루살렘 왕국에서는 왕의 직속병력을 뜻하지 않는다. 예루살렘 왕국 내 봉건제후들의 병력까지 합산한 병력인 것이다.

또한 십자군 국가들 중에서도 예루살렘 왕국에만 유일하게, 국내에 영지를 가진 제후로 구성되어 왕을 뒷받침하는 위원회가 존재했다. 왜냐하면 예루살렘은 다른 도시와 달리 '신의 도시'로 생각했으므로 누가 됐든 인간의 사유(私有)는 허락되지 않았고, 그 '신의 도시'의 통치와 방어도 왕의 독단으로 행해서는 안 된다고 정해져 있었기 때문이다.

하지만 이 법칙은 현실에서 여러모로 지장을 초래한다. 프랑스 왕이 국내 유력 제후들의 지지를 얻지 않고서는 전쟁 한번 제대로 할 수 없었던 것과 유사하게, 예루살렘 왕도 자기 혼자 자유롭게 결정할 수 있는 일이 제한되어 있었던 것이다.

이러한 제도에서, 게다가 삼면이 적으로 둘러싸여 있는 상시 임전상태에서 대책을 세워 실행해가기 위해서는, 선두에 서서 일을 진행하는 당사자가 지닌 매력이 크게 영향을 미친다.

여기서 말하는 것은, 사전에 '초인적인 능력이나 높은 지위로 사람들을 따르게 만들고 지배해나가는 자질'이라 정의되는 '카리스마'가 아니다.

지금까지 예루살렘 왕으로서 왕국 내 봉건제후들을 통솔해온 초대 왕 고드프루아, 2대 왕 보두앵 1세, 그 뒤를 이은 보두앵 2세 중 어느 누구도 초인적인 능력의 소유자가 아니었으며, 또한 예루살렘 왕이라는 지위는 거기 앉아 있기만 하는 것으로 사람들을 따르게 만들고 지배할 수 있을 만큼 높은 것이 아니었다.

그럼에도 그들 세 사람은 제후들을 통합해 그들의 병력을 제공하게 만들었다. 아무리 작더라도 일단 자기 영지를 얻고 나면 자기보전적인 행동으로 나아가기 십상인 이 남자들을, 예루살렘 왕국을 위한 전투로 몰아가는 데 성공한 것이다.

나는 이것이 그들 세 사람이 갖고 있는 인간적인 매력 때문이라고 생각한다. 이 사람이 한다고 하니 따라가자, 라고 생각하게 만드는 매력 때문이 아닐까. 그렇지 않았다면, 비록 견제에 지나지 않았다 하더라도 보두앵 1세가 원정의 발을 이집트까지 뻗기는 불가능했을 것이고, 보두앵 2세가 13년의 치세기간 대부분을 남북으로 십자군 국가들을 왕복하는 일로 보낼 수는 없었을 것이다.

　남북 왕복도 왕 직속의 몇 안 되는 병사들을 이끌고 행한 것이 아니었다. 왕이 진군해온다는 것을 안 이슬람측이 군사를 물릴 정도의 병력을 거느린 행군이었고, 그것은 국내 봉건제후들의 협력이 있었기에 가능한 것이었다.

　예루살렘 왕은 먼 유럽에 사는 사람의 눈에는 강력한 지위로 보였다. 하지만 실제로는 약체였다. 그러므로 개인의 인간적인 매력이 더욱 큰 영향을 미치게 되는 것이다.

　지금도 십자군 역사의 금자탑으로 여겨지는 저작을 남긴 거장 스티븐 런치먼도 다음과 같이 썼다.

　"예루살렘 왕국에서의 왕권은, 왕 개인이 충분히 강력하고 그에 따라 왕국 내의 유력자들을 통솔할 수 있었을 때만 충분히 발휘되었다."

　이 '힘'이란 군사력만 의미하지는 않는다. 제후나 병사들이 그 사람이라면 따르겠다고 생각하게 하는 것도 훌륭한 '힘'이다. 지도자에게는 카리스마만으로는 충분하지 않은, 말로 표현할 수 없는 인간적인 매력이 요구되는 것이다.

프랑스 왕의 친족이자 앙주 가문 출신의 풀크가 왕위에 있었던 12년 동안, 예루살렘 왕의 출진 횟수는 격감한다. 이 역시 예루살렘 왕국 내의 봉건제후들이 왕을 따라나서지 않게 되었기 때문이 아닌가 하는 생각마저 든다.

무엇보다 예루살렘 왕의 출진 요청을 거스를 수 없었을 안티오키아, 에데사, 트리폴리도 이 시기부터는 쉽게 응하지 않게 되었다. 풀크가 안티오키아로 가야 할 필요가 생겼을 때의 일이었다. 안티오키아로 가는 길에 거쳐야 하는 트리폴리 백작령의 주인 레몽이 예루살렘 왕과 그 군대의 영내 통과를 허용하지 않아, 풀크는 어쩔 수 없이 배로 가야만 했다.

그래도 풀크의 치세중에는 십자군 국가의 분리와 붕괴가 일어나지 않았다. 에데사 백작령, 안티오키아 공작령, 트리폴리 백작령, 예루살렘 왕령으로 이어지는 십자군 국가들 중 어느 한 곳도 이슬람측에 빼앗기지 않았던 것은, 적인 장기에게 진군을 중단할 수밖에 없는 사정이 생겼기 때문이다.

이후의 진전을 대충이라도 파악하기 위해 여기서 당시 그리스도교 세계와 이슬람 세계 양쪽의 권력구조를 비교해보기로 한다. 그것을 도식으로 나타내면 다음과 같을 거라 생각한다.

아울러 이슬람 세계에서 '직계'는 아랍인, '방계'는 셀주크투르크인이나 쿠르드인이었다.

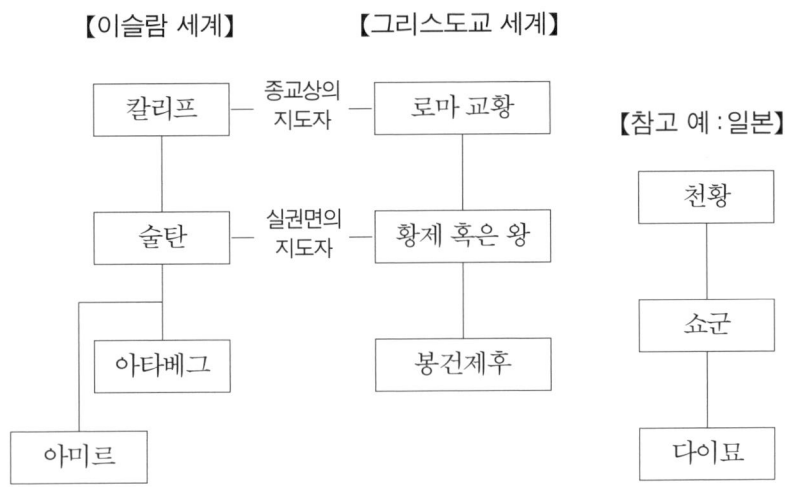

【이슬람 세계】　　　【그리스도교 세계】

칼리프　── 종교상의 지도자 ──　로마 교황　　　【참고 예 : 일본】

술탄　── 실권면의 지도자 ──　황제 혹은 왕　　　천황

아타베그　　　봉건제후　　　쇼군

아미르　　　다이묘

풀크가 예루살렘 왕이 된 것과 같은 해에 바그다드에서는 술탄이 죽었다. 그 직후에 일어난 것이 이슬람 세계의 고질적인 내분이다.

장기의 공식적인 지위는 티그리스강 상류에 위치하는, 현재의 이라크에 속하는 모술의 태수(아타베그)다. 차기 술탄에 자신의 적이 취임하는 것을 저지하기 위해 그는 시리아 전선에서의 움직임을 일시 중단하고, 알레포의 수비를 아들 누레딘에게 맡긴 채 메소포타미아 지방으로 돌아가야 했다.

아직 '아타베그'에 지나지 않은 장기는, 비록 바그다드에서 멀리 떨어진 시리아에서의 군사행동일지라도 술탄이 반대하는 일은 할 수 없었다. 따라서 다음 술탄이 누가 되는가의 문제는 모술에서 다마스쿠스까지, 지금 같으면 이라크 북부에서 시리아까지의 광대한 지역을 제패하고 그 주인이 되려는 장기의 야망을 실현하는 것과 큰 관계가 있었던 것이다. 다만 이 문제를 처리하는 데는 많은 시간이 필요하지 않았던 듯, 채 3년이 안 되어 장기는 시리아 전선으로 복귀한다.

장기의 거대한 야망이 처음부터 십자군 국가를 붕괴시키고 중근동 지역에서 그리스도교도를 일소하는 데 있었다고는 생각되지 않는다. 알레포를 수중에 넣은 후 그가 한 일은 그리스도교도 나라인 안티오키아에 대한 공격이 아니라, 이슬람교도가 지배하고 있던 다마스쿠스를 공격한 것이었으니까.

중근동은 산악지대를 경계로 동과 서로 나뉜다. 안티오키아는 서쪽에 있고 다마스쿠스는 동쪽에 있다. 우선 다마스쿠스를 공격하려고 한 것은 지세로 따지면 합리적이었다.

그러나 그는 이 시점에서는 다마스쿠스 공략에 성공하지 못했다. 그래도 장기는 다마스쿠스로 향하는 길에 있는 소영지의 공략을 착실히 해나갔다. 때문에 장기와 풀크가 직접 대결한 것은 시리아 북부에서였다. 장기는 다마스쿠스 공략의 사전준비를 무력으로 해나가는 중이었고, 예루살렘 왕 풀크는 그것을 저지하려고 북상한 것이다. 다마스쿠스까지 장기의 수중에 들어간다면 서쪽으로 이어진 십자군 국가들에 대한 위협을 가늠할 수 없었기 때문이다.

하지만 예루살렘 왕과 그의 군대는 함께 싸워줘야 할 안티오키아나 트리폴리의 군대와 합류할 수 없었다. 오히려 적을 양분하는 전법이 특기인 장기에 의해 몽페랑의 성채로 내몰리고 만다.

성채란 방어만 철저히 하면 원군이 도착할 때까지 버틸 수 있도록 만들어져 있다. 하지만 즉위한 이래 다른 십자군 국가와의 관계가 원만하지 않았던 풀크는 이들 우군의 도착을 기대할 수 없었는지도 모른다. 성채로 내몰린 지 며칠 지나지 않아, 성채를 포위하고 있는 장기의 군대에 교섭을 요청한 것이다. 몸값을 지불하면 장기가 군대를 물릴 것이라 기대했는지, 아직 포로도 되지 않았는데 먼저 몸값을 지불하겠다고 나섰다.

장기는 왕을 비롯해 성채 안에 있는 모든 사람의 안전을 보장했으며, 뿐만 아니라 포로로 잡아두고 있던 트리폴리의 장수 한 명까지 석방하며 몸값은 필요 없다고 대답했다. 장기가 요구한 대가는 풀크가 틀어박혀 있던 성채뿐이었다.

풀크는 성채를 넘겨준 뒤 무사히 예루살렘으로 돌아왔다. 그런데 그는 과연 막대한 금액이었을 게 분명한 몸값 대신 성채 하나를 요구한 장기의 진의를 읽어냈을까.

'몽페랑의 성채'라는 이름으로 유명한 이 성채는 서쪽으로 이어진 십자군 국가들을 동쪽에 펼쳐져 있는 이슬람 세계로부터 지켜주는 지점에 십자군이 건설한 것이다. 따라서 지리적으로는 알레포에서 다마스쿠스로 남하하는 길목에 있다. 이미 알레포를 수중에 넣은 장기에게 그곳은 다마스쿠스를 공략할 때 가장 좋은 전진기지가 될 수 있었다.

예루살렘 왕이 된 풀크가 유복하다는 사실은 이슬람측에도 알려져 있었으니 몸값을 받아내는 것도 가능했다. 하지만 아무리 그렇더라도 대도시 다마스쿠스를 중심으로 한 다마스쿠스령을 수중에 넣는 것과는 비교가 되지 않았던 것이다.

게다가 이 성채의 전략적 가치는 한 가지 더 있었다. 이슬람 군대가 에데사를 공격할 경우, 예루살렘에서 오는 십자군 원군이 북상하는 것을 방해할 수 있는 지점에 이 성채가 있다는 것이다. 동시대 유럽의 기사가 무색할 정도의 기사도 정신을 발휘한 듯 보였지만, 장기는 몽페랑의 성채가 그만큼 탐이 났던 것이다. 게다가 일전을 벌이지 않고 수중에 넣을 수 있다면 시간과 병력을 절약할 수 있었으니까.

이러한 장기에 비해 풀크는, 포로로 잡히지 않았음에도 서둘러 적이 원하는 것을 넘겨주고 말았다. 중근동의 사정에 정통한 사람들의 마음이 또다시 풀크에게서 떠난 것도 당연했다. 그가 예루살렘 왕이 된 지 6년이 지난 1137년의 일이다.

12년간의 치세중 눈에 띄는 움직임이 적었던 풀크가 그다음으로 움직인 것은, 3년 후인 1140년, 장기를 상대로 다마스쿠스 영주와 동맹을 맺은 일이었다.

그리스도교 나라와 이슬람교 나라가 힘을 합쳐 또다른 이슬람교 나라에 맞선다, 십자군의 내력을 생각하면 경악할 수밖에 없는 이 동맹으로 손해를 본 것은 십자군측이었다. 장기군이 진로를 남쪽 다마스쿠스가 아니라 에데사가 있는 북동쪽으로 향했기 때문이다.

한편 이 동맹을 맺을 때 다마스쿠스 영주는 남쪽에서 예루살렘 왕국을 위협하는 이집트군의 움직임을 저지하겠다고 풀크에게 약속했으나, 실제로는 끝까지 전혀 도움이 되지 않았다. 남쪽을 방어할 수 있었던 것은 템플 기사단과 성 요한 기사단의 분투 덕이었다.

이후 풀크는 중근동 십자군 세력의 지도자로서 변명할 길 없는 잘못을 또 한 번 저지른다. 바로 안티오키아 공작령을 비잔틴제국에 바쳐버린 것이다.

비잔틴제국 황제가 안티오키아를 탐낸 것은 제1차 십자군 때부터였는데, 풀크는 그리스도교측이 안티오키아를 획득한 지 40년 만에 사실상 비잔틴제국의 속령이 되었음을 인정했다. 장기에 대한 설욕전에 비잔틴제국군의 지원이 불가결하다고 생각했기 때문인데, 비잔틴제국 황제는 안티오키아를 속령으로 만드는 데는 열심이었으나 풀크를 지원하는 데는 건성이었다.

1년 후인 1143년, 4대 예루살렘 왕 풀크는 사냥을 나갔다가 낙마한 것이 원인이 되어 숨을 거둔다. 쉰두 살에 맞은 죽음이었다. 두 아들 중 장남도 아직 열세 살밖에 되지 않았기 때문에, 마흔두 살에 미망인이 된 아내 멜리장드가 예루살렘 여왕의 지위에 오른다. 왕제(王制)를 취하는 나라에서는 능력보다 핏줄이 중시된다. 멜리장드는 선왕 보두앵 2세의 장녀였으므로, 예루살렘 왕국의 첫 여왕 즉위에 누구도 공공연히 반대할 수 없었다.

역대 예루살렘의 왕들 중 풀크는 동시대인에게도 후세의 역사가에게도 낮은 평가를 받았지만, 한 가지만은 인정할 만하다는 평을 듣는다. 중근동 십자군 국가의 영토를 다 메울 기세로 성채를 건설하는 일에 앞장선 것이 풀크였기 때문이다.

성채

유럽의 유력자가 널찍하고 쾌적한 궁전에 살게 된 것은, 당시 생활 수준이 가장 높았던 베네치아나 피렌체에서조차, 이 시기로부터 이삼백 년이 지난 르네상스 시대부터다. 그때까지는 한 나라의 왕도 성에서 살았다. '성'이라기보다 '성채'라는 표현이 더 적절한, 쾌적함보다 방어력을 우선시한 주거지였다.

바깥쪽에는 물이 가득 찬 해자가 빙 둘러싸고 있고 그 안쪽에 성벽이 우뚝 솟아 있다. 성벽으로 둘러싸인 안쪽에는 신하와 하인들의 주거가 늘어서 있으며, 마구간도 빼놓을 수 없다. 주인과 그 일족이 사는 곳은 더 안쪽에 높이 지어진 돌탑 안이다. 외부로의 통로는 필요할 때 해자 너머로 걸칠 수 있도록 만들어진 낙하식 다리뿐이다. 이것이 중세 유럽의 상징이기도 한 '성'이었다.

탑의 돌벽은 두께가 1미터나 되어 여름에 시원하다. 하지만 겨울은, 특히 북유럽의 겨울 추위는 견디기 힘들었을 것이다. 그래서 난로에는 장작을 기세 좋게 태우고 벽에 두꺼운 커튼을 둘러치고 바닥에는 사냥해온 짐승의 모피를 깔아 혹한을 막으려 애썼다.

따라서 서양건축의 특징인 큰 벽난로는 물론이고 두꺼운 천으로 만들어진 커튼 역시 원래는 돌벽이 뿜어내는 추위를 막기 위해서였고,

062

얼마 후 십자군 시대의 경제교류 덕에 융단으로 교체되는 짐승의 모피도 돌이 깔린 맨바닥에서 올라오는 한기를 막기 위해서였다.

방어를 우선시해 건축했기 때문에, 창문은 적의 화살을 막기 위해 작게 뚫었고, 무기를 들고 습격해오는 적이 올라오기 불편하도록 계단도 좁고 경사가 급하게 만들었다. 또한 구름이 두껍게 드리운 북유럽에서는 창문이 작아 대낮에도 등불이 필요했다. 대형 난로에서 기세 좋게 타오르는 불길. 방을 밝히는 몇 개의 등불. 산소가 부족하진 않았을까 하는 생각마저 든다.

이러한 성채 안에서의 일상은 쾌적함을 따질 수가 없었을 것이다. 겨울 추위를 막기 위한 두꺼운 옷도 충분하지 않아 겹쳐 입어야 했고, 얼마나 많은 의복을 겹쳐 입는가에 따라 그 사람이 속한 사회계층을 가늠할 수 있을 정도였다. 가톨릭교회의 고위 성직자나 세속군주들은 움직임이 둔해질 정도로 많은 옷을 겹쳐 입는 한편, 하층민들은 얇은 옷 하나로 덜덜 떨고 지냈던 것이다.

초상화에 등장하는 귀부인은 가슴팍이 깊게 파인 옷을 입고 있는데, 그것은 화가 앞에 앉아 있을 때나 중요한 손님을 맞는 연회를 열 때뿐이었다. 평소에도 그렇게 우아한 옷을 입고 지낸다면 감기에라도 걸려 일찍 죽는 것이, 중세 유럽에서 성채를 주거지로 삼았던 사람들의 운명이었다.

유럽과 오리엔트의 동등한 사회적 지위에 있던 사람들의 생활공간을 비교하면, 이 시대에는 오리엔트가 훨씬 쾌적했다. 원래부터 물과 녹음이 풍부하지 않은 땅에 살던 오리엔트인은 풍부한 물과 녹음을 동경했다. 그래서 사회 상층에 속하는 사람들은 경쟁적으로 안뜰에 수목을 심고 그 사이로 흐르는 물을 즐겼다.

그러나 불편하기 그지없는 중세 유럽식 성채에서 생활하는 데에도 이점이 있었다. 첫째는 방어에 적합하다는 것, 둘째는 그 방어도 소수의 병력으로 가능하다는 것이다.

마흔이 다 되도록 프랑스에서 살았던 풀크는 성채를 방어 겸 생활의 장으로 보는 사고에 익숙했을 것이다. 당연히 성채가 갖는 두 가지 이점도 알고 있었다. 또한 유럽과 달리 중근동은 겨울에도 추위가 심하지 않다. 중근동에서는 오히려 두꺼운 돌벽으로 바깥공기를 차단할 수 있도록 지어진 성채가 혹서에 시달리는 여름에 적합했다.

게다가 성채가 방어에 적합하고 그것도 소수의 병력으로 가능하다는 두 가지 강점 덕에, 중근동의 십자군 국가가 갖고 있던 최대 약점인 만성적인 병력 부족을 어느 정도 벌충할 수 있다는 이점도 있었다. 또한 적인 이슬람측에는 성채를 활용하는 전통이 없는 것도 유리하게 작용했다.

전투란 대군을 투입해 치러야 한다고 생각하는 이슬람측에는 소수 병력에 의한 방어 따위를 고려할 필요가 없었기 때문이다. 게다가 오리엔트의 권력자는 성벽을 둘러친 도시에서 사는 것을 선호했으므로, 도시에서 멀리 떨어져 있는 성채에는 파수 정도의 역할밖에 기대하지 않았다.

그 때문에 십자군 시대 중근동에서 십자군측이 성채 네트워크를 뻗쳐나간 것에 반해, 이슬람측에는 그 움직임이 전혀 보이지 않았던 것이다.

절대적인 병력 부족과 함께 십자군측의 오랜 약점이었던 것이 상비병력의 부족이었는데, 상비 군사력의 존재이유는 적이 공격해오면 곧바로 요격에 나설 수 있다는 것이다. 하지만 이 문제도 보두앵 2세가 종교 기사단을 인가하고 계속 후원함으로써 어느 정도 해결되고 있었다.

템플 기사단은 설립 당시 아홉 명에서 그 열 배로 늘어나 있었고, 성요한 기사단도 의료만이 목적인 수도회에서 의료와 전투를 병행하는 것으로 바뀐 이후로 프랑스를 중심으로 한 유럽 각국으로부터 지원자가 급증했다. 사회 중하층에 속해 있던 기사들이 다수를 차지한 템플 기사단에 비해 성 요한 기사단의 기사들 중에는 귀족 출신자가 많았던 것이 특색이다. 두 기사단 모두 한 번도 독자적으로 전투에 나설 만한 병력을 지닌 적은 없었다. 하지만 두 기사단은, 규모는 작아도 전투에 익숙하고 무술에 뛰어난 자들로만 편성된 엘리트 전사 집단이 되어가고 있었다. 현대의 연구자들이 '특수부대'라고 하는 이유가 여기에 있다.

풀크는 이들 종교 기사단과 십자군 국가 내의 봉건제후로 이루어진 중근동 십자군 세력의 상비 전력에, 방어와 공격의 거점인 성채를 제공했다. 자금력이 있는 자에게는 건설허가를 내주고, 없는 자에게는 경제적으로 원조하여 건설하게 하고, 건설 후의 관리도 그 사람에게 맡겼다. 이때 십자군측의 중요한 항구인 야파를 지키는 성채의 주인이 된 사람이, 50년 후 살라딘과 필사의 교섭을 하게 되는 발리앙 이벨린의 아버지다.

물론 십자군의 모든 성채가 풀크의 치세에 세워진 것은 아니다. 소규모 성채는 보두앵 1세 때 이미 지어졌고, 보두앵 2세의 치세에도 네 군데에 세워졌다는 것이 확인되고 있다. 하지만 성채가 속속 건설된 것은 풀크의 치세에 들어서고 나서였다. 그중에서도 가장 유명한 '크락 데 슈발리에(기사들의 성)'의 건설을 성 요한 기사단이 완료한 것은 1142년, 풀크가 죽기 1년 전이었다.

성채란 소수 병력으로도 지배하고 통제할 수 있도록 만들어진 건축 양식이다. 공세기가 지나고 수세기로 들어선 시대의 십자군에게 그 필요성이 커지는 것도 당연했다. 어쨌거나 머릿수를 믿고 공격해오는 이슬람측에 반해, 십자군의 약점은 항상 병력 부족에 있었기 때문이다.

아울러 종교를 배제하고 순수하게 고고학적 견지에서 중근동의 십자군 시대 성채를 연구하게 된 것은 20세기에 들어서고 나서다. 그 선두에 섰던 이는 영국 태생의 젊은 연구자로, 훗날 '아라비아의 로렌스'라는 이름으로 유명해진 사람이다. 연구자 시절 그가 쓴 논문을 찾아보았으나 도저히 발견할 수 없었다. 아랍인을 이끌고 터키제국에 도전한 로렌스는 상당한 전략가이기도 했는데, 어쩌면 그의 이런 전략적 재능도 십자군 시대의 성채들을 조사해나가는 과정에서 터득한 것인지 모른다. 성채란 전략적으로 적합한 땅에 세우지 않으면 도움이 되지 않는다.

이 로렌스가 터키와의 싸움에서 아랍인을 선동한 말이 '다마스쿠스로!'였다. 이 말은 천 년 전에 장기가 외친 말이다. 시리아 전역을 제패하려 할 때 병사들을 선동하는 말은 예나 지금이나 '다마스쿠스로!'인 것이다. 예나 지금이나 다마스쿠스가 시리아를 상징하는 도시이기 때문이다.

이야기를 천 년 전으로 거슬러 올라가면, 장기도 다마스쿠스 공략을 목표로 하고 있었다. 시기도 좋았다.

장기를 상대로 다마스쿠스 영주와 동맹을 맺었으니 지원하러 달려나가야 하는 예루살렘의 왕위에는 이제 멜리장드가 앉아 있다. 이슬람교도는 여자를 경시하는 경향이 강했다. 장기는 예루살렘은 문제삼을 것도 없다고 생각했음에 틀림없다.

그런데 모든 면에서 절호의 기회였음에도 장기는 군대를 다마스쿠스가 있는 남쪽이 아니라 에데사가 있는 북동쪽으로 향한다. 왜 그랬는지는 아무도 기록을 남기지 않아 상상할 수밖에 없는데, 나는 이제 막 완성된 '크락 데 슈발리에'가 마음에 걸려서가 아니었을까 생각한다.

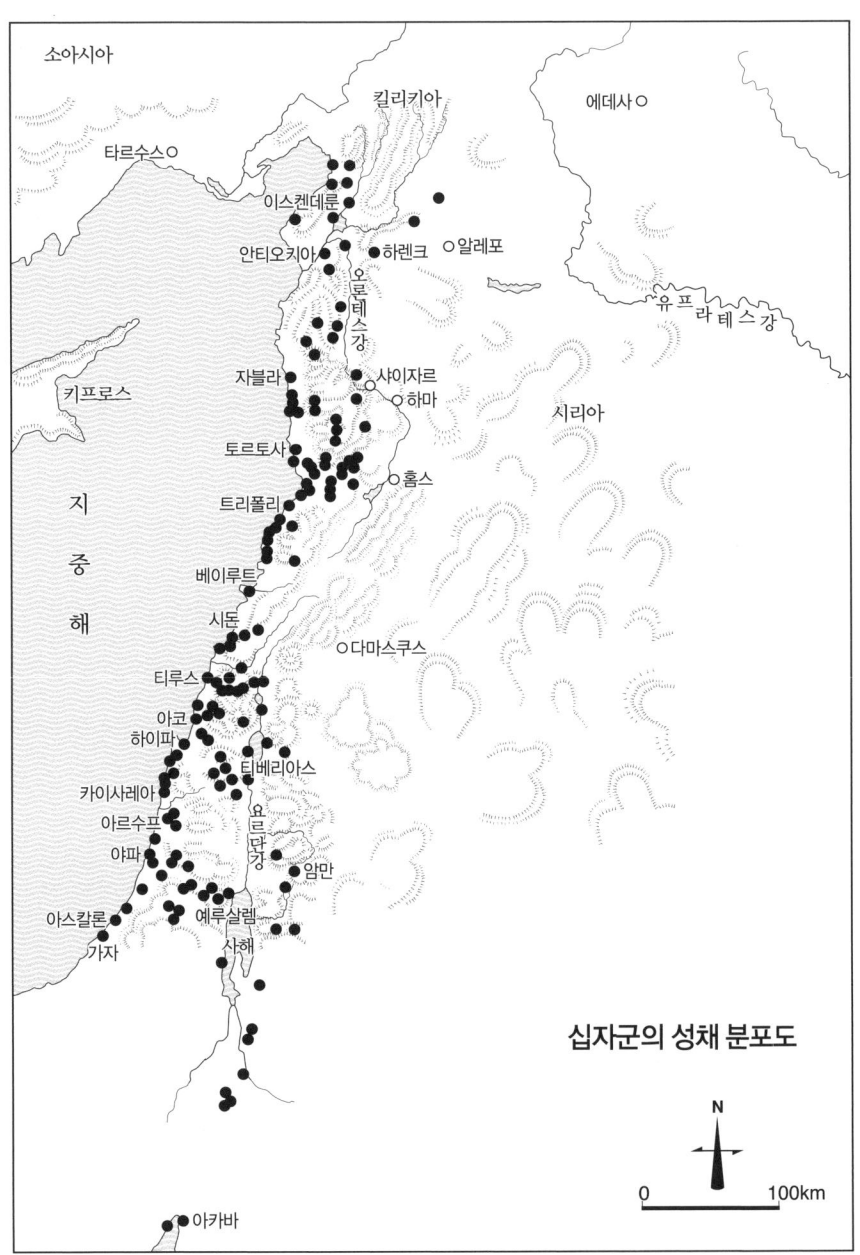

소아시아

킬리키아

에데사 ○

타르수스 ○

이스켄데룬

○ 알레포

안티오키아 ● 하렌크

오론테스강

자블라

○ 샤이자르

○ 하마

시리아

토르토사

○ 홈스

트리폴리

유 프 라 테 스 강

키프로스

지

중

해

베이루트

시돈

○ 다마스쿠스

티루스

아코

하이파

티베리아스

카이사레아

아르수프

요르단강

야파

암만

아스칼론

예루살렘

가자

사해

십자군의 성채 분포도

N

0   100km

○ 아카바

'크락 데 슈발리에'는 성 요한 기사단이 건설한 것으로, 이 성채에는 십자군 정신이 흘러넘치는 기사들이 주둔하고 있었던 것이다.

　이전에 몽페랑의 성채를 탐냈던 것에서 알 수 있듯이, 장기는 성채의 효용을 알고 있던 몇 안 되는 이슬람 장수 중 하나였다. 몽페랑의 성채 바로 근처에 건설된 '크락 데 슈발리에'가 다마스쿠스로 향하는 장기군에 무시할 수 없는 장애물이 될 것을 두려워한 것이 아닐까. 무심코 이러한 상상에 빠져들 정도로 천 년이 지난 지금도 여전히 산 위에서 주변 일대를 노려보고 있는 '크락 데 슈발리에'의 위용은 압도적이다.

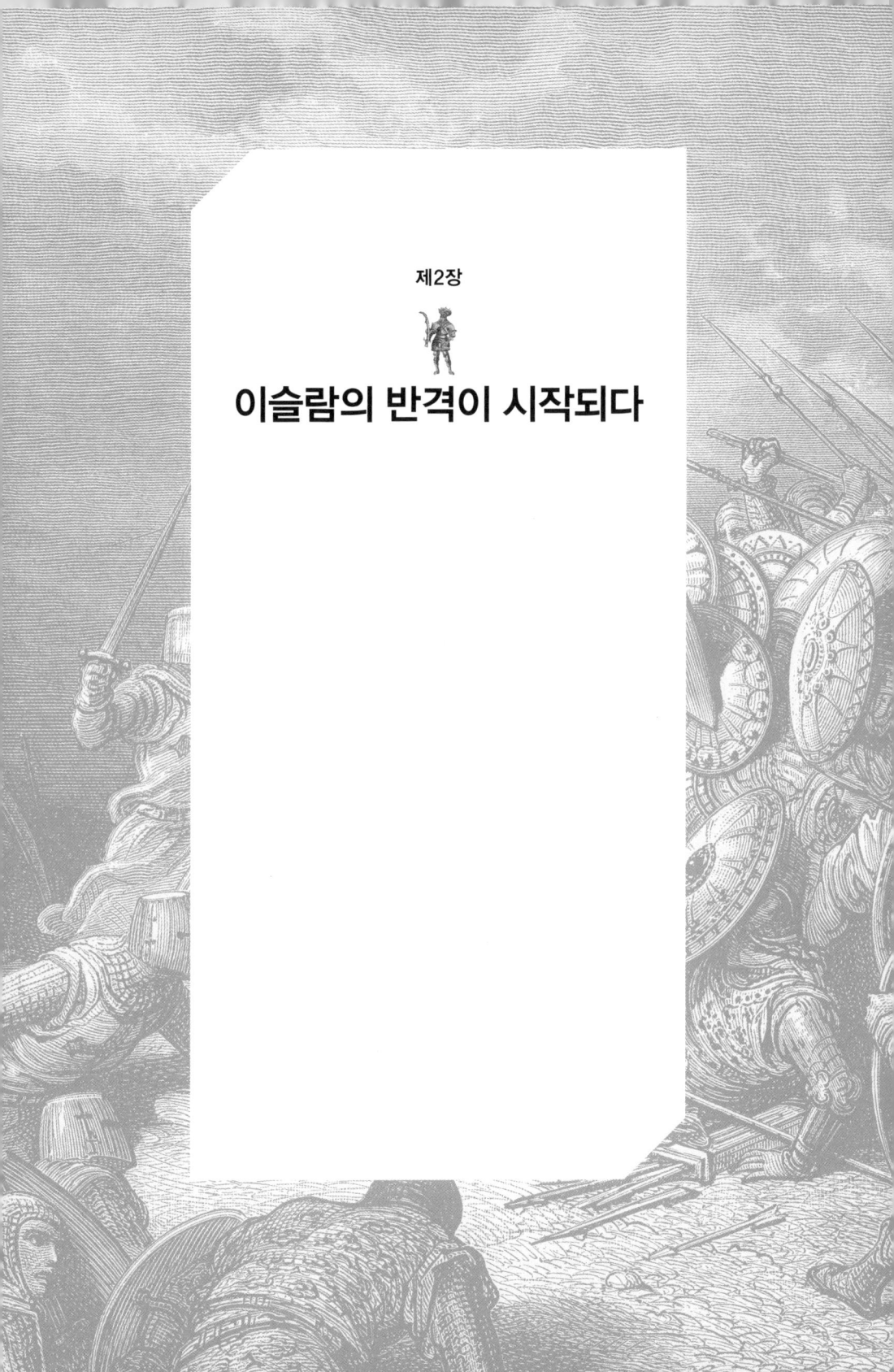

제2장

이슬람의 반격이 시작되다

1144년, 장기도 쉰일곱 살이 되었다. 아마도 마음이 조급해졌을 것이다. 이런 때일수록 가능한 한 빨리 함락시킬 수 있는 곳을 먼저 공격하게 된다. 제일 먼저 에데사, 그다음이 다마스쿠스라고 생각했는지도 모른다.

에데사 함락

이 시기 에데사 백작령은 13년 전에 전사한 조슬랭 드 쿠르트네의 아들이 지키고 있었다. 보두앵 2세의 맹우이자 최대 협력자였던 아버지에게 견줄 만한 능력의 소유자는 아니었지만, 그는 에데사 백작령의 주민들에게 사랑받고 있었다. 또한 어머니가 아르메니아 왕가 출신이었으므로 에데사 백작령 북쪽에 있는 아르메니아 왕국의 지원도 기대할 수 있었다. 이 조슬랭 2세가 선두에 나서 방어전을 펼치는 한 에데사 공략은 쉽지 않은 일이었다.

그래서 장기는 에데사에서 조슬랭과 그의 군대를 떼어놓는 수를 썼다. 조슬랭 2세가 인근 지역 이슬람 영주와 전투를 벌이기 위해 출정한 틈을 노려 병력의 대부분을 투입해서 총공격을 퍼부은 것이다. 남은 군대는, 공격당한 것을 알고 다시 돌아올 조슬랭의 앞을 가로막아 그와 그의 군대가 에데사로 들어오는 것을 저지하도록 배치했다.

중근동 십자군 국가의 일익을 담당해온 에데사는 총사령관이 없는 상태에서 방어전을 펼치게 되었다. 방어전을 지휘한 사람은 모두 고위 성직자들로, 가톨릭교도를 대표하는 대주교 위그, 아르메니아 종파의 주교 요하네스, 그리스정교의 주교 바실레우스 세 명이었다. 에데사는 그리스도교 도시지만 오리엔트 도시이기도 했기 때문에, 같은 그리스도교도라 해도 여러 종파가 혼재해 있었던 것이다.

방어전에 나선 사람들은 조슬랭 2세가 돌아올 것이라 믿었다. 또한 같은 그리스도교도 국가인 안티오키아 공작령이나 예루살렘 왕국이 도와주러 달려올 것이라는 확신도 있었다. 따라서 장기가 두번째 총공격을 퍼붓기 전에 보내온 항복권고를 단연코 거부하며 강경한 태도를 보였다.

그러나 조슬랭 2세는 적에 가로막혀 올 수가 없었고, 안티오키아 공작은 자기 영지 내에 움츠리고만 있었다. 그리고 예루살렘의 멜리장드가 원군을 파견할지 말지 망설이다가 가까스로 결단을 내려 에데사로 군대를 보냈지만 이미 때가 늦은 뒤였다.

시리아의 주요도시와 성채

에데사 주민들은 4주간이나 공방전을 버텼다. 하지만 더이상 어찌해볼 수단이 없어진 12월 24일, 에데사는 함락된다. 장기는 상대가 항복권고를 따르지 않고 항전을 계속하면 설령 이슬람교도라 해도 학살과 약탈과 화공도 마다하지 않던 남자다. 더구나 에데사는 그리스도교도의 도시였다. 함락 후의 학살과 약탈과 화공은 어느 때보다 더 무자비했다.

대주교를 비롯한 에데사의 주요인물이 모두 처형되었고, 이들의 머리는 바그다드의 칼리프에게 보내졌다. 이런 시와 함께.

"오오, 하늘이 보내신 예언자 마호메트여. 우리는 당신의 이름으로 끝내 승리를 실현했다네. 돌을 숭배하는 이들 불신 무리의 피는 코란의 가르침이 옳다는 것을 실증하기 위해 흘려졌나니."

에데사 함락은 이슬람측에서 보면 '탈환'이었다. 살아남아 포로가 된 자들도 노예로 팔려나갔다. 그 수가 2만을 넘었다고 한다.

함락 당시 장기는 에데사가 그리스도교화하기 전부터 살고 있던 사람들의 잔류를 인정했지만, 2년 후 뒤를 이은 그의 아들 누레딘은 그마저도 인정하지 않았고, 에데사는 그 토대조차 남아 있지 않을 만큼 철저하게 파괴되었다. 이슬람교도는 지상에서 도시 자체를 없애버림으로써, 그리스도교도가 돌아올 수 있는 기반을 아예 파괴함과 동시에, 반세기 동안 그리스도교 도시였던 에데사를 징벌한 것이다.

이렇게 그리스도교 세계는 에데사 백작령을 잃었다. 제1차 십자군이 획득한 이래 반세기 동안, 동쪽 이슬람 세계에 대해 중근동 십자군 국가의 방벽 같은 역할을 해온 에데사 백작령을 잃은 것이다. 조슬랭 2세는 결국 복귀할 수 없었고, 그런 그를 아무도 도와주지 않았다.

장기 역시 다마스쿠스를 공략하는 꿈까지는 이루지 못하고 세상을 떠난다. 에데사를 함락한 지 얼마 되지 않아, 하찮은 일로 원한을 품은 거세노예에게 살해당한 것이다.

에데사가 함락되었다는 소식이 예루살렘과 안티오키아에 강한 충격을 주었음은 물론이다. 그러나 유럽에는 전략적인 면에서의 손실을 넘어 더욱 심각한 타격을 주었다.

유럽에 사는 대부분의 그리스도교도는 중근동에 십자군 국가를 건설한 것은 신이 바란 일이라고 확신하고 있었고, 그 십자군 국가가 성지에 세워진 이상 신이 지켜줄 것이라 믿고 있었다. 그런데 지금 십자군 국가 중 하나인 에데사가 함락된 것이다. 신은 우리를 지켜주지 않았단 말인가. 그들의 가슴속에 이런 의심이 일어난 것도 당연했다.

수도사 베르나르두스

중근동의 십자군 국가는 북쪽에서 남쪽으로 에데사 백작령, 안티오키아 공작령, 트리폴리 백작령, 예루살렘 왕령 네 국가로 구성되어 있었다. 그중 하나를 적에게 빼앗겼다는 사실을 맞닥뜨린 그리스도교도들은 신앙심이 깊은 사람일수록 더 강하게, 이제 신은 우리를 지켜주지 않는 것인가, 하는 공포에 사로잡혔다. 이런 공포는 한 나라의 왕이든 일개 서민이든 다르지 않았다.

이러한 유럽의 그리스도교 세계에 수도사 베르나르두스의 목소리가 한층 높이 울려퍼졌다. 제1차 십자군은 클뤼니 수도원 관계자들의 호소로 시작되었는데, 제2차 십자군은 클뤼니파의 그리스도교 세계 개혁안을 미온적이라 비판하며 설립된, 프랑스의 수도회에서도 보다 급진적인 성향을 띤 시토파 수도원 관계자들에 의해 일어나게 된다.

후에 가톨릭교회의 성인 반열에 올라 '성 베르나르두스'라는 이름으로 역사에 남은 이 사람은 1090년 프랑스 북동부 샹파뉴 지방에서 태어났다. 이 지역에서도 제1차 십자군에 참가한 사람이 많았는데, 베르나르두스는 오리엔트를 향해 떠나는 그리스도 전사들의 긴 행렬을 여섯 살 무렵에 본 셈이다.

부모가 모두 부르고뉴 공작의 가신 집안이었으므로 대귀족까지는 아니어도 중간 정도의 귀족은 되었다. 물론 성채에 사는 계급에 속한다. 일곱 형제 중 삼남이었던 베르나르두스는 무척 조숙한 아이였던 모양으로, 마을의 사제가 교사로 있는 초중등 교육과정이 끝나자마자 겨우 열한 살 때 형제 다섯 명을 꾀어 아버지 소유의 산장에 틀어박혀 공동생활을 시작한다. 기도와 묵상이 일상인 이런 공동생활에 공명하는 사람이 점점 늘어나, 1년 후에는 서른 명이나 되었다고 한다.

베르나르두스는 그 서른 명을 이끌고 시토 수도원으로 가서 세속의 삶을 버리고 수도사가 될 것을 서약한다. 아직 열두 살에 불과한, 수도사 베르나르두스가 탄생한 것이다.

당시 프랑스를 넘어 유럽 전체에 가장 널리 알려지고 권위를 자랑하던 수도원은 클뤼니 수도원이었다. 제1차 십자군을 보냈고, 게다가 그 십자군이 성도 예루살렘 해방에 성공함으로써 십자군을 제창한 클뤼니 수도원에 사람들의 경의가 집중되었다. 그런데 베르나르두스는 그 클뤼니 수도원이 아니라, 당시에는 아는 사람도 별로 없던 시토파 수도원을 선택한 것이다. 이 무렵부터 이미 클뤼니파가 제창하는 교회 개혁에 불만을 품었던 것일까, 아니면 누군가의 밑에 붙는 것을 좋아하지 않았던 것일까. 교의에 반대하지 않았음에도 그는 3년 후 시토파 수도원에서도 나오게 된다.

1115년 스물다섯 살이 된 수도사 베르나르두스는 열두 명의 동지와 함께 한 친족이 선물해준 땅에 독자적인 수도원을 세워 옮겨간다. 베르나르두스는 강이 흐르고 녹음이 풍성한 그 일대를 '클레르보'라고 명명했다. '맑은 골짜기'라는 뜻이다. 이후 '클레르보의 베르나르두스'가 그의 통칭이 된다.

그러나 수도사 베르나르두스는 맑은 골짜기에 세운 수도원에 안주할 사람이 아니었다. 3년 후 일찌감치 포교활동을 시작해, 단순히 가르침만 설파하는 것이 아니라 그의 생각에 공명하는 사람들을 모아 신앙의 기지를 만들어나가기 시작했다. 즉 수도원 네트워크를 만들어나간 것인데, 그가 죽을 때까지 세워진 수도원은 343개나 되었다. 그는 사색뿐 아니라 그에 앞서 행동하는 사람이었다.

중세 유럽은 '수도원의 시대'라고도 불린다. 수도원이 세속 사람들에게까지 강력한 영향력을 발휘했기 때문인데, 그중에서도 성 베네딕투스가 이탈리아 남부의 몬테 카시노에 창설한 이래 유럽 전역으로 퍼져나간 베네딕토파 수도원의 힘은 절대적이었다. 클뤼니 수도원도 베네딕토파에 속하므로, 창시자인 성 베네딕투스가 정한 수도원의 기본원칙, 청빈과 복종과 정결을 지킬 의무가 있었다.

하지만 제1차 십자군 성공의 공로를 대접받게 된 후 클뤼니 수도원에 모여든 것은 사람들의 신앙심만이 아니었다. 이들의 기부도 급증한 것이다. 이 시기 프랑스 남부를 휩쓸던 북아프리카 해적이 로마를 향해 여행중이던 클뤼니 수도원 원장 일행을 습격하여 엄청난 수확을 거두었다는 기록이 있다. 클뤼니 수도원 고위 사제들의 사치스러움은 로마 교황을 능가한다는 소문도 있었다.

이 한 가지만 가지고 클뤼니 수도원을 비난했다면 베르나르두스는 고지식한 원리주의자에 머물렀을 것이다. 하지만 그는 원리주의자 중에서도 과격한 원리주의자였다. 자기 혼자만 원리원칙을 지키는 것이 아니라, 다른 사람까지 끌어들인다는 의미에서.

베네딕토파 수도원에는 앞서 말한 3대 원칙 외에 라틴어로 '스타빌리타스(정주)'라 불리는 규칙도 있었다. 베르나르두스는 청빈 같은 것보다 특히 이 규칙을 싫어했을 것이라 생각된다. 베네딕토가 생각한 '정주'는 세상의 잡사에 마음을 빼앗기지 말며, 신에게 가까이 가는 노력을 게을리해선 안 된다는 것이었는데, 수도사 베르나르두스는 성직자가 세상의 잡사에 적극적으로 관여하지 않는 한 그리스도교 세계를 성서의 뜻대로 다스릴 수 없다고 확신하고 있었던 것이다.

이 수도사 베르나르두스가 의료를 임무로 삼고 있던 성 요한 기사단보다 오직 이교도와의 전투를 기치로 내건 템플 기사단에 대해 상찬을 아끼지 않았던 것도 당연하다. 템플 기사단의 기사들도 신분은 수도사다. 이 기사들과 베르나르두스는 '싸우는 수도사'라는 점에서는 완전히 일치했다.

프랑스에 있는 베르나르두스가 싸우는 상대는 이교도 이슬람이 아니라, 그리스도의 가르침을 올바로 믿지 않는다는 의미에서 '이단'으로 비판받던 사람들이다. 당시 유럽의 고명한 지식인들을 이쪽저쪽 번갈아가며 차례로 해치워나가는 것이, 이제는 젊은 수도사라 할 수 없게 된 베르나르두스가 가장 열심히 몰두했던 '싸움'이었다. 그중에서도 유명한 사례는, 철학자 아벨라르에게 끊임없이 비난을 퍼붓고 로마 교황에게 손을 써서 끝내 이 고명한 지식인을 파문에 처하게 만든 일이었다.

인간세계에서는 소리 높여 주장하면 할수록 대중의 이목을 끌기 쉽다. 베르나르두스에게 심취한 사람이 늘고 베르나르두스파 수도원에 들어오는 기부도 늘어만 갔다. 유럽은 클뤼니파 대신 베르나르두스가 이끄는 시토파가 지배하는 세상이 된 것이다. 그리고 1144년 말에 일어난 에데사 함락 소식이 아직 유럽에 전해지지 않았던 1145년 2월 초, 베르나르두스에게 심취했던 사람 중 하나가 에우게니우스 3세라는 이름으로 로마 교황에 취임한다.

제자의 교황 취임을 축하하며 보낸 편지에서, 성직계의 최하위층에 속하는 이 수도사는 최상위에 있는 로마 교황에게 이렇게 말하고 있다. "무슨 문제든 나와 상담해주시오."

이것이 '클레르보의 베르나르두스'가 가지고 있던 '힘'이었다. 제1차 십자군의 원동력은 로마 교황 우르바누스 2세였지만, 베르나르두스는 교황이 아니다. 대주교도 주교도 아니었다. 세상에서는 한낱 수도사에 지나지 않던 이 사람이 제2차 십자군의 원동력이 된 것이다.

수도사 베르나르두스(프라 안젤리코 그림)

수도사 베르나르두스는 어떻게 사회계층을 뛰어넘어 많은 사람들에게 이토록 강력한 영향력을 발휘할 수 있었을까.

가장 먼저 생각할 수 있는 것은, 베르나르두스 본인이 뛰어난 학식을 지닌 사람이었다는 점이다. 중세 유럽에서는 군주든 제후든 교양보다 군사를 중시하도록 교육받는 것이 보통이었으므로, 지식과 교양은 그것을 무기로 삼은 성직자가 독점하는 상태였다. 바꿔 말해 세속의 권력자들은 무기를 다루는 것에는 능숙해도 언어를 다루는 데는 능숙하지 않았다.

베르나르두스는 이미 초등교육을 받던 시절부터 표현을 풍성하게 하는 기술인 수사학과 문법을 집중적으로 배웠다. 그런 베르나르두스가 설사 과격할지라도 학식에 근거한 생각을 정확하고 논리적으로 펼쳐놓으면 세속에서 권력을 자랑하는 사람들도 설득당해버린다. 어쨌든 성직자와 세속의 군주들이 마주하는 자리에서는 칼보다 말이 더 강한 무기였으니까.

또한 베르나르두스가 성공한 주요요인 중 한 가지로 그의 외모를 들

수 있다.

베르나르두스는 귀족 출신이라 키가 큰 편이었다. 다른 군주나 제
후들도 마찬가지였지만, 그들과의 차이점은 그가 극단적으로 말랐다
는 것이다. '클레르보의 베르나르두스'는 청빈의 서약을 동지 수도사
들도 지키도록 요구했으며 스스로에게는 더욱 엄격했다. 단식도 다른
수도사가 일주일에 한 번 하면 그는 일주일에 세 번이나 했다. 다른 사
람들이 하루를 단식하면 베르나르두스는 일주일을 단식했다. 게다가
수도원에서의 일상은 그 자체로도 고행이었다.

중세는 치안이 나빴으므로 수도원도 성채처럼 지어졌다. 겨울이 되
면 돌로 된 벽과 바닥에서 스며나오는 한기를 견디기 힘들다. 하지만
수도원에서 난로로 몸을 녹이는 것은 당치도 않은 일이었고, 더구나
벽에서 나오는 한기를 두꺼운 커튼으로 막는 것도, 바닥에 모피를 까
는 것도 허락되지 않았다. 속옷 위에 허술한 천으로 만든 수도복만 걸
칠 뿐이었다. 신발도 맨발에 샌들로 정해져 있었다. 음식도 소박하게
빵과 채소수프와 소량의 포도주. 생선은 제공되지만 금요일로 한정되
어 있고, 고기요리와는 거의 인연이 없으나 나온다고 해도 일주일에
한 번뿐이다.
이것만으로도 상당한 고행이었다. 하지만 이런 빈약한 식사마저 베
르나르두스는 자주 걸렀다.

당시의 기록에서는 이런 베르나르두스를 홀쭉하게 여윈 몸을 허름
한 수도복으로 감싸고 지팡이에 의지해 휘청휘청 걸어다녔다고 묘사

하고 있다. 그러나 이 빈약하고 허약한 외모는, 영양이 충분한 몸에 옷을 몇 겹씩 껴입은 황제나 왕과 대면하는 순간 강력한 무기가 되었다.

당시의 권력자들은 베르나르두스의 이런 외모에 압도당했을 것이다. 호화로운 옷을 껴입은 몸을 부끄럽게 여길 것까진 없더라도 왠지 모를 죄의식을 느끼지 않았을까. 그리고 뒤이어 그리스도교도라면 누구에게나 마땅한 정론이 날카롭게 설파된다. 이래서야 설득당하는 것도 당연했을 것이다.

이 베르나르두스에게 설득당한 것은 권력자들과 그 주위의 사회 상층부에 속하는 사람들만이 아니었다. '클레르보의 베르나르두스'의 영향력은 서민들 사이에서도 절대적이었다. 가난한 모습 앞에서 죄의식을 느낄 필요가 없는, 중간층에서 하층에 속한 사람들에게서까지 어떻게 그만한 인망을 얻을 수 있었을까.
이에 대한 답도 베르나르두스의 외모에 있다.

직설적으로 말해 그리스도교도는 고뇌하는 타인을 보는 걸 좋아했다. 자기 대신 고뇌해주는 것으로 보이기 때문이다. 그리고 자기 대신 괴로워해주는 그 사람을 존경하게 된다. 그가 신이나 성인이라면 이런 마음은 신앙이 된다. 만약 그리스도교도의 가슴 깊은 곳에 늘 존재하는 이런 마음이 없다면, 십자가 위에서 책형을 당한 예수 그리스도가 그토록 오랫동안 널리 신앙의 대상이 될 리가 없다. 그리스도교 세계에서 사람들은 즐거움보다 고뇌에 더 감동한다. 게다가 자신들을 이끌어나갈 위치에 있는 사람이라면 더더욱.

지나치다 싶을 정도로 엄격한 고행을 스스로에게 부과했던 베르나르두스는, 젊었을 때부터 이미 당장이라도 죽을 듯한 모습이었다고 한다. 민중의 눈에 이 베르나르두스는 비록 십자가는 짊어지지 않았을지언정, 고뇌하고 있다는 점만은 그리스도와 다를 바 없어 보였을 것이다. 자신들 대신 속죄하고 있는 고귀한 사람으로.

십자가 위의 그리스도와 다른 점은 베르나르두스의 목소리를 직접 들을 수 있다는 것이었다. 그런 그가 너희는 왜 신의 목소리에 귀 기울이지 않느냐고 질책하자 고개를 숙일 수밖에 없었다. 중세도 드디어 후반으로 접어들던 이 시대, 유럽의 그리스도교 세계에서 베르나르두스의 영향력은 호화로운 의복을 몸에 두른 로마 교황이나 주교들을 훨씬 능가하는 것이었다.

제2차 십자군

에데사가 함락되자 위기감이 커진 예루살렘 여왕 멜리장드는 교황 에우게니우스 3세에게 새로운 십자군을 파견해달라고 요청했다. 이제 막 교황이 된 에우게니우스 3세는 곧바로 베르나르두스에게 그 사실을 전한다. 이리하여 로마 교황으로부터 전권을 위임받은 베르나르두스가 선두에 선 제2차 십자군 결성의 움직임이 시작된다.

클뤼니 수도원이 제창하고 교황 우르바누스 2세가 선두에 서서 시작된 제1차 십자군과 달리, 제2차 십자군은 클뤼니파와 라이벌 관계에 있던 시토파 수도원이 주도권을 행사한다. 종교의 세계에서도 세속에 못지않게 라이벌 의식이 강했던 것이다.

제1차 십자군에는 황제나 왕이 참가하지 않았다. 십자가에 성전을 맹세하고 그것을 성공시킨 것은 황제나 왕 아래에 있는 제후들이었다. 하지만 로마 교황으로부터 제2차 십자군 결성을 위임받은 수도사 베르나르두스가 설득하려 한 상대는 제1차 십자군 때 교황 우르바누스 2세가 직접 설득한 제후들이 아니었다. 황제나 왕이 나서면 제후들은 따라갈 수밖에 없다. 그런 상황을 만들기 위해 그는 프랑스 왕의 궁정으로 향했다. 프랑스 왕을 설득하는 데 유리한 카드를 갖고 있었던 것이다.

이 시기 프랑스 왕위에는 스물다섯 살의 루이 7세가 취임해 있었다. 왕비는 프랑스 서남부에 광대한 영지를 지닌 아키텐 공국의 영주이기도 한 엘레오노르였다. 각각 열일곱 살과 열다섯 살 때 결혼한 이 부부는 내내 아내의 영향력이 더 강한 것으로도 알려져 있었다.

'아키텐의 엘레오노르'라고 하면 누구나 알 정도였던 이 여인은 남편인 프랑스 왕의 직할령보다 넓은 영토의 상속자이기 때문인지 성격이 굉장히 강했다. 뭐니 뭐니 해도 프랑스 왕과 결혼하기 전 이미 아키텐 공작령과 가스코뉴 백작령에 푸아티에 백작령까지, 오늘날 프랑스의 4분의 1에 달하는 광대한 영토의 여주인이었던 것이다. 여기에다 결혼 후에는 프랑스 왕비라는 직함이 더해졌다.

이 젊은 왕실 커플도 당시의 다른 왕들이 그랬듯 조금이라도 영토를 넓히기 위해 인근 나라와의 싸움에 몰두하고 있었는데, 그런 와중에 사고가 일어났다.

프랑스 왕의 군대가 파리에서부터 동쪽으로 150킬로미터 떨어져 있는 마을을 공략했을 때의 일이다. 1천3백 명에 이르는 마을 주민들이 숨어든 교회를 왕의 부하병사들이 안에 있는 사람들과 함께 몽땅 불태워버렸다. 왕은 사건 직후 몹시 후회했다고 하는데, 이 참극에 대한 소문은 순식간에 유럽 전역으로 퍼졌다.

프랑스 왕가(카페 왕조)의 문장
(파란색 바탕에 백합)

희생된 사람들이 이슬람교도라면 묵인했겠지만 가톨릭교도라면 교황으로서 그냥 넘길 일이 아니었다. 교황은 프랑스 전역의 성직자들에게 각 담당교구에서 성무 집행을 정지하도록 명했다. 이 '성무 정지령'이 발령되면 태어나는 아이가 세례를 받을 수도 없고 결혼식과 장례식도 할 수 없게 된다. 당시 왕비는 첫아이를 가진 몸이었다.

임신중이던 왕비 엘레오노르는 베르나르두스가 있는 수도원으로 찾아가 이 고명한 수도사에게, 당시 연대기 작가의 말을 빌리자면 '조언을 구했다'.

베르나르두스가 구체적으로 어떻게 움직였는지는 알 수 없다. 하지만 그 결과 프랑스 전역의 '성무 정지령'이 풀렸다. 프랑스에서 멀리 떨어진 중근동의 십자군 국가 중 하나인 에데사 백작령이 이슬람측에 탈환되기 8개월 전의 일이었다.

따라서 해가 바뀐 1145년, 한겨울의 추위에도 불구하고 왕과 왕비 앞에 허름한 수도복 차림으로 나타난 수도사 베르나르두스의 프랑스 왕 설득작전은, 시작하기도 전에 이미 승부가 난 것이나 마찬가지였다.

물론 베르나르두스는 귀족 출신이다. 예전에 진 빚을 갚으라는 말은커녕 그런 내색도 하지 않았을 것이다. 하지만 왕이 교회와 마을 사람들을 함께 불태워버린 일을 떠올리지 않을 수 없는 분위기로 이야기를 이어나갔을 게 틀림없다. 가톨릭 성직자들은 이런 유의 능력이 뛰어났다.

프랑스 왕 루이 7세는 원래부터 신앙심이 깊었다. 그런 그에게 속죄를 위한 십자군 원정을 권하는 것은 딱히 죄를 저지른 기억이 없다 해도 어렵지 않았을 것이다. 하지만 성무 정지령이 풀린 덕에 세례를 받을 수 있게 된 어린 공주의 사랑스러운 모습이 왕의 결단에 영향을 주지 않았다고는 할 수 없다. 왕비 엘레오노르까지 궁녀들로 조직된 여자부대를 이끌고 성지로 가겠다고 베르나르두스에게 약속했을 정도였으니.

여기까지는 무대 뒤에서 진행된 과정이고, 일단 십자군 원정이 선언되면 역시 무대 위에서 행해지는 장중하고 엄숙한 의식을 빼놓을 수 없다. 왜냐하면 그런 의식을 거행함으로써 제후들에게 원정에 참가할 대의명분을 주게 되기 때문이다. 성직자는 이런 연출을 하는 데도 뛰어났다.

프랑스 동부에 펼쳐진 부르고뉴 지방의 작은 도시 베즐레가 그 영광스러운 무대가 되었다. 1146년 3월 31일, 이 도시 대성당 앞에서 광장을 가득 메운 군중을 향해 불을 뿜는 듯한 수도사 베르나르두스의 설교가 시작되었다.

종교인의 일반적인 설교 방식은 현세의 타락을 단죄하는 데서 시작한다. 그리고 우리가 이런 세상을 견뎌야 하는 것은 신이 우리의 불신에 분노하고 있기 때문이라며 속죄의 필요성을 강력하게 설파한다.

그런 후에 비로소 에데사를 이교도 이슬람에게 빼앗겼다는 사실을 알리고, 에데사 함락 당시의 참상과 성지에 사는 그리스도교도의 불안과 공포를 이야기한다. 그러고 나서 최대한 목소리를 쥐어짜내어 외친다.

"이교도를 몰아내고 성스러운 땅을 그들의 손에서 해방하는 일이야말로 너희가 하려는 속죄에 대한 신의 보상이다."

야위고 홀쭉한 몸에 허름한 수도복을 걸쳤을 뿐인 수도사의 열띤 호소는, 그 소박함만큼이나 신을 믿는 사람들에게 깊은 감동을 안겨주었다. 군중 사이에서 자연스럽게 제1차 십자군 때와 마찬가지로 "신이 그것을 바라신다"는 함성이 들끓었다.

스물여섯 살의 프랑스 왕 루이 7세도 감동하여 무심결에 앞으로 나아가 수도사 앞에 무릎을 꿇는다. 베르나르두스는 그 왕에게 원정에 가지고 갈 수 있도록 만든 아름다운 소형 십자가를 수여한다. 왕은 무릎을 꿇은 채 두 손으로 그 십자가를 정중하게 받아든다. 십자가를 받는다는 것은 십자군 참가를 서약한다는 뜻이었다.

왕보다 두 살 아래인 왕비 엘레오노르도 남편 이상으로 감동했다. 왕에 이어 수도사 앞에 무릎을 꿇은 왕비도 베르나르두스의 축복을 받는다. 이리하여 제1차 십자군과 달리 제2차 십자군에는 여자도 정식으로 참가하게 되었다. 그리고 프랑스 왕의 참전이 결정되자 왕 아래 제후들 중에서도 뒤따르는 자가 많아졌다. 툴루즈 백작, 샹파뉴 백작, 플랑드르 백작 등 십자군 역사에서 이미 친숙한 프랑스의 제후들이 모조리 참전해, 프랑스 국군이라고 해도 좋을 만한 본격적인 군대가 편성되었다.

수도사 베르나르두스는 프랑스 전역을 선동한 것만으로 만족하지 않았다. 그는 이어서 라인강을 건넌다. 호엔슈타우펜 왕조의 콘라트 3세를 십자군 원정에 끌어들이기 위해서였다.

쉰세 살의 콘라트를 설득하는 데는 젊은 프랑스 왕에게 했던 것처럼 속죄를 무기로 사용할 수 없었다. 콘라트는 지금까지 오랜 세월 동안 수많은 라이벌과 싸우면서 현재의 지위까지 올라온 남자다. 그러나 독일 전역을 평정했다고는 할 수 없었으며, 8년 전 신성로마제국 황제로 뽑혔으나 그 지위도 아직 정식으로 인정받은 것은 아니었다. 그러기 위해서는 로마 교황이 관을 수여하는 대관식을 해야 했다.

베르나르두스가 썼던 무기는 바로 그것이었다. 십자군 원정을 성공시키고 귀환하면 로마에서 대관식을 올려주겠다고 약속했는지도 모

른다. 이렇게 프랑스 왕뿐만 아니
라 독일 황제도 참전하게 되었다.

신성로마제국(호엔슈타우펜 왕조)의 문장
(노란색 바탕에 검은색 사자)

　서민이라면 교황이 면죄를 약속
해주기만 해도 십자군에 참가할
마음을 먹기 충분했을 것이다. 하
지만 황제나 왕은 천국의 자리를
예약해주는 것만으로는 움직이지
않았다. 그렇지만 중근동의 십자
군 국가가 존속하기를 바란다면
서민의 신앙심보다 황제나 왕이
이끄는 군대가 더 도움이 되는 게 사실이었다.

　이렇게 제2차 십자군이 결성되었다. 제후들로 구성되었던 제1차
십자군과 달리 제2차는 제후 위에 위치하는 황제와 왕이 이끄는 십자
군이었다. 수도사 베르나르두스도 흡족하지 않았을까 싶을 정도로
완벽한 진용이었으므로, 출발 당시에는 누구도 성공을 믿어 의심치
않았다.

성지로 가는 길

　다음 해인 1147년 5월, 먼저 황제 콘라트가 독일을 뒤로하고 동방으
로 향한다. 군대의 규모는 기병만 따져 2천 명이 넘었다는 것 외에는
알려져 있지 않다. 왜냐하면 이 군대에는 수도사 베르나르두스의 설

교에 감격한 독일 농민들이 많이 가세했기 때문인데, 이들을 이끄는 황제 콘라트도 대강의 수조차 파악하지 못했다.

콘라트 휘하 군대인 2천 명의 기병은 머리에서 발끝까지 강철 갑옷과 투구로 단단히 중무장한 병사들로, 접근해오는 것만으로도 위압감을 느끼지 않을 수 없는 전사 집단이었다. 콘라트는 독일 기사의 꽃이라 할 수 있는 이 기병부대를 스물두 살의 조카 프리드리히에게 이끌도록 했다.

프랑스 왕 루이 7세는 독일 황제보다 한 달 늦게 고국을 뒤로했다. 여기에 왕비도 동행한다. 비잔틴제국의 한 연대기 작가가 마치 아마조네스 부대 같다고 평했듯이, 왕비 엘레오노르는 흉갑을 입고 말을 탄 여자들을 거느리고 행군했다.

양군 모두 제1차 십자군이 성공한 덕을 보려고 했는지, 예전에 고드프루아나 보에몬드가 밟았던 길을 택했다. 제2차 십자군의 출발은 이미 교황을 통해 비잔틴제국에도 전해졌기 때문에 황제 마누엘은 이들 황제와 왕의 군대가 통과하는 데 지장이 없을 만큼은 배려해주었다. 따라서 양군 모두 식량 약탈에 핏대를 올릴 필요까지는 없었다. 그래서 지나가는 길에 해당하는 동유럽, 발칸반도, 비잔틴제국의 수도 콘스탄티노플에 이르기까지의 도정은 순조롭게 진행되었다. 문제는 그 후에 일어난다.

콘스탄티노플에는 독일군이 제일 먼저 도착했다. 비잔틴제국 황제 마누엘은 이들을 친절하고 정중하게 맞이했지만 독일 황제 콘라트에게 '충성 서약 선언'에 서명할 것을 요구했다. 제1차 십자군의 제후들에게 요구한 것과 같은 내용의 문서에 서명을 요구한 것이다.

즉 비잔틴제국 황제에게 절대충성을 맹세하고, 원래는(이미 3백 년 전까지이지만) 비잔틴제국령이었던 중근동에서 정복한 땅의 영유권이 모두 비잔틴제국 황제에게 귀속되는 것을 인정한다는 문서였다.

상식적으로 독일 황제와 프랑스 왕은 비잔틴제국 황제와 외교적으로 대등한 입장이다. 인간적으로 봐도 예의에 어긋나는 행위였다. 황제나 왕 밑에 위치하는, 제1차 십자군에 참가한 제후들조차 서명을 꺼렸을 정도이니 황제 콘라트가 노기를 숨기지 않고 자리를 떴다 해도 이상할 것이 없었다.

그런데 콘라트는 의외로 간단히 서명했다. 그리고 이후 한 달도 지나지 않아 콘스탄티노플로 들어온 프랑스 왕 루이도 언짢은 표정을 짓긴 했지만 서명을 했다.

제후들조차 서명에 저항했던 '충성 서약 선언'에 왜 황제와 왕은 간단히 서명했을까.

첫번째 이유는 소아시아로 건너가기 위해서는 배가 필요하고, 대량의 배를 제공할 수 있는 사람이 비잔틴제국 황제뿐이었다는 데 있다. 제1차 십자군 때의 제후들이 끝내 서명한 것과 같은 이유였다.

두번째는 이 역시 제1차 십자군의 제후들에 의해 이 '충성 서약 선언'이 실질적인 효력을 지니지 못하는 종이쪼가리에 불과하다는 것이 실증되었기 때문이다. 그렇지 않았다면 제1차 십자군에 의해 건설된 중근동의 모든 십자군 국가들은 비잔틴제국 황제의 것이 되었을 것이다. 그런데 그렇게 되지 않았으니, 비잔틴제국 황제는 결례를 범하면서까지 실질적인 효력이 없는 문서에 서명을 하게 한 셈이었다.

이렇듯 반세기 동안의 경험에서 조금도 배우지 못하고, 하나만 아는 바보처럼 거듭 서명을 요구한 비잔틴제국의 지도자가 보인 외교감각의 결여는 변명의 여지가 없다. 실질적인 효력이 없는 것을 강제한 끝에 비잔틴제국이 얻은 것은 서유럽 그리스도교 세계의 경멸과 불신뿐이었기 때문이다. 프랑스 왕 루이는 이로써 확실히 비잔틴제국을 싫어하게 되고 말았다.

외교 면에서의 잘못은 타국과의 관계뿐 아니라 자국의 국익을 지키는 것과도 깊은 관련을 갖는다. 이보다 반세기 후에 찾아오는 제4차 십자군의 비잔틴제국 공략 사전준비는 이러한 에피소드를 거쳐 조금씩 견고해져갔던 것이다.

게다가 이 시기 비잔틴제국 황제 마누엘은 '양다리 외교'마저 범하고 있었다.

물론 같은 그리스도교 동지인 이상, 유럽에서 온 십자군의 실패를 바라지는 않았다. 성공하면 비잔틴제국령이 확대될지도 모르는 일이니까.

그렇지만 가까이까지 공격해온 소아시아의 투르크 세력을 더이상 자극하는 행위는 피하고 싶었다. 당시의 비잔틴제국군은 투르크군과 싸울 때마다 패배하는 처지였다.

이러한 경우에는 중립을 선언하는 것이 최선책인데, 이것도 힘이 센 측이 중립을 선언했을 때는 효력이 있을지라도 힘이 약한 측이 중립을 선언하는 경우는 효력도 없을뿐더러 오히려 해를 입는다는 단점이 있다. 당시 비잔틴제국의 군사력은, 그곳을 통과하는 십자군이 마음만 먹으면 간단히 무너뜨릴 수 있을 만큼 약했다.

이러한 상황에 놓인 나라를 지켜야 하는 마누엘의 고충을 감안한다 하더라도, 그리고 아무리 황제라는 직함을 가졌다 해도, 자신과 대등한 입장인 이들에게 소아시아로 가는 배를 제공하는 조건으로 신하로서 복종을 서약하게 한 것은 현명한 판단이 아니었다. 원래 성정은 선량한 편인 마누엘은 이것이 마음에 걸렸는지 배를 타려는 콘라트를 불러세우고 조언을 한다. 소아시아 내륙부를 북서쪽에서 남동쪽으로 빠져나가지 말고 해안을 따라 소아시아 남안을 돌아서 중근동으로 향하는 것이 나을 거라고.

왜냐하면, 그 이유까지는 말할 수 없었지만, 마누엘은 얼마 전 소아시아를 다시 수중에 넣기 시작한 셀주크투르크의 술탄과 휴전조약을 맺었기 때문이었다. 즉 소아시아 내륙부는 제1차 십자군 이전의 상태로 돌아가 이슬람 세력에 점령되어 있었다. 그러므로 아직 비잔틴제국측에 남아 있는 소아시아 남안을 통해 가라고 권한 것이다.

하지만 이 휴전조약은 비밀리에 성립되었기 때문에 유럽측에서는 전혀 모르고 있었다. 그리스도교 국가의 황제가 이슬람군과 조약을 맺었다는 사실이 밝혀지면 비잔틴제국은 서유럽으로부터 적대를 받게 된다. 그래서 황제 마누엘은 밀약을 맺은 것이고, 콘라트에게도 내륙부에 발을 들여놓지 않는 것이 좋을 거라고만 조언한 것이다.

밀약이 있다는 사실을 모르는 콘라트는 비잔틴제국 황제의 충고를 독일의 군사력에 대한 경시로 받아들였다. 모욕을 당했다고 생각한 콘라트는 충고를 거절한다. 게다가 그는 소아시아에서 성지로 향하는 과정도 제1차 십자군과 같은 길을 택하고 싶었다.

니케아는 아직 비잔틴제국측에 남아 있었으므로 소아시아로 들어간 후 며칠간은 니케아에서 소아시아를 횡단할 준비를 했다. 그리고 니케아를 떠나 동남쪽으로 향했는데, 그곳에서 30킬로미터밖에 떨어지지 않은 도릴라이움에는 셀주크투르크의 군대가 기다리고 있었다.

도릴라이움은 제1차 십자군 때도 투르크군이 매복해 있던 장소였다. 하지만 그때의 십자군은 세 부대로 나뉘어 행군했고 고드프루아, 보에몬드, 레몽 등 제1차 십자군을 성공으로 이끈 유능한 제후들이 인솔했다. 반대로 콘라트군은 전군이 함께 행군하고 있었다.

게다가 투르크군이 제1차 십자군과 대전한 것은 50년이나 지난 일이다. 그때는 서유럽 기사들의 갑옷이나 투구가 화살을 모조리 튕겨버려 투르크군이 손쓸 엄두도 내지 못했지만, 50년 후인 지금 투르크군은 서유럽의 갑옷과 투구에 익숙해져 있었다. 중세 서유럽 기사의 특징인 중무장은 방어에는 최적이지만 공격할 때 움직임을 둔하게 만든다는 것을 알고 있었던 것이다.

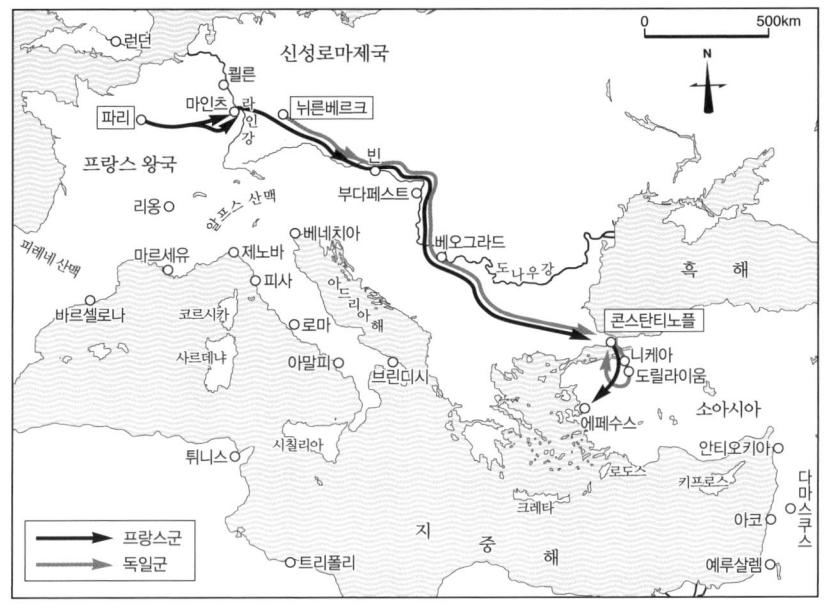

제2차 십자군의 진군로

그 결과 매복해 있던 적을 포위하는 작전을 써 승리했던 50년 전과 달리, 50년 후의 십자군은 반대로 포위당해 완패를 당하고 말았다. 이슬람측의 기록에 따르면, 살아 도망친 독일군이 전군의 10분의 1에 불과한 대패였다. 유일한 위안거리는, 부상을 입기는 했으나 콘라트는 살아 도망쳤고 중무장한 기병 2천 명의 손실은 적었다는 것뿐이었다.

니케아로 도망쳐온 콘라트와 독일군 패잔병들을, 조금 전에 니케아에 들어와 있던 루이와 프랑스 병사들이 비참한 얼굴로 맞이했다. 황제 마누엘은 프랑스 왕에게 역시 내륙으로 들어가지 말라고 충고했지만 콘라트 때와 마찬가지로 투르크군과의 밀약은 숨긴 상태였다. 프랑스 왕 루이도 마누엘의 충고에 귀를 기울이지 않고 소아시아에 발을 들여놓았던 것이다.

이때 이후 콘라트와 루이는 비잔틴제국 황제가 뒤에서 투르크군과 모종의 관계를 맺고 있다고 믿어버린다. 황제와의 내통이 없었다면 투르크군이 어떻게 매복하고 있었겠는가 하는 이유였다. 선량한 성격의 루이는 이제 비잔틴제국 황제의 배신을 철석같이 확신하게 되었다. 그렇지만 소아시아를 빠져나가지 않으면 성지로 갈 수 없다. 그래서 마누엘의 충고를 받아들이고 싶지 않아도 어쩔 수 없이 해안 길을 택할 수밖에 없게 되었다.

하지만 콘라트는 도릴라이움에서 입은 부상으로 더이상 행군을 계속할 수 없는 상태였다. 이를 안 마누엘은 콘라트에게 일단 콘스탄티노플로 돌아와 치료에 전념하는 것이 어떻겠느냐고 제안한다. 콘라트는 화가 났지만 그 제안을 받아들일 수밖에 없었다. 살아남은 독일군을 이끌고 프랑스 왕의 뒤를 따르는 것은 조카 프리드리히에게 맡겼다.

그러나 투르크군의 공세에 굴복한 비잔틴제국 황제가 휴전조약을 맺어 물러서버린 것에서도 알 수 있듯이, 소아시아에서 투르크의 군사력은 제1차 십자군 이전 상태를 완전히 회복하고 있었다. 그것은 곧 해안 길로 가도 안전을 보장할 수 없다는 것이었다.

루이가 이끄는 프랑스군은 게릴라 공격을 멈추지 않는 투르크군을 격퇴하면서 행군할 수밖에 없었다. 소아시아 서안의 에페수스에서 그리스도 탄생일을 축하한 것 말고는 좋은 기억이 없는 혹독한 행군이었다. 1148년으로 해가 바뀌어도 프랑스군은 여전히 투르크의 게릴라 공격에 시달리고 있었다.

결국 프랑스 왕은 소아시아 남안을 절반 정도 나아간 상태에서 육로를 포기한다. 마지막 수단으로 근처에 있는 배를 조달해 성 시메온 항까지 가는 바닷길로 가는 수밖에 없었다. 성 시메온 항에 상륙하면 그곳은 안티오키아 공작령의 영토이기 때문이다. 그렇지만 전원이 탈만한 배가 없었다. 그래서 따라온 순례자들은 육로를 통해 동쪽으로 향하게 된다. 플랑드르 백작과 부르봉 백작 두 사람이 기특하게도 서민 무리의 방어를 맡게 되었다. 전도양양하게 출발한 지 1년도 지나지 않아 제2차 십자군에게 암운이 드리운 것이다. 이러한 정황은 안티오키아에 도착한 후에도 변하지 않았다.

1148년 당시의 안티오키아 공작령은, 창시자 보에몬드의 아들 보에몬드 2세가 젊은 나이에 전사함으로써 혈통이 끊어졌고, 그후로는 프랑스 서부 푸아티에 출신의 레몽이 통치하고 있었다. 푸아티에는 아키텐 공국의 일부이고, 레몽은 아키텐 공국의 영주이기도 한 프랑스 왕비 엘레오노르의 백부이기도 했다.

멀리서 찾아온 프랑스 왕과 왕비를 맞이한 안티오키아 공작 레몽은, 에데사 백작령을 빼앗은 장기의 아들 누레딘의 본거지인 알레포를 공격하는 데 협력해달라고 왕 루이에게 청한다. 물론 엘레오노르도 백부를 응원했다. 하지만 루이 7세는 분명하게 거절한다. 황제 콘라트가 부상에서 회복되는 대로 예루살렘으로 오기로 되어 있기 때문에, 십자군으로 온 자신들이 콘라트를 제외하고서 군사행동을 할 수는 없다는 것이 이유였다.

하지만 이 정론은 왕비에게 통하지 않았다. 엘레오노르가 보인 분노는 '당신은 왜 나와 관계된 사람만 도와주지 않느냐'는 것 정도였지만, 이후로 부부관계가 삐걱거리기 시작한다. 그래도 이때 엘레오노르가 결국 남편의 의견을 따른 것은 속죄를 위해 온 것이니 성도 예루살렘을 순례하고 싶다는 루이 7세의 말을 거스를 수 없었기 때문이다. 이기적이고 기가 세기는 했지만 그녀 역시 수도사 베르나르두스에게 심취해 있었던 만큼 신앙심이 깊었다.

1148년의 부활절은 4월 3일이었다. 그리스도교도에게 중요한 이 축제일에 제2차 십자군 수뇌부가 예루살렘에 모였다.
비잔틴제국 황제 마누엘이 몸소 치료를 해준 덕에 완쾌한 몸으로 바닷길을 달려온 황제 콘라트.
안티오키아에서 남하해온 프랑스 왕 루이 7세.
서유럽 그리스도교 세계를 대표하는 이 두 명의 최고 권력자를 맞이하는 측은, 예루살렘 왕 보두앵 3세와 예루살렘 왕령을 사실상 장악해온 그의 어머니 멜리장드였다.

프랑스 왕비 엘레오노르가 가진 힘이 아들이 없었던 아버지에게서 상속받은 광대한 영지에서 비롯되었듯이, 같은 환경에서 태어난 멜리장드가 가진 힘도 예루살렘 왕 보두앵 2세의 장녀로 태어난 데에서 나온 것이었다. 그래서 5년 전 남편 폴크가 죽은 후 열세 살에 불과한 후계자만 남게 되자 어머니인 그녀가 국정을 담당해올 수 있었던 것이다. 하지만 자신의 혈통에 의지하여 살아온 사람이어서인지 그녀는 자신을 절대 섭정이라 부르지 못하게 하고 여왕이라고 칭해왔다. 그리고 예루살렘에서 열린 제2차 십자군의 수뇌회의에도 당당하게 참가한다. 이런 유형의 여인이 배출되면 그러지 않아도 복잡한 역사가 더욱 복잡해진다.

독일 황제와 프랑스 왕을 맞이해 주인 역할을 해야 하는 예루살렘 왕 보두앵 3세는 이해에 열여덟 살이 되었다. 그의 혈통은 프랑스지만 나고 자란 곳은 중근동이다. 이 젊은 왕에게 제2차 십자군은 이슬람군을 상대로 싸우는 첫 군사경험이었다.

이 예루살렘 '수뇌회의(서미트)'에 얼굴을 내밀지 않은 주요인사가 하나 있었다. 안티오키아 공작령의 방어책임자이기도 했던 푸아티에 백작 레몽이다. 그가 불참한 건 근처 알레포에 있는 누레딘으로부터 눈을 뗄 수가 없어서였는데, 본심은 누레딘을 공격하는 데 힘을 빌려달라는 부탁을 루이 7세가 거절했기 때문이었다.
하지만 제2차 십자군에 안티오키아 공작령이 참가하지 않는다면 바로 그 남쪽에 위치해 안티오키아와 깊은 관계인 트리폴리 백작령도 참가하지 않게 된다. 에데사 백작령은 이미 없어졌고, 이렇게 되면 중근동의 십자군 국가 중 제2차 십자군에 참가하는 것은 예루살렘 왕령뿐이다. 이는 중근동의 십자군 국가를 도울 목적으로 원정을 온 독일 황제와 프랑스 왕의 열의에 찬물을 끼얹은 일이 되었다.

그래도 이해 6월 24일, 제2차 십자군에 참가한 모든 군대가 항구도시 아코에 집결하기로 결정되었다. 그리고 집결한 십자군이 향하는 곳은 다마스쿠스로 정해졌다.

에데사 함락의 충격으로 결성된 제2차 십자군이 왜 에데사 수복을 목표로 삼지 않고, 또한 그 에데사를 함락한 장기의 아들 누레딘이 본거지로 삼고 있는 알레포가 아닌 다마스쿠스 공략을 결정한 것일까.
당사자 중 누구도 말을 남기지 않았으므로 그 이유를 추측해보면, 다음 세 가지를 들 수 있을 것이다.

첫째, 다마스쿠스가 십자군 세력 아래로 들어오면 예루살렘의 방벽 역할을 하게 된다.
둘째, 다마스쿠스를 수중에 넣음으로써 바그다드의 칼리프를 최고 권위자로 떠받드는 투르크계 이슬람 세력과, 카이로의 칼리프를 정점으로 한 아랍계 이슬람 세력의 통합을 확실히 저지할 수 있다.

중근동은 투르크계와 아랍계의 분기선이다. 그 중근동에서는 수니파와 시아파가 손을 잡지 않는 것이 이 지방에 건설한 십자군 국가에 이롭다. 따라서 이 두 가지는 실로 정당한 이유다. 하지만 이런 '대의'도 싸움에서 이겨야만 성립하는 것이다.

세번째 이유는, 서유럽에서는 에데사와 알레포보다 다마스쿠스의 지명도가 단연 높았다는 데 있다. 또한 다마스쿠스 공략은 제1차 십자군조차 시도하지 못했기 때문에 제2차 십자군 당사자들의 허영심을 부추기는 이점도 있었다. 하지만 이 역시 싸움에서 이겨야만 의미가 있는 것은 물론이다.

　병력도 갖추었고 목표도 확실히 정했으니 금방이라도 행군을 개시했을 거라 생각하겠지만 사실은 그렇지 않았다.

　4월 초 수뇌들이 모이고도 3개월 가까이 지난 뒤인 6월 말에야 실제 행군을 개시한 것은, 프랑스 왕의 희망을 받아들였기 때문이다.

　루이 7세는 전투에 나서기 전에, 예루살렘뿐만 아니라 예수가 태어난 베들레헴, 포교의 땅인 나사렛, 예수 그리스도가 세례를 받은 요르단강 등 그리스도교와 관계된 모든 성지를 돌며 순례를 마치기를 원했다.

　확실히 십자군은 그리스도를 위해 싸우는 '전사'이자 '순례자'이기도 하다.

　제1차 십자군의 수뇌였던 제후들은 '전사'의 일을 한 뒤에 '순례자'의 일을 했지만, 제2차 십자군인 프랑스 왕은 '순례'가 '전사'에 선행되어야 한다고 믿고 있었을 것이다. 물론 제1차와 제2차 십자군은 사정이 달랐다. 제1차 때는 성지를 무력으로 획득하지 않으면 순례도 할 수 없었지만, 제2차 때는 적어도 예수 그리스도의 족적만은 이미 그리스도교측의 수중에 들어와 있었다.

　하지만 '순례'를 우선함으로써 '전사'가 되는 시기는 6월 말로 밀려나고 말았다. 여름철에 혹서가 지배하는 중근동에서 굳이 여름으로 접어든 후에 군사행동을 개시하는 것은 미친 짓이라고밖에 할 수 없다. 두껍고 무거운 강철 갑옷과 투구로 무장한 몸으로 얼마나 오래 버티며 싸울 수 있다고 생각한 것일까. 그것도 공격의 대상은 시리아 제일의 도시 다마스쿠스이다.

어쨌든 프랑스 왕과 왕비는 전투에 최적인 봄에서 초여름까지의 3개월 동안을 성지순례라는 명목의 관광을 하며 보냈다. 한편 독일 황제 콘라트는 중근동에서 그리스도교도가 지배하는 지방의 성채를 시찰하고 다녔다. 콘라트는 지위가 없던 젊은 시절 이미 한 차례 순수한 순례자로 이 지역을 방문했었다. 성스러운 사적 순례는 그때 끝냈는지도 모른다.

그러나 이 3개월 동안 이슬람측이 아무것도 하지 않고 있었던 것은 아니다.

▌다마스쿠스로

이 시기의 다마스쿠스는 우누르라는 이름의 노예병사 출신 영주가 다스리고 있었다.

다마스쿠스가 풍요로운 도시라는 평가는 고대부터 변함이 없는데, 그 첫번째 이유는 주변에 비옥한 농경지대가 펼쳐져 있었기 때문이다. 그러므로 통상로도 집중되었지만, 다마스쿠스 자체가 생산지였다. 농산물 외에 수공업의 중심지이기도 했다. 지금도 유럽에서는 두꺼운 비단 천에 호화로운 무늬가 들어간 직물을 '다마스쿠스 옷감'이라고 부른다.

이 다마스쿠스가 줄곧 시리아를 상징하는 도시로 존재했던 것도 당연했다. 고대에는 여섯 개의 로마 가도가 모이는 도시였고, 아라비아 반도에서 북상한 이슬람교도가 중동에서 제일 먼저 노렸던 곳도 다마스쿠스였다. 그후 메소포타미아 지방으로 세력을 확장한 이슬람이 바그다드를 건설하고 그곳을 수도로 정하기 전까지, 이슬람 세계 전체의 수도는 다마스쿠스였던 것이다.

이처럼 오랜 역사와 풍요로운 부로 알려져 있었기 때문에 시리아 전역에 통일국가를 수립하겠다는 야망을 품은 장기도 집요하게 다마스쿠스를 노렸던 것이다. 장기가 하찮은 일로 살해당하자 그가 표적으로 삼았던 다마스쿠스 영주 우누르는 가슴을 쓸어내렸을 것이다. 하지만 결국 다마스쿠스는 아버지 이상으로 유능한데다 서른 살로 젊기까지 한 장기의 아들 누레딘의 수중에 들어가게 된다.

이슬람교도이면서도 같은 이슬람 도시 다마스쿠스에 대한 야심을 숨기지 않는 누레딘을 상대하는 것만으로도 감당하기 벅찬 마당에 유럽에서 온 황제와 왕까지 공격해온다고 하니, 다마스쿠스의 우누르는 없는 지혜를 쥐어짜내는 나날을 보냈을 것이다. 인근 소영주들에게 도움을 청해도 그리스도교군에 대한 공포에 앞서 누레딘에 대한 두려움 때문에 아무 반응이 없었다.

결국 우누르는 가장 꺼내기 싫은 카드를 꺼내기로 한다. 알레포의 누레딘에게 사자를 보내 원군을 파견해달라고 요청한 것이다. 지원 조건은 딸을 누레딘에게 시집보내는 것이었다. 누레딘 입장에서는 아버지 장기가 이루지 못한 다마스쿠스 정복에 한 발짝 다가서는 일이었다.

　누레딘은 원군을 파견하겠다는 약속만 하고 언제 보낼지에 대해서
는 확약하지 않았다. 알레포의 군대를 대규모로 편성하는 기색도 없
었다. 다마스쿠스에 원군을 보내겠다고만 전해왔을 뿐이다.

　누레딘은 알레포에 있으면서도 제2차 십자군에 대한 정보를 정확하
게 파악하고 있었던 것일까. 이탈리아의 해양 도시국가인 베네치아와
제노바, 피사의 상인들이 진출한 이래 이슬람교도 상인들은 이들 서유
럽의 상인들을 자유롭게 만나고 있었다. 이러한 상황에서 이슬람교도
가 중근동의 그리스도교 사회의 정보를 얻는 것은 그리 어렵지 않았
다. 그렇다면 아코에 결집한 제2차 십자군의 실제 군세를 탐색하는 것
도 불가능하지 않았을 것이다.

　제2차 십자군의 전력은 대체 어느 정도였을까.

　아코에 결집해 다마스쿠스로 향하던 당시 제2차 십자군의 전력에
대해 연구자들은 다음과 같이 추측하고 있다.

　독일 황제 콘라트가 이끄는 기병 2천 명.

　프랑스 왕 루이가 이끄는 기병 7백 명.

　플랑드르 백작이 이끄는 기병 6백 명.

　예루살렘 왕 보두앵 3세가 이끄는, 왕령 내 제후들까지 포함한 기병
550명. 보병 6천 명.

　템플 기사단 기병 130명.

　성 요한 기사단 1백 명이 채 못 되는 기병. 템플 기사단과 합해도 기

병 2백 명 안팎.

이 모두를 합해도 기병 4050명에 보병 6천 명이다. 유럽에서 온 병사만 보면 기병 3천3백 명에 지나지 않는다.

물론 기병 한 명에는 최소한 세 명의 보병이 따르고, 그 외에 하인 겸 마부가 여러 명 따른다. 그러므로 기병 3천3백 명이라고 해도 그 수는 총 2만 명이지만, 주요전력은 어디까지나 3천3백 명에 지나지 않는다. 게다가 유럽에서 온 보병은 한 명도 없는 것이나 마찬가지였다.

이것이 서유럽 그리스도교 세계의 양대 권력자로 여겨지던 신성로마제국 황제와 프랑스 왕이 이끌고 온 전력이었다. 황제도 왕도 없이 제후들만으로 이루어졌던 제1차 십자군 때도 기병과 보병을 합쳐 5만 명에 달했다. 기병 전력의 차는 1천 명 정도일지 모르지만, 1차 때는 중무장한 보병의 수가 많았다. 기병이 돌격하여 유리한 국면을 만들면 이를 확실하게 굳히는 보병도 마찬가지로 중요했다.

후세의 우리도 2차 십자군은 황제나 왕이 친히 이끌었으니 분명 대군이었을 거라고 생각하게 마련이다. 동시대의 이슬람교도 역시 실태를 알기 전까지는 그렇게 생각했을 것이다. 그들 사회의 술탄에 해당하는 사람 둘이 군대를 이끌고 왔으니 말이다.

하지만 실상은 달랐다. 아직 중앙집권이 확립되지 않은 이 시대에 황제와 왕은 제후를 통솔하고 거기에 편승하는 정도에 지나지 않았으며, 직속 병력도 수하 제후들의 병력을 크게 상회할 정도는 아니었다. 그 증거로 프랑스 왕이 이끈 기병이 7백 명이었는데, 그 휘하의 봉건 제후였던 플랑드르 백작은 6백 명의 기병을 이끌고 참가했다. 어쨌거나 프랑스 왕조차 광대한 영토의 상속인을 아내로 맞이한 덕에 단숨에 프랑스 왕령을 확대한 시대였던 것이다.

그런데 이들은 기병과 보병을 합쳐도 1만이 간신히 넘는 병력으로 시리아 제일의 도시 다마스쿠스를 함락할 수 있을 거라고 진심으로 생각했던 것일까. 아니면 '전사의 시대'로 불리는 중세 유럽 최고의 권력자들이니만큼 자신들이 이끄는 기병의 전투력을 과신하고 있었던 것일까. 어쨌든 알레포에서 이들 제2차 십자군을 지켜보고 있던 누레딘이 다마스쿠스에 원군을 파견하는 것을 서두르지 않았던 것은 사실이다.

제2차 십자군에는 제1차 때에 비해 절대적으로 유리한 점이 한 가지 있었다. 군량 보급에 대한 걱정이 없었다는 것이다. 주변에 적뿐인 상황에서 안티오키아를 공략하고 예루살렘을 공격해야 했던 제1차 십자군에 비해, 이때는 그리 멀지 않은 곳에 그리스도교측의 도시 시돈과 티루스, 아코가 있어 이 도시들로부터 보급을 기대할 수 있었다. 실제로 제2차 십자군은 군량 부족에 시달리지는 않았다. 오히려 이들을 괴롭힌 것은 중근동의 혹서였다.

심한 더위가 계속되는 가운데 7월도 절반쯤 지나간 무렵, 제2차 십자군은 아코를 출발해 다마스쿠스로 행군을 시작했다. 세 개의 부대로 나뉘어 행군했다.

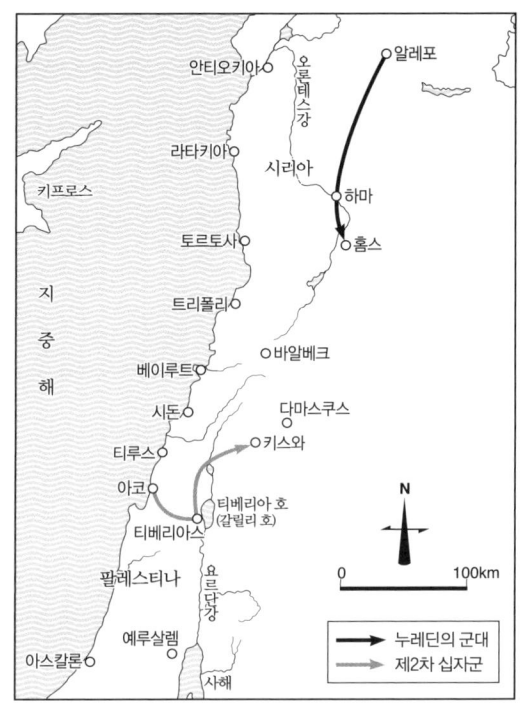

다마스쿠스로 향한 양군의 진군로

　제1군은 그 지역의 사정에 밝은 예루살렘 왕 보두앵 3세가 이끄는, 말하자면 현지인 그리스도교 군대. 기병 550명에 보병 6천 명이었는데, 2백 명 남짓 되는 템플 기사단과 성 요한 기사단도 이 제1군에 가세했다.

　이어서 제2군은 루이 7세가 이끄는 군대로, 프랑스에서 온 기병 7백 명에 플랑드르 백작의 기병 6백 명이 가세했다.

　후위이기도 한 제3군은 독일 황제 콘라트가 이끄는 2천 명의 독일 중무장 기병대였다.

총 4천 명이 넘는 기병과 6천 명의 보병으로 구성된, 군대로서는 당당한 위용이었다. 그러나 뒤따라온 것으로 추정되는 군량을 실은 짐마차들이 먼저 이슬람측 게릴라들의 습격에 시달린다. 그래서 후위를 담당한 독일 기병들이 종종 뒤돌아와 적을 격퇴해야 했으므로 일사불란하고 당당한 행군이라 할 수는 없었다.

7월 23일, 이들은 다마스쿠스에서 남쪽으로 12킬로미터 떨어져 있는 키스와에 도착한다. 천막을 치고 야영을 했지만, 그곳을 전진기지로 삼기에는 전장이 될 다마스쿠스까지의 거리가 너무 멀었다. 그래서 라브웨강에서 가까워 물이 부족하지 않은, 다마스쿠스 서쪽에 위치한 메제야발까지 나아가 전진기지를 설치하기로 한다. 메제야발에서 다마스쿠스까지는 4킬로미터도 떨어져 있지 않았다.

7월 24일, 메제야발에 도착하여 그곳에 진영을 구축하기 시작한다. 진영을 설치하는 작업은 다음 날인 25일에 끝났다.

그런데 그 무렵부터 적군의 습격이 격렬해졌다. 습격은 해가 뜬 후에도 그치지 않아 전군이 나서서 이를 격퇴해야 했다. 독일 기병은 말에서 내려 중무장한 보병으로 싸웠다.

그래도 26일에는 일부 군대가 다마스쿠스 서쪽 성벽까지 다가가는 데 성공했다. 하지만 이것도 요격에 나선 다마스쿠스 방어군과 교전을 벌인 것일 뿐, 시내 안으로는 화살 하나 쏠 수 없었다.

제2차 십자군은 이 다마스쿠스 공략전에 웬일인지 공성기를 가져오지 않았다. 그리고 다마스쿠스를 앞에 두고도 성벽으로 둘러싼 도시를 공략하는 데 빼놓을 수 없는 높은 공성용 탑을 건조하는 일에도 착수하지 않았다.

7월 27일, 그리고 다음 날인 28일, 제2차 십자군은 다마스쿠스 성벽으로 달려들기는커녕 그 성벽에서 몇 킬로미터나 떨어진 지점에 흩어져 계속해서 전투에 쫓기고 있었다.

전군을 통솔하는 총사령관이 없었다는 점은 제2차 십자군도 제1차 십자군과 다르지 않았다. 하지만 제1차 십자군에는 직접 진두에 서서 병사들을 이끌고 싸운 고드프루아와 보에몬드, 탄크레디가 있었다. 이에 반해 제2차 십자군의 콘라트, 루이, 그리고 이번이 첫 출진인 예루살렘 왕 보두앵 3세는 이런 유형의 사령관이 아니었다. 따라서 이 다마스쿠스 공략전은 확고한 전략과 전술 없이 쓸데없이 전선만 확대하고 만다. 기사와 병사 한 사람 한 사람은 선전하며 용감히 싸웠음에도 불구하고.

7월 28일 밤, 십자군 수뇌부에 급보가 전해졌다. 다마스쿠스 영주의 구원 요청을 받은 누레딘이 알레포군을 이끌고 접근해온다는 보고였다. 이미 홈스까지 다가와 있다는 것이다. 홈스에서 다마스쿠스까지는 직선거리로 130킬로미터, 군대를 이끌고 오면 닷새 거리였다.

철수

다음 날인 29일, 프랑스 왕 루이의 진영에 모인 제2차 십자군 수뇌들은 '철수'를 결정했다. 철수는 그날중에 시작되었다.

아코를 출발한 지 2주도 채 안 되었고,

다마스쿠스 영내에 발을 들여놓은 지 일주일,

메제야발에 진영을 구축한 지 닷새,

적과 싸우기 시작한 지 나흘 만에 이루어진 '철수'였다. 그사이에 콘라트나 루이가 다마스쿠스 성벽 앞에서 병사들을 지휘하며 싸운 적은 한 번도 없었다. 그러다 누레딘이 접근해온다는 말만 듣고 철수를 결정한 것이다. 오는 도중에 모술 원군에 대한 소식을 들었다면 진영조차 구축하지 않고 유턴했을지도 모른다. 모술 원군은 사막의 모래 폭풍을 만나 괴멸하고 말았지만 말이다.

제1차 십자군의 안티오키아 공략은 8개월에 걸친 인내의 성과였다.

그들이 예루살렘 공략에 성공한 것도 5주간의 공방전을 치르고서였다.

그에 비해 제2차 십자군은 독일 황제와 프랑스 왕이라는 서유럽 그리스도교 세계의 양대 유력자가 이끌었음에도 불과 나흘 만에 철수하고 만 것이다.

그나마 손실이라도 적었다면 좋았겠지만 실상은 달랐다.

일개 병사까지 포함한 전체적인 손실은 알려져 있지 않다. 아마 황제와 왕의 입장에서 그런 것은 생각할 가치도 없는 일이었을 것이다. 하지만 귀족의 경우는 모른 체할 수가 없었다. 고위 기사 중에는 귀족 출신이 많았다. 따라서 다음의 숫자는 제2차 십자군 주요인사들의 '운명'을 나타낸 것이라 할 수 있다. 전부 합쳐 113명이다.

전사자 — 22명

귀국자 — 42명
행방불명자 — 49명

행방불명자란 생사를 알 수 없는 사람들을 가리키는데, 그중에는 부상을 당해서 이슬람측에 포로로 잡힌 사람도 있었다. 운이 좋으면 몸값을 내고 자유를 되찾을 수도 있었지만, 제2차 십자군에는 그런 이야기가 별로 전해지지 않는다. 죽거나 노예로 팔리는 게 보통이었으나 이슬람교로 개종함으로써 죽음과 노예생활을 면한 그리스도교도도 적지 않았다.

전면전을 전혀 하지 않았음에도 제2차 십자군은 소아시아를 통과하는 동안 많은 희생자를 냈다. 또한 다마스쿠스를 공격하기 위해 진영을 구축한 후에도 계속해서 적의 게릴라 전술에 시달렸다. 행방불명된 귀족 49명 중 대부분은 아마도 이슬람 병사를 쫓아 본대에서 너무 멀리 떨어진 곳까지 가서 전투를 벌이다가 아무도 모르게 죽어간 것이 아니었을까. 이렇게라도 생각하지 않으면 이들은 너무나도 한심한 십자군이다.

제2차 십자군의 수뇌부 중, 자신들의 명예롭지 못한 철수 이후의 상황을 주시하겠다며 팔레스티나에 남은 것은 플랑드르 백작 한 사람이었다. 그가 유럽에서 이끌고 온 6백 명의 기병들 중 어느 정도 규모의 병사가 그에게 남아 있었는가 하는 것까지는 알려져 있지 않다.

다마스쿠스에서 철수한 후 제일 먼저 팔레스티나를 떠난 것은 독일 황제 콘라트였다. 그러나 그는 유럽으로 직행하지 않았다. 수하의 기사들은 유럽으로 직행했지만, 그는 따로 그리스의 테살로니키에 상륙해 비잔틴제국 황제에게 손님 대접을 받으며 그곳에서 쾌적한 겨울을 보냈다. 도릴라이움에서 입은 상처를 황제 마누엘이 직접 치료해준 일을 계기로 두 사람은 가까운 사이가 되었던 것이다.

두 황제는 신성로마제국과 비잔틴제국이 우호적인 관계를 구축해야만 그리스도교 세계에 이롭다는 데 의견이 일치하여, 독일 황제의 딸을 비잔틴제국 황실의 사람과 결혼시키자는 등의 이야기를 하며 겨울을 보냈고, 콘라트는 봄이 되고 나서야 독일로 돌아갔다.

프랑스 왕 루이가 팔레스티나를 뒤로한 것은 다음 해 봄이 지나고 나서였다. 명예도 뭐도 없이 철수한 뒤에도 그가 오랫동안 중근동에 머물렀던 이유는 책임감 때문이라기보다는 바로 귀국하는 것이 창피했기 때문일 것이다. 그래서 출발은 했지만 그 역시 프랑스로 직행하지는 않았다. 귀국길은 콘라트와 마찬가지로 바닷길을 택했는데, 루이는 이탈리아 남부에 상륙해 시칠리아 왕 루제로의 영접을 받았다. 루이는 루제로와 더불어 두 사람이 모두 싫어하던 비잔틴제국 황제에 대한 험담을 주고받으며 역시 남유럽에서 잠시 시간을 보낸다.

이때 루이와 루제로 사이에서 처음으로 십자군이 비잔틴제국을 공격하자는 이야기가 나왔다고 한다. 만약 이것이 사실이라면, 반세기 후에 결성될 제4차 십자군에 대해 유럽의 유력자가 최초로 언급한 것이 된다. 루이 7세가 프랑스로 돌아간 것은 그해 가을에 접어든 후로, 십자군을 이끌고 출발했을 때로부터 벌써 2년이 지나 있었다.

명예도 뭐도 없는 '철수'로 끝났음에도 가신들은 프랑스 왕 루이를 쌀쌀하게 대하지 않았지만, 왕비는 그에게 정나미가 떨어지고 만다. 프랑스로 돌아온 이후 두 사람의 관계는 사람들의 눈을 속일 수 없을 정도로 험악해졌다.

그다음 해 로마 교황과 공의회는 정식으로 두 사람의 결혼이 '무효' 임을 인정한다. 가톨릭교도에게는 이혼이 허락되지 않기 때문에 결혼을 무효로 하는 수밖에 없었던 것이다.

다시 2년 후인 1152년, 서른 살이 된 '아키텐의 엘레오노르'는 열한 살 아래인 노르망디 공작 앙리와 결혼했다. 당시에는 그저 노르망디 공작일 뿐이었지만 2년 후에는 헨리 2세로 영국 왕위에 오르는 사람이다. 아무래도 연애에서 시작된 듯한 이 두 사람 사이에 아이들이 태어나는데, 그중 하나가 제3차 십자군을 이끌게 되는 사자심왕 리처드다. 또한 이 결혼으로 광대한 아키텐 전역이 프랑스 왕의 손에서 영국 왕의 손으로 넘어가게 되고, 이는 영국과 프랑스 사이에 백년전쟁을 일으키는 원인이 된다. 기가 센 여상속인 '아키텐의 엘레오노르'는 여러모로 물의를 일으킨 여인인 셈이다.

이것이 대대적인 선전과 함께 출발한 제2차 십자군이 유럽땅에서 일으킨 파장이다. 제2차 십자군의 주창자였을 뿐만 아니라 적극적으로 추진한 장본인이기도 한 수도사 베르나르두스에게는 어떤 파장이 미쳤을까.

파장은, 전혀 미치지 않았다. 제2차 십자군의 결과를 보고받은 수도사 베르나르두스는 이렇게 말했다고 한다.

"신이 좋게 보시지 않은 사람들이 갔으니 실패로 끝난 것은 어쩔 수 없는 일이다."

자신이 추진한 일이 실패로 끝나도 가톨릭교회의 성직자에게는 늘 변명의 말이 준비되어 있었다. 신앙심이 부족했기 때문이라는, 실로 자기 입맛에 맞는 변명은 이때도 전혀 변하지 않았다.

그리고 제2차 십자군을 인정하고 축복하며 떠나보낸 최고책임자이기도 한 로마 교황 에우게니우스는, 이 십자군이 다마스쿠스 성벽을 건드려보지도 못하고 철수한 해로부터 5년 후에 세상을 떠난다. 그사이 공식적으로는 제2차 십자군에 대해 한 마디도 발언하지 않았다. 이 사람 역시 스승인 베르나르두스와 마찬가지로 제2차 십자군이 실패한 이유를 신앙심의 부족 탓으로 돌렸는지도 모른다.

그래도 이 교황은 7백 년 후인 1872년에 '복자(Beatus)'의 반열에 오른다. '복자'란 가톨릭교회에서 '성인(Saint)' 다음에 위치하는 지위이며, '성인'과 마찬가지로 신자에게 삶의 모범으로 여겨지는 대상이다.

교황 에우게니우스가 죽은 지 한 달 만에 '클레르보의 베르나르두스'도 죽었다. 제2차 십자군을 실제로 결성해 오리엔트로 보낸 이 사람은 템플 기사단을 상찬하는 글에서 다음과 같이 말했다.

이슬람교도는 모든 악이 담긴 항아리다. 악마의 손으로 만들어진, 우리가 현실에서 볼 수 있는 악의 표본이다.

이자들에 대한 대책은 하나밖에 없다. 근절이 바로 그것이다.

죽여라! 죽여라! 그리고 혹시 필요할 때는 그들의 칼에 맞아 죽는다. 왜냐하면 그것이야말로 그리스도를 위해 사는 것이기 때문이다.

이런 내용을 열렬히 설파해온 수도사 베르나르두스는 그가 죽은 지 21년이 지난 1174년에 '성인'의 반열에 오른다. 따라서 이 수도사의 호칭은 '성 베르나르두스'가 되었다. 성인에게는 각자의 축일이 있는데, 8월 20일이 이 사람에게 바쳐진 축일이다. 그리고 이유는 모르겠지만 농민들의 수호성인으로 여겨지고 있다.

콘라트는 한 나라의 황제이자 나이가 쉰다섯이나 되었으면서도 스물여덟 살의 프랑스 왕이나 열여덟 살의 예루살렘 왕을 리드하지 못했는데, 이 사람도 귀국한 지 3년 만에, 로마 교황과 수도사 베르나르두스가 죽기 1년 전인 1152년에 세상을 떠난다. 결국 생전에 로마에서 교황으로부터 황제의 관을 받지 못했으므로 정식으로는 신성로마제국 황제가 되지 못했다. 콘라트의 뒤는 제2차 십자군에도 따라갔던 조카 프리드리히가 이었다. '붉은 수염 프리드리히'라는 이름으로 유명해지는 이 사람은 제3차 십자군의 세 주역 중 하나가 된다.

콘라트와는 아버지와 아들 이상으로 나이차가 났던 프랑스 왕 루이 7세는 1180년에 죽는데, 제2차 십자군의 주요인물 중 누구보다 오래 살았다. 하지만 말년에 그는 헤어진 아내가 광대한 아키텐 지방을 지참하고 재혼한 영국 왕과 영지를 놓고 피비린내 나는 투쟁을 하며 세월을 보낸다. 그래도 외모는, 다마스쿠스를 앞에 두고도 이슬람측에 붙잡히지 않을까 하는 공포를 이기지 못했던 무렵의 품위 있는 선량한 모습에서 달라지지 않았다고 한다.

루이의 뒤는 아들 필리프가 이었다. 존엄왕 필리프라는 이름으로 역사에 남은 이 사람도 제3차 십자군의 주역 가운데 하나이다.

이렇듯 유럽에서는 실패로 끝난 제2차 십자군이 거의 문제시되지 않았다. 어쩌면 모든 관계자가 잊고 싶어했기 때문인지도 모른다. 그러나 중근동에서의 영향은 심각했다.

심각한 영향

제2차 십자군의 실패는 무엇보다 중근동 현지에서 생활하는 그리스도교도에게 엄청난 실망을 안겨주었다. 이 사람들은 유럽의 신성로마제국 황제와 프랑스 왕의 지위가 얼마나 높은지 알고 있었다. 그 양대 유력자가 병사를 이끌고 와서, 실제로 적과 싸운 것은 나흘에 불과한, 짧다는 말조차 할 수 없는 전투를 하고는 군대를 물려 돌아가버린 것이다. 유럽이 자신들을 버렸다고 생각해도 어쩔 수 없는 일이다.

반대로 이슬람측은 한껏 기세가 올랐다. 이 무렵 이슬람측은 그리스도교 세계의 사정에 상당히 정통해 있었으므로, 그리스도교의 로마 교황이 자신들의 '칼리프'에 해당하고 그리스도교 세계의 황제와 왕은 '술탄' 같은 존재라고 생각하고 있었다. 그것도 소아시아의 투르크 호족들이 멋대로 자칭하는 술탄이 아니라, 카이로와 바그다드에 있는 칼리프가 정식으로 군대를 맡긴 술탄 정도의 권력자로 보고 있었던 것이다.

칼리프는 세습인 데 반해 로마 교황은 고위 성직자들의 선거로 뽑힌다는 차이는 있지만, 일반 이슬람교도에게는 칼리프와 교황 모두 종교상의 최고권위자라는 말로 충분했다. 황제와 왕을 술탄과 동격으로 보는 것도 틀린 생각은 아니었다. 양쪽 다 종교의 권위를 지키기 위해 세속의 권력을 부여받은 존재였기 때문이다.

이슬람측에서 본 제2차 십자군을 다시 일본 중세사의 용어로 치환해보면 다음과 같지 않을까.

제1차 십자군 때 공격해온 그리스도교측이 '다이묘(大名)'라면, 이슬람측에서 맞서 싸운 이들 역시 아타베그나 아미르 등 호칭은 다르지만 모두 '다이묘'인 것이다. 그리고 그리스도교측이 이겼다.

제2차 십자군에서는 '쇼군(將軍)'이 직접 군사를 이끌고 공격해왔다. 그것도 두 명의 '쇼군'이. 그럼에도 '다이묘' 한 명이 지키는 다마스쿠스를 공격하는 데 애를 먹었고, 또 한 명의 '다이묘'가 알레포에서 접근해온다는 말만 듣고 진을 물리고 말았다. 그것도 고작 나흘간 전투를 치르고 말이다. 바그다드와 카이로에 있는 이슬람 세계의 '쇼군'은 둘 다 움직이지 않았다. 즉 그리스도교 세계의 두 쇼군은 이슬람측의 지방 다이묘에게 퇴각당한 것이다.

　이러한 이슬람측의 감상을 뒤집어보면, 그것은 바로 중근동에 사는 그리스도교도의 마음이기도 했다.

　이것이 제2차 십자군이 남긴 최악의 선물이었다. 차라리 애당초 아무것도 하지 않는 편이 더 좋았을 거라고 생각할 정도로. 왜냐하면 이 제2차 십자군은 이슬람측의 지방 다이묘 한 사람의 이름을 높여준 것에만 그치지 않았기 때문이다.

▌누레딘의 등장

원래부터 노령이었던 다마스쿠스의 영주 우누르는 십자군이 철수하고 1년 후에 죽었다. 그 뒤를 이은 것은 아직 어린 아들이었는데, 제2차 십자군이 공격해왔을 때의 공포를 잊을 수 없었던 그는 위험이 사라진 후에도 당시 아버지 우누르가 원군을 바라고 맺은 알레포 영주 누레딘과의 동맹을 계속 갱신했다.

　누레딘은 아버지 장기가 다마스쿠스 정복을 열망했던 것을 알고 있었지만 서두르지는 않았다. 제2차 십자군을 물리쳐 성가를 올린 다마스쿠스 영주에게 싸움을 거는 일은 같은 이슬람교도인 그에게 부적절해 보였던 것이다.

　게다가 다마스쿠스 영주가 죽은 해에 누레딘도 형을 잃었다.

　장기에게는 네 아들이 있었는데, 이 사형제는 혈육 간의 싸움이 일

120

상다반사인 아랍인과 투르크인 사회에서 드물게 사이가 무척 좋았다. 자기 몫을 요구하기보다 세상을 떠난 아버지의 지시에 따라 서로 협력했으니 이슬람 사회에서는 이례적이라고 해도 좋았다.

장기의 사후에도 장남과 차남은 서로 싸우지 않고 그의 유언에 따라 각각 모술과 알레포를 지키며 살았다. 장기는 자신의 경력을 성공으로 이끌어준 땅이기도 한 모술을 장남에게, 그후에 정복한 알레포를 차남 누레딘에게 남겨줄 생각이었을 것이다. 장기가 정복한 땅에는 에데사도 있지만, 그 땅은 다시 그리스도교도의 요새로 돌아가게 하지 않기 위해 사람이 더이상 살 수 없을 정도로 완전히 파괴했다.

모술 영주가 된 장남은 제2차 십자군이 철수한 그다음 해에 죽었다. 다마스쿠스 영주가 죽은 것과 같은 1149년의 일이다. 이것으로 누레딘은 알레포에 더해 모술까지 영유하게 된다. 오늘날의 이라크 북부에서 시리아 북부에 펼쳐진 광대한 영토의 주인이 된 것이다. 누레딘의 나이 아직 서른한 살이었다.

다른 이슬람 영주라면 영주가 막 교체된 다마스쿠스를 단숨에 공격했을 것이다. 그러나 서른한 살의 누레딘은 보통 '다이묘'가 아니었다. 이 시기에 다마스쿠스에 대한 야심을 드러내는 것은 두 가지 이유로 적절하지 않았다.

첫째, 1년 전 제2차 십자군을 패퇴시킨 기쁨이 이슬람교도 도시인 다마스쿠스 시내에 강하게 남아 있다는 것.

둘째, 당시 방어를 맡았던 이슬람교도 병사들이 다마스쿠스에 남아 있으므로 지금 다마스쿠스를 공격하면 그 병사들을 적으로 돌리게 된다는 것. 즉 그리스도교도를 패퇴시킨 이슬람교도를 다른 이슬람교도가 공격하는 셈이 되고 만다. 누레딘은 마음만 먹으면 태연히 잔혹한 행동을 할 수 있는 남자였지만, 쓸데없이 잔혹한 남자는 아니었다.

누레딘은 5년을 기다렸다. 그 5년도 헛되이 보낸 것이 아니라 다마스쿠스 주민들을 친누레딘파로 만드는 데 노력을 기울이지 않았을까 싶다. 젊은 영주의 무능함에 주민의 지지도가 떨어지는 것을 곁눈질하면서.

5년 후인 1154년 봄, 예년처럼 동맹을 갱신하기 위해 알레포에서 찾아온 누레딘의 사절이 다마스쿠스 성문으로 들어섰다. 성문을 지키는 수비대 대장이 여느 때보다 사절을 호위하는 병사의 수가 많다고 생각했을 때는 이미 늦었다. 시리아 제일의 도시로 여겨져온 다마스쿠스는 그날로 누레딘의 것이 되었다. 이렇다 할 전투도 없었고, 피도 흘리지 않은 채 공략은 끝나버렸다. 젊은 영주는 가족과 함께 추방되었다.

이리하여 정확하게는 누르 알딘(Nur al-Din), 그리스도교도들이 누레딘이라고 부른 사람은, 서른여섯 살에 현재의 이라크 북부에서 시리아 전역을 포함하는 광대한 영토의 지배자가 되었다.

제2차 십자군의 누구와도 전투를 벌여본 적 없는 이 남자가 제2차 십자군 전쟁의 진정한 승리자가 된 것이다. 제2차 십자군은 적에게 타

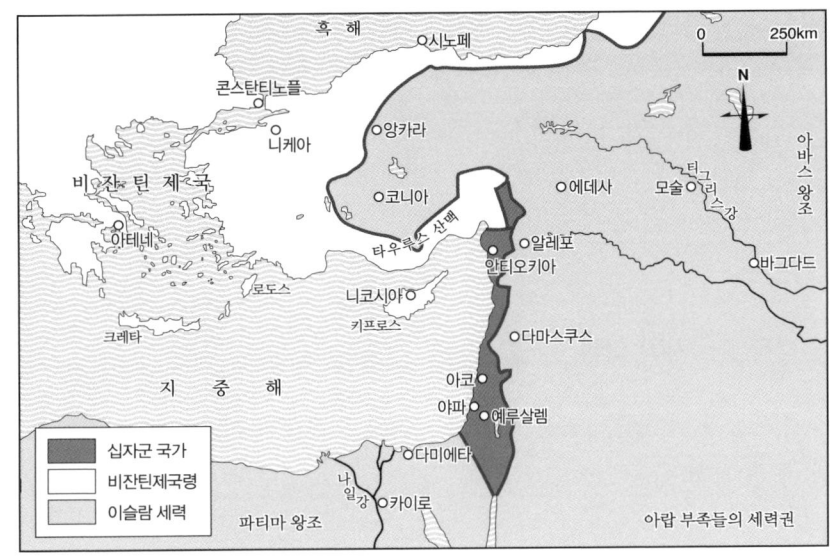

흑 해

○시노페

콘스탄티노플

○앙카라

니케아

비잔틴제국

0   250km

N

아바스 왕조

○에데사

모술○ ○티그리스강

○코니아

타우루스 산맥

아테네

○알레포

○안티오키아

○바그다드

로도스

니코시야

키프로스

○다마스쿠스

크레타

지 중 해

○아코
야파○○예루살렘

십자군 국가
비잔틴제국령
이슬람 세력

○다미에타

나일강 ○카이로

아랍 부족들의 세력권

파티마 왕조

제2차 십자군 이후의 세력도

격을 주기는커녕 오히려 적을 강력하게 해주고 말았다. 지금까지 이슬람측의 약점은 각 영주들이 서로 싸우기만 하고 단결하지 않은 데 있었는데, 이를 계기로 한 사람, 그것도 유능한 한 사람 아래로 결집하게 되었기 때문이다.

중근동의 십자군 세력은 이러한 상황변화를 심각하게 받아들이고 있었다. 황제와 왕이 이끌었음에도 제2차 십자군이 그렇게 끝나버리자 유럽에서 새로운 십자군이 원정 올 거라는 기대는 할 수 없었다.

결국 제2차 십자군이 실패로 끝난 해부터 예루살렘이 이슬람측에 탈환되는 '운명의 해'에 이르기까지 40년 동안, 중근동의 십자군 국가는 임시방편 대책만 쓰며 시간을 보내게 된다. 재능 있는 인재가 전무했던 것은 결코 아니다. 다만 그 인재를 운용할 만한 최고권력자가 없었다. 반대로 이슬람측은 이 40년 동안 누레딘에서 살라딘으로 이어지는 지휘계통의 일원화가 확립되었다.

십자군 국가의 실태

중근동의 십자군 국가는 동시대 유럽의 봉건제 사회를 그대로 이식한 듯한 사회였다.

우선 각 지방에 그 지역을 지배하는 봉건영주 '바론(baron)'이 있다. 내가 '제후'라고 쓰는 경우는 복수의 '바론'을 가리킨다. 이 '바론'을 '남작'이라고 번역하는 것은 황제와 왕 아래 중앙집권화가 완성된 후의 시대를 다룰 때에야 적절하다. 따라서 중앙집권화가 이루어지지 않았던 십자군 시대에는 '봉건영주' 내지 '제후'라고 번역해야 한다.

중세의 봉건사회는 지방호족인 이 남자들이 황제와 왕을 따르는 형태로 성립되었다. 가장 큰 이유는 그렇게 하는 편이 자신들에게 유리하다고 판단했기 때문이고, 두번째 이유는 황제와 왕을 신에게서 통치권을 위탁받은 존재로 여겼기 때문이다. 제후 역시 신의 뜻을 중시하는 그리스도교도였다는 것을 잊어서는 안 된다.

그러나 그들은 황제와 왕에게서 영지를 수여받아 영주가 된 이들이 아니다. 실력으로 영지를 획득한 선조로부터 상속을 받거나 자기가 직접 인근 지역을 공격해서 확장한 영지의 지배자다. 따라서 원래부터 독립적인 성향이 강했다. 이런 남자들을 통솔하는 것은 황제와 왕에게도 쉬운 일이 아니었는데, 그것을 가능하게 하는 것이 바로 신의 뜻을 전하는 로마 교황과 주교로부터 황제의 관 혹은 왕관의 형태로 수여되는 '권위'와, 황제와 왕 자신이 가진 '실력'이었던 것이다. 예루살렘 왕국은 이런 중세 유럽 봉건사회의 축소판이었다.

따라서 예루살렘 왕에게 무엇보다 중요한 것은 왕국 내의 '바론'들을 통솔하는 것이었다. 그리고 이를 토대로 병력을 지휘해 성도 예루살렘을 지켜야 할 의무가 있었다. 그것은 중근동의 십자군 국가 전체를 지키는 의무도 함께 가진다는 것을 의미한다.

그런데 무엇보다 이 십자군 국가 자체가 중세 유럽 사회의 반영이며 그에 따른 복잡함도 그대로 이식되어 만들어졌으므로, 아무리 왕관이라는 권위를 가지고 있다 해도 아직 이십대에 지나지 않은 예루살렘 왕 보두앵 3세에게는 과중한 임무로 다가온 것도 당연했다.

이 시대 중근동의 십자군 국가를 이해하는 데 가장 신뢰할 만하다고 평가되는 기록을 남긴 사람은 '티루스의 기욤'으로 불린 성직자다. 이름에서 알 수 있듯 팔레스타인 지방의 항구도시 티루스에서 태어난 그는, 가톨릭교회의 성직자였을 뿐 아니라 뛰어난 지략을 겸비해서 젊어서부터 십자군 국가의 상층부 깊숙이 침투해 있었다. 1130년생이므로 보두앵 3세와 나이가 같다.

이 '티루스의 기욤'은 예루살렘 왕 보두앵 3세를 다음과 같이 묘사했다.

"키는 다른 남자들보다 컸다. 그러나 신체 각 부분의 균형이 잘 잡혀 있어 키만 크다는 인상은 주지 않았다. 용모는 고상하고 우아하여 사람들은 그 얼굴만 봐도 그의 타고난 생생한 기운을 느꼈을 것이다. 눈은 크지도 작지도 않고, 약간 튀어나왔지만 빛나고 있었다. 조금 긴 듯한 머리는 곧은 금발이고, 금색 수염이 얼굴의 절반을 뒤덮고 있었다. 외모는 완강하고 늠름한 느낌을 주지만 갑옷과 투구, 호화로운 의복을 벗은 그의 육체는 어머니나 동생 아모리와 비슷하게 너무 마르지도 뚱뚱하지도 않았다."

티루스 출신의 이 동시대 사람의 말에 따르면 보두앵 3세는 교양인이며 말도 잘했다. 엄청난 독서가로 특히 역사와 법률 책을 읽는 것을 좋아했다. 지위 고하를 불문하고 누구와도 친근하고 정중하게 이야기했으며, 회담을 청하는 사람을 거절한 적도 없었다.

종교의 차이도 문제 삼지 않았다고 하는데, 사실 예루살렘이라는 도시 자체가 인종과 종교가 다른 사람들이 살고 있는 곳이었다.

프랑크인이라고 불리던 유럽에서 온 가톨릭교도뿐 아니라 같은 그리스도교도 중에도 종파가 다른 아르메니아인이나 그리스인도 예루살렘에 살고 있었다. 또한 예루살렘이 제1차 십자군에 의해 '해방'된 직후에 추방되었다가 얼마 후 조금씩 돌아와 지금은 자리를 잡고 살고 있는, 그리스도교 지배하에서 사는 것을 허락받은 유대교도와 이슬람교도도 있었다.

예루살렘 왕은 예루살렘의 통치 책임자다. 그 예루살렘에 있는 각 공동체의 대표가 왕을 만나고 싶다고 요청하면 보두앵 3세는 흔쾌히 만나주었던 것이다.

완벽한 신사의 모습이라고 할 수밖에 없다.

이슬람측에서 보면 모두 유럽인이라는 뜻의 '프랑크인'이었지만, 동시대를 살고 있다 해도 유럽에 사는 사람과 유럽인의 자손으로 중근동에서 나고 자란 '프랑크인'은 진정한 의미의 교양이 달랐던 것이 아닐까 하는 생각이 든다.

그리스도교 일색인 유럽에서야 성 베르나르두스처럼, 이슬람교도는 적이니 뿌리 뽑아야 한다, 그러니 죽여라, 고 절규할 수 있었는지 모른다. 그러나 중근동에서는 성 베르나르두스의 칭찬을 받은 템플 기사단의 기사들조차 이렇게 중얼거렸는지도 모른다.

"죽여라, 죽여라 하지만 여기서는 그렇게 간단한 이야기가 아니다. 몸값을 내면 포로가 된 그리스도교도를 돌려보내주겠다는데야 돈으로 교섭하지 않을 수 없다. 또한 일용할 식량을 생산하는 경작지의 소유주가 우리라 해도 경작은 그 땅에 예전부터 살고 있는 이슬람교도 농민들에게 맡길 수밖에 없으며, 소작료로 가져다주는 농작물을 받기 위해서라도 이교도와 일상다반사로 접촉해야 한다. 이러한 상황에서 죽여라, 죽여라 한들……"

또한 템플 기사단처럼 전투만 하는 게 아니라 의료도 겸하고 있던 성 요한 기사단도 성 베르나르두스의 절규를 그대로 실행하는 데 냉담했을 것이다. 그들은 의술의 교류라는 측면에서만 해도 이슬람교도와의 접촉이 적지 않았고, 성 요한 기사단의 기사들에게는 원래부터 광신적인 성향이 거의 없었다.

그래도 이 두 종교 기사단은 이슬람으로부터 그리스도교도를 지킬 것을 십자가에 서약하고 결성된 기사 집단이었다. 중근동에서 '일'한다는 것은 이들과 같아도 그 내용은 경제적인 면에 국한되어 있던 이탈리아 해양 도시국가의 남자들이 성 베르나르두스의 목소리에 귀를 기울이지 않았던 것도 당연하다. 그들은 이교도 이슬람과 싸우겠다고 신이나 십자가에 서약한 것도 아니었기 때문이다.

이들 중세의 '이코노믹 애니멀'들은 십자군의 지배하에 들어온 거의 모든 중근동 항구도시에 자신들의 거류지를 갖고 있었다. 베네치아, 제노바, 피사 등 공동체는 제각각이었지만, 이 거류지는 십자군 국가의 '경제특구'로서도 기능하고 있었다.

그들의 상선으로 운반해온 무기와 무구(武具)는 항구에 부려진 뒤 근처에 있는 거류지로 옮겨져 창고에 수납된다. 거류지에는 그리스도교도 기사들만이 아니라 아랍인이나 투르크인 상인들도 그 상품을 사기 위해 모여들었다.

이 무렵 이슬람측의 무장은 십자군의 영향으로 방어 면에서 상당히 강화되었다. 철강제품은 역시 유럽제가 뛰어나다는 평가는 종교를 불문하고 일치했던 듯, 서유럽제 무구와 무기에 대한 수요가 이슬람 세계에서도 늘어나고 있었다. 로마 교황은 이런 무기 수출은 그리스도교의 적인 이슬람의 군사력을 강화하는 것으로 이어진다며 여러 차례 금지령을 내렸지만 상인들은 아랑곳하지 않았다. 누레딘과 살라딘이 입었던 흉갑 안쪽에 '메이드 인 밀라노'라고 새겨져 있었을지도 모른다고 생각하면 웃음이 나온다.

이슬람 상인들이 파는 물건은 모두 오리엔트산 고급품으로, 그중에서도 모술 특산품인 얇은 무명 모슬린이나 다마스쿠스 명산인 두꺼운 옷감 등과 함께, 이슬람 사회에서 널리 생산되고 있던 각양각색의 융단이 많았다.

이런 것들이 유럽으로 들어오자 모슬린은 귀부인들의 머리와 가슴을 우아하게 덮었고, 두꺼운 다마스쿠스 옷감은 여러 벌을 껴입어야 하는 불편에서 부유층을 해방시켜주었다. 그리고 융단은 그전까지 쓰이던 야만스런 짐승의 모피를 대체했다.

가톨릭교회의 교황 이하 고위 성직자들도 이러한 변화에서 예외가 아니었다. 유럽의 유력자들은 자신들은 오리엔트 물산에 절어 있으면서 오리엔트로 십자군을 파견하는 것이 정의라고 생각하고 있었던 것이다.

성직자였던 티루스의 기욤은 나중에 예루살렘 왕의 뜻을 받들어 새로운 십자군 원정을 요청하기 위해 유럽으로 떠나게 되는데, 그전에 이집트의 카이로에서는 적인 술탄과 우호적으로 회담을 하기도 하고, 적의 도시 카이로의 번영에 감탄하기도 했다.

이것이 제1차 십자군 때부터 헤아려 60여 년이 막 지나는 시기의 중근동 십자군 국가의 실태였다. 그러나 유럽에 사는 사람들의 눈에는 이것이 타락으로밖에 비치지 않았다. 이러한 의식의 차이가 제2차 십자군 이후 새로운 십자군 파견의 목소리가 나오지 않았던 가장 큰 요인이었다.

그러나 예루살렘 왕인 보두앵에게는 예루살렘만이 아니라 십자군 국가 전체를 방어할 의무가 있었다. 그런 그의 앞을 가로막은 장애물은 어머니 멜리장드였다. 멜리장드는 아들이 성인이 된 후에도 통치권을 넘기려 하지 않았다.

보두앵 3세는 아버지 풀크의 사후에 예루살렘 왕위에 올랐는데, 당시에는 열세 살에 지나지 않았으므로 어머니 멜리장드가 대신 통치하게 되었다. 그러나 멜리장드는 섭정이 아니라 여왕으로서 아들과 공동으로 취임하겠다고 요구했고, 혈통을 중시하는 제도로 인해 그 요구는 받아들여졌다. 하지만 아들이 성년이 된 후에도 어머니는 통치권을 넘기지 않고 국정을 좌지우지했다. 통치력이라도 뛰어났더라면 좋았겠지만 멜리장드의 통치력은 유력자들 사이에서 평가가 낮았고 민중 사이에서도 평판이 좋지 못했다.

아들은 어머니를 국정에서 떼어놓으려고 애썼으나 좀처럼 성공하지 못했다. 결국에는 군대를 이끌고 어머니를 공격한 후에야 겨우 멜리장드의 손에서 통치권을 찾아올 수 있었다. 하지만 신사적인 보두앵 3세는 어머니를 추방하지 않았을 뿐 아니라 투옥도 하지 않았고, 앞으로는 수녀원 건설에나 힘을 쏟아달라고 말하며 국정에서 물러나 주기를 부탁했다. 보두앵 3세는 스물네 살이 되어서야 비로소 국정에서 손을 떼려 하지 않던 어머니로부터 해방된 것이다. 멜리장드도 혈통을 방패 삼아 중근동의 십자군 국가의 정치에 개입하려 한 여자들 중 한 명이었다.

그러나 예루살렘 왕 보두앵 3세는 드디어 자기 혼자 통치할 수 있게 된 후에도 뭐든지 자유롭게 할 수 있는 상황은 아니었다. 열여덟 살 때 제2차 십자군에 그가 이끌고 간 병력은 국내 '바론'들을 모아도 기병 550명과 보병 6천 명에 지나지 않았다. 한편 다마스쿠스를 제압하고 시리아 전역의 지배자가 된 누레딘은 1만 명을 헤아리는 병력을 거느렸다.

아마도 보두앵 3세가 평소에 이끌 수 있는 병력은 기병 5백여 명과 보병 6천 명보다 훨씬 적은 수였을 것이다. 그래도 방어를 위해서라면 주저하지 않고 출진했는데, 결정타를 날리기에는 매번 한참 부족했다. 이제는 안티오키아 공작령과 트리폴리 백작령이 예루살렘 왕령과 함께 싸우지 않게 되었기 때문이다. 또한 템플 기사단과 성 요한 기사단의 협력이 있다 해도, 양쪽 다 평소 쓸 수 있는 병력이 기병 1백 명을 넘는 일이 없었다. 이들 종교 기사단은 각지에 성채를 쌓았으므로 상당한 수의 기사가 그 성채에 배치되었다. 이러한 상황에서 전투에 내보낼 수 있는 수는 제한되었던 것이다.

만약 이 시기에 누레딘이 다마스쿠스에서 대군을 이끌고 왔다면 예루살렘은 함락되었을지도 모른다. 하지만 이 위기는 두 가지 사건 덕분에 모면할 수 있었다.

▌대지진

첫번째 사건은 1156년 시리아를 덮친 대지진이다. 다마스쿠스와 알레포를 비롯한 시리아의 도시 대부분이 엄청난 피해를 입었다. 이것이 누레딘의 발을 묶어놓는다. 그리스도교 국가를 공격하는 것보다 파괴된 도시를 재건하고 피해자들을 위한 대책을 세우는 것이 우선이었기 때문이다.

이는 또한 두번째 이유로 이어졌는데, 이 일은 냉철하고 유능한 무장이었던 누레딘을 온후하고 평화적인 사업을 좋아하는 통치자로 바꿔놓았다. 그리스도교측에도 마치 다른 사람이 된 것 같다는 소문이 났을 정도로.

피해자에 대한 구제사업이 진행됨과 동시에 재건사업도 시작되어 다마스쿠스와 알레포에는 장려한 모스크가 차례로 지어졌다. 유서 깊은 모스크를 복구하는 데도 비용을 아끼지 않았다. 병원도 정비되고 확장되었으며, 바그다드에서 뛰어난 의사들이 초빙되었다.

의사만이 아니라 학자들도 높은 급료를 받고 초빙되었다. 이 시기를 경계로 다마스쿠스의 교육수준은 이전에 비해 현저하게 향상된다. 다마스쿠스의 학교에서는 코란뿐 아니라 학문이라 부를 수 있는 모든 것을 가르쳤으므로 교육의 향상은 의심의 여지가 없었다. 이제는 이슬람세계에서 최고로 손꼽힐 정도가 된 다마스쿠스의 고등교육의 혜택을 입은 사람 중 하나가, 당시 열여덟 살에 지나지 않았던 살라딘이다.

이전의 모습을 상상할 수 없을 정도로 아름답고 장려한 도시로 다시 태어난 다마스쿠스의 주인인 누레딘은, 사람이 변했다는 말을 들을지언정 아직 서른여덟 살이었다. 예루살렘 왕 보두앵 3세에게 걱정의 불씨가 다 사라진 것은 아니었다. 결국 그는 비잔틴제국과의 관계를 강화함으로써 누레딘에게 대항하려 한다. 시리아를 덮친 대지진이 일어난 이듬해인 1157년, 대지진 후의 대책에 전념하고 있던 누레딘과의 관계가 '자연 휴전' 상태가 된 것을 이용해 예루살렘 왕은 비잔틴제국 황제에게 혼담을 청하는 특사를 보냈다.

왕비로 지목된 여인을 보두앵 3세가 선택한 것인지 아니면 혼담을 받은 비잔틴제국 황제 마누엘이 선택한 것인지는 알려지지 않았다. 하지만 어떤 의미에서는 버리는 말로 봐도 될 만한, 황제의 어린 조카딸이 선택된 것을 보면 황제의 선택이 아니었을까 싶다. 그 조카딸을 시집보내는 대신 황제 마누엘은 예루살렘 왕으로부터 안티오키아가 비잔틴제국의 영토임을 공식적으로 승인받았다.

비잔틴식 외교

대도시 안티오키아와 그 주변으로 구성된 안티오키아 공작령은, 제 2차 십자군에 참여하지 않은 것이 실증하듯이 근년 들어 점차 예루살렘 왕으로부터 멀어지고 있었다. 또한 안티오키아를 통치하고 있던 푸아티에 백작 레몽은 누레딘과 전투중에 전사했다. 레몽이 죽은 뒤 안티오키아의 지배자가 된 르노 드 샤티용도 누레딘군을 공격했다가 포로가 되었고, 지금은 시리아의 한 감옥에서 포로생활을 하고 있었다.

그래서 안티오키아를 방어하는 일까지 예루살렘 왕의 어깨를 짓누르고 있었는데, 예루살렘 왕국을 방어하는 것만으로도 벅찼던 보두앵 3세는 안티오키아까지는 도저히 손을 쓸 수 없다고 생각했을 것이다. 안티오키아가 누레딘의 수중에 들어갈 바에야 같은 그리스도교도인 비잔틴제국 황제의 수중에 들어가는 게 낫다고 생각했는지도 모른다.

어쨌든 비잔틴제국 황제는, 제1차 십자군의 보에몬드와 탄크레디에게 항상 가로막혀온 안티오키아 영유에 대한 소망을 60년 만에 끝내 성취할 수 있었다.

1158년, 보두앵 3세와 비잔틴제국의 황녀 테오도라는 예루살렘의 성묘교회에서 결혼식을 올렸다. 신랑은 스물여덟 살, 신부는 채 열세 살도 되지 않았다.

이리하여 중근동의 십자군 세력은 1144년 에데사 백작령을 잃었고,

이어 1158년에는 사실상 안티오키아 공작령까지 잃게 된다. 네 개의 십자군 국가 중 이제 남은 것은 트리폴리 백작령과 예루살렘 왕령뿐이었다.

이듬해인 1159년 비잔틴제국 황제 마누엘과 예루살렘 왕 보두앵 3세는 안티오키아에서 처음으로 대면한다. 목적은 양국 사이의 동맹관계를 보다 공고히 하는 것이었는데, 이 두 사람은 둘 다 신사적인 것으로 유명했다. 곧바로 개인적으로도 친한 사이가 되었다.

축하행사 중 하나로 중세의 기사답게 마상 창시합이 개최된다. 젊은 보두앵도 시합에 참가했는데, 상대가 너무 진지하게 도전해오는 바람에 부상을 입고 말았다. 이 예루살렘 왕을 육친처럼 정성껏 치료한 사람이 황제 마누엘이다. 이 사람의 취미는 의술이었는데, 그 방면에서는 전문가 뺨쳤다고 한다. 제2차 십자군 때 도릴라이움에서 대패하고 부상을 입고서 콘스탄티노플로 도망쳐온 독일 황제 콘라트도 마누엘이 손수 치료해준 바 있었다.

병자의 치료에는 진지했지만, 마누엘은 황제이기도 했다. 치료 와중에 황제는 보두앵에게 예루살렘의 한 여인을 비잔틴제국의 황비로 맞이하게 해달라고 청했다. '안티오키아의 마리아'라는 이름으로 불린 그 여인은 안티오키아 공작령 통치자의 핏줄을 이어받은 사람으로, 보두앵과는 사촌 사이였다.

보두앵은 그 마리아가 아니라 트리폴리 백작의 피를 이어받은 또다른 마리아를 추천했다. 안티오키아와 비잔틴제국의 관계가 너무 강고

해지는 것을 막기 위해서였는데, 마누엘은 이를 받아들이지 않았다.

이 결혼은 이듬해인 1160년에 거행된다. 안티오키아의 비잔틴제국화는 점점 강화되어만 갔다.

2년 후 예루살렘 왕 보두앵 3세는 이미 상례처럼 되어 있던 이슬람교도와의 소규모 전투를 끝내고 베이루트로 돌아온 날 병상에 드러누워, 그길로 일어날 수 없게 되었다. 비잔틴제국 황제 마누엘의 독살설이 나돌았지만 그것은 곧 수그러들었다. 마누엘은 보두앵에게서 취할 것을 모두 취했으므로 보두앵을 죽여서 이득을 볼 일이 아무것도 없었기 때문이다. 하지만 이득을 볼 것이 아무것도 없었다는 것은, 입장을 바꾸어 보면 몇 가지 견해 중 하나에 지나지 않았는지도 모른다.

서른두 살도 안 된 젊은 나이로 죽은 보두앵 3세에 대해 '티루스의 기욤'은 다음과 같이 썼다.

"베이루트에서 예루살렘까지 주검이 운반되는 8일간, 길에는 그의 죽음을 애도하는 사람들이 늘어섰으며, 그리스도교도뿐만 아니라 모든 주민이 눈물로 그를 전송했다. 예루살렘에 다가갈수록 사람들의 애도 소리가 점점 높아져서 통곡으로 변해갔다."

그 전해 멜리장드가 죽었을 때는 반응이 없던 서민들도, 어머니와의 관계를 포함해 고생을 많이 한 보두앵에게는 동정을 보였던 것이다.

이 보두앵과 테오도라 사이에는 아이가 없었으므로 다음 예루살렘 왕위에는 친동생 아모리가 오르게 되었다.

미망인이 된 테오도라는 결혼 때의 조건대로 아코 영주가 되어 예루살렘을 떠난다. 다만 아직 열여섯 살인 테오도라는 멜리장드와 같은 유형의 여인이 아니었던 듯 명색뿐인 아코 영주에 만족했으므로, 예루살렘 왕국에 폐해를 초래하지는 않았다.

다마스쿠스에서 보두앵이 죽었다는 소식을 들은 누레딘은, 왕권 교체기라는 절호의 기회에 예루살렘을 공격하라고 권유한 가신에게 이렇게 대답했다고 한다.
"프랑크인들은 그들이 경애한 뛰어난 군주를 잃은 슬픔에 빠져 있다. 나는 그 틈을 노리는 짓은 하지 않겠다."

틈을 노린 것은 비잔틴제국 황제 쪽이었다. 생각지 못한 형의 죽음으로 스물여섯 살에 예루살렘 왕위에 오른 아모리는 불안해서 견딜 수 없었다. 그가 항상 의지하던 어머니 멜리장드도 세상을 떠나고 없었다.

그런 예루살렘 왕에게 황제 마누엘은 비잔틴제국 황실의 일원인 마리아를 왕비로 맞도록 권했다. 하지만 마리아는 아직 여덟 살이었으므로 실제 결혼은 5년 후에 하게 된다. 비잔틴제국 황제는 중근동의 십자군 국가에 또 하나의 못을 박을 생각이었던 것이다.

결혼까지 남은 5년은 아모리가 독신으로 돌아가기 위해서도 필요한 기간이었다. 아모리는 가톨릭교회의 법에 따라 아내 아네스 드 쿠르트네와의 결혼을 '무효'로 했으나, 그 결혼으로 태어난 두 살 난 딸과 한 살 난 아들의 친자로서의 지위는 유효하다고 주장했으므로 약간의 시간이 필요했던 것이다. 그리스도교 세계에서 일국의 왕은 이런 일에도 로마 교황의 인가가 필요했다.

21세기인 지금도 유럽에는 '비잔틴식'이라는 표현이 있다. 사소한 것에 집착한 나머지 대국(大局)을 잃는, 그때는 득을 본 것처럼 보여도 결국은 손해를 보게 된다는 것을 단적으로 나타내는 말이다. 비잔틴 제국의 황제 중에는 그런 사람이 많았다.

비잔틴제국 황제는 제1차 십자군 무렵부터 이미 안티오키아의 도시와 그 주변의 영유를 고집하고 있었다. 황제 마누엘은 60년 후에야 그것을 실현했다. 이 안티오키아의 방어에 비잔틴제국 황제는 전력을 다했을 것이다. 안티오키아와 비잔틴제국의 수도 콘스탄티노플 사이를 가로막고 있는 소아시아의 내륙부는 이미 투르크군에게 빼앗겼기 때문에 수도에서 안티오키아까지 육로로 왕래하기에는 어려움이 있었다. 하지만 아직 소아시아 남쪽의 해안을 따라 늘어선 항구도시 몇 군데는 비잔틴제국령이었고, 로도스 섬과 키프로스 섬도 비잔틴제국의 지배하에 있었다. 이 항구도시와 섬들로 이루어진 바닷길을 활용한다면 안티오키아 방어는 불가능하지 않았다.

예루살렘 왕이 비잔틴제국과의 동맹을 원한 것은, 만일의 경우 예루살렘의 방어에도 협력해줄 것이라 기대했기 때문이다.
그렇다면 비잔틴제국 황제에게도 그럴 마음이 있었을까.
답은 '아니요'다.

그렇다면 비잔틴제국 황제는 그리스도교도임에도 예루살렘의 수호에 관심이 없었던 것일까.

이에 대한 대답은 복잡하다. 간단히 예라고 할 수 없고, 또 아니라고 할 수도 없기 때문이다.

이때 서유럽에서 예루살렘은 아직 '성지(Holy Land)'로 불리는, 중근동 십자군 국가의 수도이자 상징이었으며, 가톨릭 그리스도교도들이 지배하는 도시였다.

가톨릭과 종파가 다른 그리스정교도의 국가인 비잔틴제국에도 예루살렘이 '성도'라는 것은 변함이 없었다. 게다가 예루살렘에서 가장 많은 순례자가 모이는 성묘교회는 비잔틴제국의 시조로 여겨지는 콘스탄티누스 대제가 건설한 성소다. 또한 예루살렘으로 순례를 떠나는 게 서민에게까지 확산된 것도 대제의 어머니인 헬레나가 순례를 떠난 것이 발단이었다. 대제의 자손을 자처하는 비잔틴제국 황제에게는 이 예루살렘이 비잔틴제국의 지배하로 돌아오는 것보다 이상적인 건 없었을 것이다.

하지만 실제로 예루살렘은 가톨릭교도의 지배하에 있었다. 황녀를 왕에게 시집보내는 것에 그치지 않고 그 예루살렘의 방어를 이유로 더욱 적극적으로 개입한다면 서유럽 그리스도교 세계로부터 반발을 살 것이 불 보듯 뻔했다. 게다가 이 반발은 실질적인 손실로 연결될 위험성도 컸다.

제2차 십자군을 이끈 사람 중 하나였던 프랑스 왕 루이의 반(反)비잔틴 감정은 많은 사람들이 알고 있는 사실이었다. 게다가 루이 7세는 귀국하는 길에 이탈리아 남부에 들러 과거에 비잔틴제국령을 공격한 적 있는 시칠리아 왕 루제로를 만나 반비잔틴 감정을 공유했다. 그리고 그후 로마로 간 루이는 로마 교황에게도 비잔틴제국 황제의, 그의 말을 따르자면 배신 행위를 개탄하며 호소했다.

비잔틴제국 황제 입장에서는 이러한 서유럽 가톨릭 세계에 비잔틴제국 공략의 대의명분을 만들어주는 일을 절대로 허락할 수 없었다.
게다가 예루살렘은 이슬람교도에게도 '성도'다. 예루살렘 방어에 적극적으로 개입함으로써 이슬람측에까지 반비잔틴 감정이 일어나는 일은 피해야 했다.

비잔틴제국 황제 마누엘은 제2차 십자군이 오기 전 이미 소아시아 셀주크투르크의 영주들과 동맹을 맺었다. 내륙부의 영유를 인정하는 대신 콘스탄티노플에 대한 공세를 멈추게 하는 것이 목적이었다. 그후 제2차 십자군이 실패로 끝나 유럽으로 돌아가자 피 한 방울 흘리지 않고 다마스쿠스를 수중에 넣은 누레딘과 동맹조약을 맺었다. 이 동맹의 목적은 다른 땅은 어찌하건 안티오키아에는 손대지 말아달라는 것이었다. 그 '다른 땅'에 예루살렘이 제외된다는 말은 한 마디도 들어 있지 않았다.

한편으로 그는 예루살렘 왕과도 동맹을 맺었다. 목적은 단 하나, 안티오키아가 비잔틴제국 영토라는 것을 공식적으로 선언하는 것이었다. 그러나 두 나라는 같은 그리스도교 국가다. 중근동에 있는 그리스도교도들에게도, 유럽의 그리스도교 세계에도 뭔가 보여줄 필요가 있었다. 그래서 황제 마누엘은 2백 척으로 구성된 대함대를 팔레스티나 해역으로 보낸다. 바다 쪽의 방어를 비잔틴제국이 담당한다는 의사표시를 하기 위해서였다.

그러나 이 함대는 도착하자마자 곧장 유턴하다시피 콘스탄티노플로 돌아와버린다. 필요가 없었을 뿐 아니라 오히려 해가 되었기 때문이다.

해군력 = 제해권

이슬람교도가 '프랑크인'이라 총칭했던 것은 주로 프랑스나 독일에서 온 유럽인들이었다. 중세의 꽃으로 칭송받았던 기사들인 이들은 육상에서 벌어지는 전투에 강했다. 그리고 그들의 나라는 모두 해운국이 아니다. 따라서 해군을 갖고 있지 않았다. 강력한 해군은 해운국의 전통을 가진 민족에게 생겨나게 마련이다.

그래서 제1차 십자군의 노력으로 시리아와 팔레스티나 해안을 따라 늘어선 항구도시들을 지배하에 둔 것까지는 좋았으나, 이들 항구도시들은 바다에서 공격해오는 것을 두려워하는 처지였다. 이슬람 세계에서 해군을 갖고 있는 나라는 이집트뿐이었으니, 그들이 두려한 것은 바로 이집트 해군이 바다에서 공격해오는 것이었다.

'프랑크인' 중에는 해운의 전통과 그에 따른 해군력을 가진 이들도 있었다.

오리엔트로 진출한 것은 이탈리아의 해양 도시국가인 아말피, 피사,

제노바, 베네치아 순이다. 12세기 중반인 이 시기에 아말피는 이미 제일선에서 물러나 있었지만, 나머지 세 해양 도시국가는 시종일관 십자군의 해상 전력을 담당하게 된다.

해운의 본래 목적은 배에 실은 짐을 목적지까지 무사히 운송하는 것이다. 따라서 당연한 이치로 그에 필요한 모든 사항의 효율화가 강하게 요구되기 때문에, 해운의 전통이 있는 나라들에는 강력한 해군이 생겨나는 것이다.

또한 이 세 나라 모두 공화정을 채택한 도시국가였으므로 영토형 국가인 프랑스에 비해 인구가 100분의 1에도 미치지 못했다. 따라서 그들은 적은 인구를 효율적으로 활용하는 데 달인이었다.

이런 상황이었으니 배의 규모, 선원의 수, 해적에 대한 방어, 항해술, 조종 기능 등 모든 것이 효율적으로 발전한 것은 당연했다. 황제의 위광을 시위하는 것이 주된 목적인 비잔틴제국의 군선과는 비교가 되지 않는 해군력을 갖추고 있었던 것이다.

이 이탈리아 세력이 본격적으로 개입하게 된 후 중근동 해역의 제해권은 십자군측으로 돌아간다. 이탈리아 세력이 이집트 해군과의 해전에서 승리해 이집트 군선이 접근조차 할 수 없게 되었다. 이리하여 팔레스티나 지방의 항구도시 주민들은 바다로부터의 공포에서 해방되었다. 그사이 비잔틴제국 해군은 황제와 이집트의 칼리프가 비밀리에 교환한 중립협정에 따라 팔레스티나 해역에 모습을 나타내지 않았다.

그런데 이제 와서 비잔틴제국 해군이 남하한 것이다. 피사, 제노바,

베네치아의 선원들로서는 비잔틴제국 군선이 해상을 어슬렁거리는 것은 성가신 일이었다. 그러다가 이집트 배의 공격이라도 받으면 동맹관계인 이상 도우러 가야 했기 때문이다.

그런 이유로 비잔틴제국 황제의 '후의'도 유턴할 수밖에 없었는데, 황제 마누엘로서는 아쉬울 것이 없었다. 예루살렘 왕 보두앵 3세와의 동맹을 통해, 십자군 국가의 방어에는 아무런 구체적인 지원을 하지 않으면서도 염원의 땅이었던 안티오키아를 수중에 넣었으니까.

그러나 이 사건이 멀리 유럽에 전해졌을 때는 인상이 달라졌다. 이들은 비잔틴제국 황제가 자신의 것이 된 안티오키아를 지킬 의지는 있어도 예루살렘을 지킬 의지는 없다고 받아들인 것이다.

가톨릭 국가들을 적으로 돌리고 싶지는 않지만 이슬람 국가들도 적으로 돌리고 싶지 않다는 것이 비잔틴제국 황제의 속마음이었으므로, 유럽에서의 해석이 잘못된 것은 아니었다. 어쨌거나 이것이 일관적이라면 일관적이랄 수 있는 비잔틴제국의 외교였기 때문이다. 중립노선이라고 하니 말은 그럴듯할지 몰라도 그 속마음은 자기 안위만 중요하고 다른 것을 지킬 마음이 없을뿐더러 다른 이가 지키는 것도 돕지 않겠다는 것에 지나지 않았다. 따라서 중립노선은 아군에게 신용받지 못하고 아울러 적에게는 가볍게 보일 위험이 있다.

한편 누레딘은 그사이에 무엇을 하고 있었는가. 그 역시 동맹조약을 존중하여 십자군 국가를 공격하지 않고 있었을까.

현대 이탈리아의 해군기
(녹색과 붉은색 띠 사이의 흰색 부분을 장식하는 문장紋章은
오른쪽 위부터 시계 방향으로 제노바, 피사, 아말피, 베네치아의 것이다)

　공격을 하지 않은 건 아니다. 누레딘이 직접 대군을 이끌고 출진하
는 일은 없었지만 소규모의 군대를 이끌고 출진하기도 했고 수하의
장수들에게도 종종 작은 전투를 하게 했다. 또한 예루살렘 왕이 된 아
모리도 그때마다 요격에 나섰다. 하지만 그것은 현대의 노동조합이
자신들의 존재이유를 보여주기 위해 이따금 행하는 파업과 비슷한 것
이었다. 누레딘은 중근동 이슬람 세계의 맹주라는 것을 보여주기 위
해, 아모리는 예루살렘 왕이라는 것을 어필하기 위해.

　이때 중근동 그리스도교도의 눈에도 누레딘의 성격이 예전과는 상
당히 바뀐 것으로 비쳤다. 하지만 왜 변했는가에 대해서는 동시대 이
슬람측의 사료에도 큰 병을 앓아서가 아니었을까 하는 정도밖에 기술

144

되어 있지 않다. 그리스도교측은 안도만 했을 뿐 아무도 그 원인을 탐색하지 않았다. 그러니 이제부터 말하는 것은 나의 상상이다.

인간의 야심이란 곧 무슨 일이든 하고 싶어하는 의욕이다. 한편 허영심은 타인에게 좋게 보이고 싶다는 바람이다. 인간이라면 누구나 이 두 가지를 모두 가지고 있다. 그렇지 않은 사람이 있다면 아마 세상을 버린 은둔자일 테니 여기서는 제외하고, 인간성이 풍부한 인간으로 이야기를 좁히기로 한다.

문제는 한 인간의 내부에서 야심과 허영심 중 어느 쪽이 더 큰가 하는 것인데, 이보다 더 중요한 문제는 그 인간이 좋은 기회를 얻었을 때 야심으로 움직이는가, 아니면 허영심으로 움직이는가 하는 것이다.

이슬람측 역사가에 따르면 누레딘은 이런 남자였다.
"키가 유달리 크고 균형 잡힌 몸매와 거무스름한 피부에는 생기가 흘러넘치고, 수염은 거뭇거뭇하게 얼굴 가장자리를 덮었으며, 이마는 넓고 수려하고, 안광은 때로는 날카롭다가도 때로는 일변해 온화한 빛을 발산한다. 그를 만난 사람들은 하나같이 훌륭한 인물이 앞에 있다는 인상을 받았다.
이 누레딘에게 이슬람 세계의 기대가 모아졌다. 불신의 무리인 '나사렛 사람(예수 그리스도)'을 믿고 침략해온 '프랑크인'들에게 반격하기 위해 지금까지 자기들끼리 싸우고 있던 이슬람 영주들을 통솔하는 데 성공했고, 나아가 알라가 바라신다면 우리 땅을 침략해와 눌러앉은 불신의 무리를 투르크와 아랍의 병사들을 이끌고서 괴멸시킬 수 있는 유일한 사람으로 여겨졌기 때문이다."

하지만 이슬람교도의 눈에 비친 누레딘의 이런 모습은 1154년 전까지의 것이다. 닷새 거리까지 접근해왔다는 정보를 흘린 것만으로 다마스쿠스를 공격중이던 제2차 십자군이 철수하게 만들어 독일 황제와 프랑스 왕을 유럽으로 쫓아낸 시기의 그의 모습인 것이다. 그리고 그후에도 같은 이슬람교도가 피를 흘리는 걸 꺼리지 않는다면 충분히 공략할 수 있었을 다마스쿠스를, 자연스럽게 자신에게 굴복해올 때까지 기다렸다가 5년 후 무혈입성으로 완전히 수중에 넣은 서른여섯 살의 누레딘. 때로는 과감하게, 때로는 신중하게 일을 진행해오던 누레딘이다.

아버지 장기가 시작한 일을 아버지보다 냉철하게 진행시킨 이 사람에 의해 시리아는 비로소 통일되었다. 누레딘이 거처를 옮긴 다마스쿠스는 그의 손으로 통일한 시리아 전역의 수도가 된다.

그런데 그로부터 불과 2년 후, 도시라는 도시를 모조리 파괴한 대지진이 시리아를 덮친 것이다. 건물들은 돌이나 벽돌로 지어져 있어서 화재가 일어나지는 않았다. 그러나 다마스쿠스에는 몇 개의 하천이 흐르고 있었다. 그 하천과 수로의 물이 흘러넘쳐 시내는 홍수 피해까지 입었다. 도로와 다리도 완전히 붕괴되어 복구작업은 토대를 다시 세우는 것부터 시작해야 했다.

시리아 최고의 권력자가 된 누레딘은 재해를 입은 사람들을 구제하고 피해지역을 복구하는 데 전력투구한다. 이 시기 그는 알라가 지금 자신에게 그것을 바라고 있다고 생각했는지도 모른다.

어쨌든 삼십대 후반의 에너지를 한꺼번에 투입한 만큼 복구작업의 성과는 눈부셨다. 다마스쿠스와 알레포는, 예전 모습을 아는 사람이 보면 눈을 의심할 정도로 장려하고 각종 기능을 갖춘 도시로 탈바꿈했다.

이슬람 지식인들은 교육기관의 충실함과 시 동호회 활동을 상찬했고, 일반 서민들은 미망인과 고아, 빈민을 위한 구제 시설과 무료로 치료를 받을 수 있는 병원 건설을 고맙게 생각했다. 당시 중근동에서 무료로 치료를 받을 수 있는 병원은 예루살렘에 있는 성 요한 기사단의 병원이었는데, 누레딘은 2천 명의 환자를 치료할 수 있는, 성 요한 병원을 뛰어넘는 규모의 병원을 건설하려 했다. 그리스도교 세계와 마찬가지로 이슬람 세계에서도 자선사업은 다른 무엇보다 사람들로부터 칭송받는 사업이다.

바쁜 와중에도 누레딘은 이슬람교도의 중요한 의무인 메카 순례도 마쳤다. 그는 경건한 이슬람교도이기도 했던 것이다.

그리고 마침내 누레딘은 바그다드 칼리프로부터 술탄의 지위를 수여받는다. 이와 함께 누레딘에게 이슬람 세계의 경의와 칭송이 집중된다.

이에 기분이 좋아졌는지 누레딘은 매주 금요일 모스크에서 열리는 예배에서 예언자 마호메트와 칼리프의 이름 뒤에 누레딘의 이름도 읊도록 요구하고 그것을 실현했다. 이런 요구를 실현시킨 술탄은 지금까지 한 사람도 없었다.

그러나 이슬람 세계에서는 단지 교육문화의 향상에 힘쓰고 자선사업에 열심인 것만으로는 경의와 칭송이 오래갈 수 없다. 더한 무언가, 아랍인 연대기 작가의 말을 빌리자면 '알라가 바라시는 무언가'를 그에게 기대하기에 칼리프는 술탄의 지위를 수여했고, 사람들도 금요일 예배에서 그의 이름을 읊는 것이다. 누레딘도 그것이 무엇인지 알고 있었다.

복구작업이 궤도에 오르기 시작한 뒤 누레딘은 그리스도교도를 상대로 군사행동을 재개했다. 그러나 빠지지 않고 따라가긴 해도 이상하게 끝장을 내진 않았다. 성 요한 기사단 기사들이 틀어박혀 있는 성채를 공격했을 때도 만만치 않은 반격을 받자 그대로 군대를 물리고 말았다.

투르크 병사와 아랍 병사는 원래 높이 솟은 성채나 긴 성벽으로 둘러싸인 도시를 공격하는 것에 서툴렀다. 이들은 승리를 위해서는 용맹함만이 아니라 인내심도 반드시 필요하다는 것을 몰랐던 것이다. 이러한 병사들로 구성된 군대를 이끌고 공성전을 벌이는 경우에는 총사령관이 병사 이상의 인내심을 갖고 있는지가 관건인데, 아무래도 마흔 살이 넘은 무렵의 누레딘은 이런 집념이 저하된 것으로 보인다. 그 사이에 계속된 복구작업에 대한 열성은 전혀 떨어지지 않았으니, 이런 그의 변화를 얼마 전 앓은 병 탓으로 돌리는 건 납득할 수 있는 해명이 아니었다.

인간은 흥미를 가지고 하는 일은 잘되고, 관심이 별로 없는 일을 하면 잘 안 되는 경향이 있다. 잘되니까 관심이 더 많아지고, 잘되지 않으면 그에 비례해 관심도 희박해지는 식이다.

누레딘은 시리아 전역의 도시와 마을의 복구 현장에서는 열심히 지휘했지만, 전장에서는 그 정도의 열의를 보여주지 않았다. 다마스쿠스에 머무를 때 누레딘은 경호병의 호위 없이 허리에 칼만 차고서 거리를 걷는 것을 좋아했다고 한다. 그런 그를 사람들은 감사의 환성으로 맞이했다. 그러나 전장에서 그를 맞이하는 것은 장군이나 병사들의 긴장과 침묵, 그리고 부상당한 병사의 신음소리였다. 한번 평온한 즐거움을 맛본 사람에게 전장은 도망치고 싶을 만큼의 중압감을 주었는지도 모른다.

누레딘이 마흔네 살이 되던 해, 누레딘보다 군사적 재능이 현격히 부족했던 예루살렘 왕 보두앵 3세가 죽었다. 이 기회에 예루살렘을 공격하라고 권하는 장군의 의견을 누레딘은 물리친다. 그때 그가 상대의 불행에 편승하는 짓은 하지 않겠다고 한 말은 언뜻 기사도 정신의 발로처럼 들린다. 하지만 그 이면에는 소극성이 있었던 게 아닐까. 예루살렘 왕이 아모리로 바뀐 뒤에도, 누레딘은 상대의 빈틈을 놓치지 않는 예전 같은 교활함을 통 보이지 않았던 것이다.

누레딘의 이러한 변화는 다음과 같은 상황들에 기인하지 않았을까 한다. 뛰어난 지도자가 없을뿐더러 유럽에서 새로운 십자군이 와서 통합된 전력을 새롭게 도입하는 것도 기대할 수 없는 상황에서, 반대로 뛰어난 지도자가 속속 등장한 이슬람을 적으로 두고도 십자군 국가가 존속할 수 있었던 세 가지 요소다.

1. 주요전력인 기사의 수는 적어도 모두 정예만 모은 '특수부대'이며, 무엇보다 상비 전력이라는 데 존재이유가 있었던 양대 종교 기사단인 템플 기사단과 성 요한 기사단.

2. 만성적인 병력 부족에 시달리던 중근동의 십자군 세력은 제1차 십자군이 수립한 십자군 국가들을 지키기 위해 거점 방어를 할 수밖에 없었는데, 그 경우 주요거점이 된 것이 각지에 세워진 다수의 성채였다.

3. 유럽에서 온 십자군 전사든 중근동에 뼈를 묻을 각오인 종교 기사단의 기사든 이교도 이슬람의 타도를 십자가에 서약했다는 점은 마찬가지였다. 이슬람측이 '프랑크인'이라고 총칭했던 중세 유럽의 가톨릭교도들이다.
하지만 이슬람을 타도하겠다고 신에게 서약하지 않고도 십자군 국가의 존속에 공헌하던 '프랑크인'도 있었다. 베네치아와 제노바, 피사로 대표되는 이탈리아 해양 도시국가의 교역 상인이 그들이다. 지중해를 종횡무진 항해하던 이들은 유능한 교역 상인임과 동시에 뛰어난 선원이었다. 십자군 국가의 해군과 해운력은 이 남자들이 도맡았다고 해도 좋았다.

십자군과 십자군 사이의 시기

수세로 돌아선 1118년 이후의 십자군 세력에 이 세 가지 요소가 얼마나 중요한 작용을 했는가를 실감하기 위해, 2백 년에 이르는 십자군의 전체 역사를 간단히 연표로 정리해보았다.

1099년	제1차 십자군, 예루살렘 '해방'에 성공.
1118년	보두앵 1세 죽음. 이때까지 20년간 십자군 국가 확립.
1148년	제2차 십자군, 다마스쿠스를 눈앞에 두고 철수해 실패.
1174년	누레딘이 죽고 살라딘 등장.
1187년	그리스도교측 예루살렘 상실.
1190년	제3차 십자군, 당초 목표를 달성하지는 못했으므로 실패하기는 했으나……(~92년)
1204년	제4차 십자군, 예루살렘이 아닌 콘스탄티노플 공략, 함락시킴.
1220년	제5차 십자군, 목표를 이집트로 바꾸었지만 원정 실패.
1229년	제6차 십자군, 예루살렘 수복이라는 목적을 달성하기는 했으나……
1250년	제7차 십자군, 이집트로 원정을 떠났으나 총사령관인 프랑스 왕이 붙잡히는 등 완패.
1270년	제8차 십자군, 프랑스 왕 루이 9세가 다시 십자군 결성, 튀니스에 상륙하고 왕이 사망하자 십자군 해산.
1291년	십자군 최후의 요새 아코 함락. 중근동의 십자군 국가가 최종적으로 소멸.

대부분 서구 역사가가 쓴 종래의 십자군 역사는, 유럽에서 떠난 십자군에 대해 제1차에서 제8차까지 순서에 따라 서술하는 것이 태반이었다. 하지만 나는 이 책에서 십자군과 그다음 십자군 사이의 시기까지도 서술하려 한다.

　바꿔 말하면 유럽 입장에서 중근동의 십자군 국가를 관찰하는 것뿐 아니라 당시 중근동에 살고 있던 사람들의 시점까지도 포함한다는 의미다. 이 사람들이 십자군과 그다음 십자군 사이의 시기를 어떻게 살았는가에 대한 관심이라 할 수 있다.

　요컨대 제1차에서 제8차까지의 십자군은 황제와 왕이 이끌었는가 아닌가에 관계없이 대규모 병사가 한 시기에 중근동으로 우르르 몰려간 것이고, 그 중간 시기란 사령관에서 병사들까지 모두 일제히 유럽으로 돌아가버린 시기에 해당한다. 제2차 이후의 십자군을 봐도 그렇지만, 제1차 십자군을 제외하면 어느 하나 목적을 완전히 달성했다고 말할 수 없다. 그렇다면 십자군과 그다음 십자군 사이의 세월도 중요한 의미가 있지 않을까 하는 생각이 들었던 것이다.

　이 중간 시기에도 중근동의 십자군 세력만으로 방어할 수 있었던 기간은 의외로 길었다.

　제2차 십자군에서 제3차 십자군 사이만 해도 40여 년이다. 그사이 유능한 지도자가 잇따라 배출되었던 이슬람측의 끊임없는 공세에 이들은 그 적은 병력으로 어떻게 방어할 수 있었을까, 이것이 내가 가진 의문이었다.

　그 결과, 중근동의 '프랑크인'들이 새로운 십자군 원정이라는 '지원' 없이도 압도적인 힘을 꾸준히 키워온 이슬람 세력을 방어할 수 있었던 것은, 종교 기사단, 성채, 그리고 경제교류와 해군력이라는 '대항 수단'을 활용했기 때문이 아니었을까 생각하게 되었다.

종교 기사단

앞에서도 설명했지만, 신에게 평생을 바친 수도사이자 신을 위해 싸우는 기사이기도 한 남자들을 결집한 종교 기사단은 십자군 시대의 특산물이다.

이들의 대표격을 꼽는다면 당시의 그리스도교도들이 '성지'라고 부르던 중근동을 본거지로 하고 이 성지를 지키기 위해 창설된 템플 기사단과 성 요한 기사단을 들 수 있다.

제3차 십자군 시대에는 새로이 튜턴 기사단이 창설되는데, 이들은 독일 기사단이라는 별칭이 보여주듯이 창설 이유와 활동 범위가 독일 황제와의 관계에 한정되기 때문에, 성지 방어에 대한 공헌도에서는 위의 두 종교 기사단에 훨씬 미치지 못한다.

그러므로 종교 기사단은 십자군 시대의 산물이라 해도 아무런 토대 없이 갑자기 출현한 조직은 아니었다.

중세 유럽은 봉건제도와 수도원의 시대라고 할 정도로, 수도사들의 모임인 수도회의 힘이 굉장히 강했다. 봉건제후가 황제와 왕에게서 영지를 하사받은 게 아니라 각자가 영지의 원래 주인이기 때문에 강할 수 있었던 것처럼, 수도회의 힘도 그 독립성에 있었다.

다수의 수도회를 거느리고 있던 클뤼니나 시토 같은 수도회도 소재지를 관할하는 주교나 대주교의 지휘를 받지 않았다. 또한 봉건영주의 지배도 받지 않았을뿐더러, 그들의 우두머리이기도 한 황제와 왕의 명령에 복종할 필요도 없었다. 수도회가 유일하게 복종해야 할 대상은 로마에 있는 교황뿐이었다.

또한 중세에는 로마 교황의 지도를 청해도 답을 받기까지 유럽 내에서는 빨라야 한 달, 유럽과 중근동 사이에는 두 달 이상의 시간이 걸렸다. 그것도 로마 교황이 받자마자 그 자리에서 답변을 써 보냈을 때의 이야기다.

이런 상황에서는 각지의 수도회가 자주적으로 판단하고 그에 기초해 자율적으로 행동하는 것이 지극히 자연스러운 일이었다. 이 때문에 수도회에 속한 수도사들의 능력이 향상되었고, 따라서 수도회의 힘도 더욱 강해졌던 것이다.

중근동의 십자군 국가에서 생겨난 양대 종교 기사단인 템플 기사단과 성 요한 기사단 역시 세속의 삶을 버리고 수도사가 된 남자들의 집단이다. 유럽에 있는 동종의 수도회와 다른 점은 오직 한 가지, 이슬람교도를 상대로 싸운다는 것뿐이었다. 그런데도 이 양대 종교 기사단은 본부를 예루살렘에 두었음에도 예루살렘의 대주교가 내리는 명령도, 예루살렘 왕의 명령도 따를 필요가 없었다. 사실상 완전히 독립된 집단이었다. 이와 관련해 누레딘이 이끄는 다마스쿠스군이 접근해온다는 정보를 입수한 그들이 어떻게 움직였을지 상상해보자.

예루살렘 왕과 공동으로 싸워야 할지 말지 로마 교황에게 지시를 받고 싶어도 그 전에 당장 행동을 개시하지 않으면 모두 죽임을 당하고 만다. 이것이 그들이 처한 상황이었다. 자주적으로 판단하고 자율적으로 행동할 수밖에 없었던 것이다.

그러나 바로 이러한 독립성 덕분에 종교 기사단은 수세로 돌아선 십자군 국가의 '칼'이 될 수 있었다. 평화로운 시대에는 칼을 빼지 않고 차고 있는 것만으로도 억지력이 된다. 하지만 난세에는 유사시에 주저 없이 칼을 빼지 않으면 곧장 죽임을 당하는 것이다.

십자군 국가의 두 자루 '칼'인 템플 기사단과 성 요한 기사단이 전투 집단으로 창설된 시기는 1118년이다. 1118년은 제1차 십자군 세대의 마지막 인물인 예루살렘 왕 보두앵 1세가 죽은 해이고, 그때까지 20년 동안 확립한 십자군 국가들이 수세로 돌아서는 경계가 된 해이기도 하다. 이러한 사실이 보여주는 것처럼, 종교 기사단은 수세로 돌아선 시대의 중근동 십자군 세력을 상징하는 존재였다.

앞서 본 연표에서도 알 수 있듯이, 중근동의 십자군 세력이 수세로 돌아선 해인 1118년부터 제2차 십자군이 원정해오는 1148년까지는 30년의 기간이 있다. 게다가 제2차 십자군이 패배하고 유럽으로 돌아간 이후 제3차 십자군이 오기까지도 약 40년이 걸렸다.
새로운 십자군 원정이란 곧 유럽에서 새로운 병력이 대량으로 투입되는 것을 말한다. 하지만 그들도 일이 년간 체류한 뒤 귀국해버린다. 그들이 돌아간 후 30년에 또 40년……

그 기간 동안 중근동의 그리스도교 세력은 자력으로 스스로를 방어하지 않으면 안 되었다. 그것도 만성적인 병력 부족에 시달리는 가운데. 더군다나 장기, 누레딘, 살라딘으로 이어지는 뛰어난 지도자들 밑에서 이슬람측의 힘이 날로 결집되어가는 가운데서.

절망적이라고 해도 좋은 이러한 상황에서 계속 최전선에 섰던 것이 종교 기사단이었다. 가장 많았던 시기에도 5백 명이 채 안 되었으니 많은 수는 아니었다. 따라서 제아무리 독자성을 갖고 있었다 해도 공격 후 점령으로 이어갈 만한 군사력은 없었다.

그래도 요격을 위한 군사력은 위력을 발휘했다. 왜냐하면 이들은 전문적인 전사 집단이었고, 무엇보다 유럽으로 돌아갈 생각 같은 것은 아예 없이 '성지'에 뼈를 묻기로 맹세한 남자들이었기 때문이다. 그에 따라 아주 자연스럽게, 수세로 돌아선 국가가 가장 필요로 하는 방어를 최대목표로 삼은 상설 군사력 역할을 하게 되었다.

양대 종교 기사단 중에서 당시에나 후세에나 좀더 많은 주목을 받은 것은 템플 기사단일 것이다. 그것은 템플 기사단이 성 요한 기사단에 비해 보다 광신적이고 결말도 더 극적이고 비극적이어서 대중의 흥미를 더욱 강력하게 자극하는 존재였기 때문이다.

'템플 기사단'

'템플 기사단'은 창설 때부터 이교도 이슬람의 괴멸을 전면에 내세웠던, 오로지 전투만을 위한 집단이었다. 본부를 둔 곳은 예루살렘 안에서도 기원전 유대시대에 유대교 신전과 솔로몬의 왕궁이 있었던 장소로, '템플(성전)' 기사단이라는 이름은 여기에서 유래한다.

이곳은 셀주크투르크가 지배했을 때는 교회로 바뀌었고, 이슬람 세력이 정복한 후에는 '알 아크사'라는 이름의 모스크로 바뀌었으며, 십자군에 의해 예루살렘이 '해방'된 후에는 예루살렘 왕과 템플 기사단이 나누어 썼다. 이렇듯 3대 일신교의 공통된 성도라는 예루살렘 특유의 복잡한 사정을 지닌 곳이기도 했다. 이런 지역에 태연히 본부를 차렸다는 것, 또한 그 이름만 들어도 복잡한 사정을 지닌 곳이라는 것을 누구나 알 수 있게 '템플 기사단'이라고 태연히 명명한 것만 봐도 이 기사단의 성격을 짐작할 수 있다.

기사단장의 이름은 창설된 해인 1118년부터 괴멸된 해인 1314년까지 23명 모두 밝혀져 있다. 하지만 그 밑에 있던 사람들의 이름은 대부분 알려져 있지 않다. 다른 수도원의 경우와 마찬가지로 기사는 수도회에 들어가는 순간 이름도 얼굴도 없는 존재가 되기 때문이다. 수도사라면 당연히 속세와의 인연을 끊어야 하고, 종교 기사단도 이 규칙을 따랐다. 따라서 오직 이교도를 상대로 전투하는 것을 목표로 내세운 템플 기사단의 단원은 '프라(수도사) ○○'로만 불렸고, 죽으면 남는 것은 세례명뿐이었다.

수도복은 흰옷의 가슴에 붉은 십자를 붙인 유니폼이 다였다. 가난을 감수하고 신에게 절대 복종을 서약하며 평생 독신을 지킨다는 수도사의 3대 서약은 다른 수도사들과 다르지 않지만, 템플 기사단의 단원들에게는 여기에 '이교도 박멸'이 더해진다.

속세에 있던 시절의 사회적 지위를 보면, 템플 기사단의 단원들 대부분은 봉건제도가 지배하던 유럽사회의 하층에 속한 남자들이었다.

중세 유럽사회에서 '기사'란 전투를 직업으로 하는 사람을 가리키지만, 템플 기사단 단원들 중에는 기사이긴 하지만 봉건제후의 부하는 아닌 이들, 일본식으로 말하자면 떠돌이 무사가 많지 않았을까 싶다. 당시에는 교육과 교양이 성직자 계급이나 상류층의 전유물이었기 때문에, 템플 기사단의 기사들 중 무학인 자가 많았던 것은 속세에 있던 시절의 환경 탓이었는지도 모른다.

그러나 그들도 중세 유럽사회의 서민과 유사하게 신앙심이 깊었다. 스스로 지원하여 중근동에 왔고, 긍지를 갖고 흰옷에 붉은 십자를 붙인 제복을 몸에 걸쳤으며, 최후의 순간에는 당당히 가슴에 이교도의 칼을 맞고 죽었다. 그리고 무덤도, 이름과 얼굴도 없이 고향에서 멀리 떨어진 오리엔트의 흙이 되었다.

투구를 써서 얼굴이 보이지 않는 모습의 템플 기사단 남자들의 군상으로 이 책의 표지를 장식한 것도, 이런 느낌이야말로 그들을 표현하는 데 가장 잘 어울린다고 생각했기 때문이다.

이런 남자들의 집단인 템플 기사단에게, 유럽에 사는 그리스도교도들로부터 기부와 유증(遺贈)이 집중되었다. 그리스도교도 모두의 성지인 팔레스티나와 성도 예루살렘을 지키기 위해, 유럽으로 돌아가는 것도 거부하고 적과 끊임없이 싸우고 있는 것이 종교 기사단의 기사들이었기 때문이다.

기부는 경작지나 건물 같은 부동산과 현금, 그 밖의 동산으로 나뉘었는데, 템플 기사단은 경작지는 중근동으로 가져갈 밀을 경작하는 데 썼지만 건물은 팔아서 현금으로 바꾸었다. 즉 부동산을 활용하는 데는 그다지 관심이 없었던 것이다.

십자군 국가에 설립된 종교 기사단도 유럽에 있는 수도원과 마찬가지로 입단할 때 개인 재산을 기부하는 것이 규칙이었다. 그러나 템플 기사단에는 역대 기사단장 같은 상층 계급 출신이 적었다. 입단 기부를 기대할 수 없는 템플 기사단은 일반인들로부터 받은 기부를 기사단의 운영비로 사용하는 수밖에 없었으므로, 현금 기부는 무척 고마운 것이었다.

그러나 창설하고 30년이 지나 기사단의 실적이 유럽에 널리 알려지게 되자 기사단에 필요한 경비를 뛰어넘는 기부금이 모였다. 템플 기사단은 그것을 투자로 돌리기로 한다. 이 무렵부터 본부에는 금융 담당이라고 할 만한 부서가 생기고, 금융 업무를 전문으로 하는 사람까지 두게 되었다. 팔 물건을 생산하는 게 아니니 교역 업무라 할 수는 없었다. 그들에게 '팔 물건'이란 '돈'이었고, 중세시대에 이런 유의 '게임'에 참여한다는 것은 대금업을 의미했다.

돈을 빌려준 상대 중에는 십자군 국가의 왕이나 소영주도 있었지만, 그들이 죽여야 하는 이슬람교도들도 있었다. 이것이 훗날 그들에게 찾아오는 비극의 한 요인이 되는데, 당시 금융업에 착수한 것은 어디까지나 기사단의 운영비를 확보하기 위해서였다.

기사들은 무료봉사이기 때문에 급료를 지불할 필요가 없었지만, 그 외에도 종교 기사단을 운영하는 데는 막대한 자금이 필요했다.

아무리 무급이라 해도 기사들이 생활하고 활동하기 위한 비용은 빼놓을 수 없다.

우선 중무장 기병의 이름에 부끄럽지 않은 수준의 강철 갑옷과 투구부터 칼과 창, 방패에 이르는 무구 전반을 갖춰야 했다. 게다가 갑옷 한 벌로는 충분하지 않기 때문에 네 벌에서 다섯 벌까지 상시 비축해 놓아야 한다. 그리고 그 모든 것이 서유럽제다. 현지 대장간에서는 수리 정도밖에 할 수 없었으므로, 질 좋은 것을 구비하려면 이탈리아 상인들로부터 유럽산 물건을 사는 수밖에 없었다.

기사에게 없어서는 안 되는 말도 유럽에서의 수입에 의존했다. 아랍 말은 중근동에서도 구할 수 있었지만, 무거운 갑옷과 투구를 착용한 기사를 태우고 전장에서 질주하기에는 너무 우아하고 아름답기만 했다. 또한 말의 체격도 유럽 프리지안 말보다 작았다. 종교 기사단의 마구간에 매여 있는 아랍 말들은 경무장한 종사(從士)가 탔다. 그러니까 말 구입비만으로도 상당한 비용이 들었던 셈이다.

또한 기사에게는 통상 세 명에서 다섯 명의 종사가 붙는다. 경무장한 기병인 경우도 있지만 보통은 보병이다. 유럽에서 데려온 경우든, 그리스도교로 개종한 투르크인을 현지에서 고용한 경우든, 이 종사들에게는 무구와 음식과 거처를 마련해주는 것은 물론 급료까지 지불해야 했다.

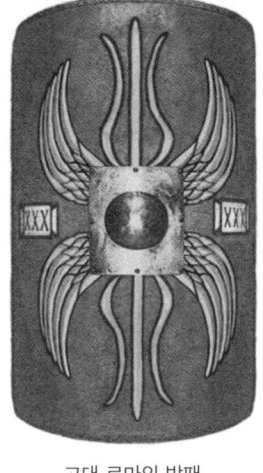

고대 그리스의 방패
(약 60×60센티미터)

고대 로마의 방패
(약 60×90센티미터)

템플 기사단의 방패
(약 60×120센티미터)

급료를 지불하지 않으면 만족할 만한 서비스를 기대할 수 없었던 사람 중에는, 기병에게 더할 나위 없이 중요한 말을 보살피는 마부가 있다. 마부도 기사 한 명에 여러 명이 따르는 것이 보통인데, 이는 설령 모시는 기사가 한 명일지라도 말은 예비 말까지 포함해 여러 마리를 보살펴야 했기 때문이다. 마부는 자신의 주인 격인 기사의 시중을 드는 하인 역할도 겸했다.

이외에도 기사단 내부에는 여러 가지 일에 종사하는 사람들이 있었다. 따라서 템플 기사단이 거느리는 기사의 수가 3백 명으로 기록되어 있어도 실제로 기사단에 소속된 이들은 그것의 열 배가 넘었고, 그 모두에게 필요한 비용은 템플 기사단이 부담해야 했던 것이다.

이 밖에도 각지에 흩어져 있는 기사단 소속의 성채를 건설하는 비용과, 복구와 강화에 필요한 비용 등이 또 막대하게 들었다.

요컨대 종교 기사단이라고 해도 조직인 이상 운영에 필요한 비용이 상당한 액수였던 것이다. 기부 받은 돈을 여기저기에 나누어 써버려도 그만이지만 투자로 돌리면 늘어나서 돌아올 거라고 생각한 건 사회의 하층 계급 출신이 대부분인 템플 기사단에게 어쩔 수 없는 일이었다고도 할 수 있다.

그러나 고리로 돈을 빌려주는 것, 그리고 빌려준 상대가 이슬람교도라는 이유로 그들과의 싸움을 피하는 일이 반복되면, 이슬람 세력의 괴멸을 내세우며 창설된 기사단의 방향이 아무래도 너무 엇나갔다는 느낌을 지울 수 없다. 그래도 이런 것들을 생각하지 않고, 전장에서 싸우는 모습만 본다면 아무도 불평할 수 없을 만큼 그들은 용감무쌍했다. 그들에게 용기만은 부족하지 않았던 것이다. 아니, 용기 한 가지라면 그 누구보다 뛰어났다.

이러한 성격을 가진 템플 기사단은 기사단의 모토를 스스로 생각해내지 못했다. 아마도 템플 기사단에는 그런 생각을 해낼 능력 자체가 부족했을 것이다. 그래서 이론 면에서의 무장도 외부에 기댈 수밖에 없었기에, 그들은 제2차 십자군의 제창자였던 성 베르나르두스가 해준 말을 그대로 따라서 외쳤다.

162

"이슬람교도는 악마의 화신이다. 그들에 대한 해결책은 한 가지밖에 없다. 박멸이 그것이다. 죽여라! 죽여라! 그리고 만약 필요할 때는 그리스도의 이름을 부르면서 죽는 것이다."

이렇게 말한 사람은 죽은 후 얼마 지나지 않아 로마 교황에 의해, 그리스도교도가 모범으로 삼아야 할 인물로서 성인의 반열에 오른다. 신앙심 깊고 용기도 보통 사람의 두 배인 소박한 중세의 남자들이 "죽여라, 죽여라"고만 외치게 된 것도 무리가 아니었던 것이다. 템플 기사단의 군사행동을 좇다보면 재빨리 나가서 죽이고 재빨리 돌아오는 유형이 많다. 역사 연구자 중에는 이들을 현대의 군대로 치면 특수부대 격이라고 단언하는 사람도 있는데, 천 년 전의 이 특수부대 대원 중에는 프랑스 출신이 압도적으로 많았다.

같은 시대, 같은 지역에서 태어나고 죽어간 남자들이지만 성 요한 기사단의 경우는 그 성격이 상당히 다르다.

'병원 기사단'

우선 흰옷에 커다란 붉은 십자를 붙인 제복으로 통일한 템플 기사단에 비해, 성 요한 기사단은 검은 옷의 가슴에 흰 십자 모양만 남기고 나머지를 붉은색으로 염색한 천을 붙이거나, 검은 옷 위에 흰색 십자를 붙여 제복으로 삼았다. 전투를 나갈 때는 흉갑을 착용하는데, 템플 기사단이 그 위에 흰색 바탕에 붉은색 십자를 붙인 옷을 걸쳤다면 붉은색 바탕에 흰색 십자는 성 요한 기사단 기사들의 표시였다.

또한 시내를 걸을 때, 즉 일하지 않을 때에도 템플 기사단의 기사들은 가슴에 커다란 붉은색 십자가 있는 흰색 제복을 입고 기세등등하게 가슴을 펴고 걸었다. '템플 기사단'의 기사들은 유니폼에 대한 집착이 강했다.

그런데 성 요한 기사단의 기사들은 검은색이나 갈색의 평범한 수도복을 걸칠 뿐이어서, 가슴 부분에 조그맣게 수놓은 흰색 십자로 간신히 성 요한 기사단의 기사라는 것을 알아볼 수 있었다. 그렇지만 그들은 유럽사회의 상층 계급에서 태어난 남자들인 만큼, 숙소로 돌아오면 비록 소박한 요리라도 집안 대대로 내려오는 문장이 새겨진 은식기에 담아 식사를 했다.

성 요한 기사단이 창설된 시기는 템플 기사단보다 반세기 이상 이르다. 아직 예루살렘이 이슬람의 지배하에 있던 시대 서유럽에서 예루살렘으로 순례를 오는 그리스도교도를 위해, 이탈리아의 해양 도시국가 중 첫번째 주자였던 아말피의 상인들이 의료를 베푸는 병원을 건설한 것이 그 시작이다. 따라서 그들의 병원은 순례자들이 가장 먼저 찾는 예수 그리스도의 묘 위에 세워진 성묘교회 바로 근처에 있었다. 요컨대 성 요한 기사단은 세례자 요한을 수호성인으로 받드는 의사들의 집단으로 시작한 것이다.

그러다가 템플 기사단이 창설된 1118년, 즉 중근동의 십자군 세력이 수세로 돌아선 시기부터는 의료에 더해 이교도에 대한 방어를 목적으로 내세운 기사 집단으로 이행한다. 다시 말해 그때까지는 의사 지원

십자군 시대 기사단의 무구

자만 받아들였지만 이후에는 의사만이 아니라 기사 지원자도 받아들이게 된 것이다.

템플 기사단과 다른 점은 기사를 지원하는 자 중 귀족 출신만 받아들였다는 것이다. 봉건제후의 차남이나 삼남, 또는 그 일족에 해당하는 중세 유럽사회의 상층부에 속하는 남자들로 한정한 것이다. 이와 관련된 주변 사정은 『로도스 섬 공방전』에 쓴 대로다. 하지만 이렇게 되면 많은 지원자를 기대할 수 없다. 성 요한 기사단의 기사 수가 템플 기사단 소속의 기사 수보다 항시 적었다는 당시의 기록은 이러한 사정을 보여준다.

그러나 기사를 귀족 출신으로 한정한 것은, 템플 기사단을 능가하는 대형 기사단이 될 수 없다는 단점을 보완하고도 남을 만한 이점이 있었다.

사회 상층부인 귀족으로 태어난 그들은 당시로서는 비교적 '학식'이 있는 사람들이었다. 그리고 그 교양은 흔히 균형감각으로 이어졌다. 자기 통제에 뛰어났다는 것이다. 그러한 점이 종종 폭도 같은 모습을 보이던 템플 기사단과 이들을 구별해준 것이 아닐까 싶다.

나는 지금까지 정식으로는 '성 요한 병원 기사단'으로 칭해지는 이 기사단의 명칭을 '성 요한 기사단'이라고 줄여 써왔다. 이 기사단에 대해서는 이미 『로도스 섬 공방전』에서 그 시대에 '로도스 기사단'으로 통칭되던 모습을 그린 바 있고, 『로마 멸망 이후의 지중해 세계』 하권에서는 '몰타 기사단'으로 불리던 이 기사단이 투르크제국을 상대로 벌인 장렬한 공방전을 그렸다. 이렇듯 본거지가 바뀔 때마다 명칭도 바뀌었기 때문에 여기서는 '성 요한 기사단'으로 통일하기로 한 것이다.

그러나 이들의 본거지가 중근동에 있던 십자군 시대를 서술할 때는 '병원 기사단'으로 부르는 것이 그 본질을 더욱 명확히 나타내는 게 아닐까 하는 생각이 차츰 든다. 게다가 그리스도교측의 기록이든 이슬람측의 사료든 '병원 기사단'으로 기록한 예가 더 많다. 왜냐하면 이슬람을 상대로 전투만 해온 '템플 기사단'에 비해, '병원 기사단'은 이슬람을 상대로 싸우면서도 순례자들에 대한 의료봉사를 이전과 다름없이 계속했기 때문이다.

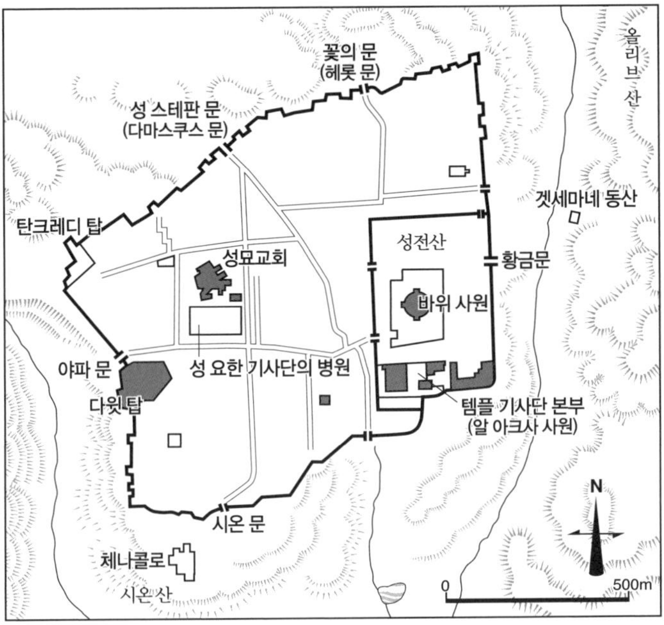

그리스도교 지배하의 예루살렘 시가도

어쨌든 기사 집단으로 이행한 후에도 이들은 의사를 기사 아래의 존재로 보지 않았다. 기사도 가능하면 일주일에 한 번씩, 그게 불가능할 때는 전투에서 돌아온 후 며칠간 의사의 조수로 일하거나 병원에 수용된 환자들을 보살피는 것이 의무였다. 바꿔 말해 '성 요한 병원 기사단'은 수세로 돌아선 십자군 세력의 요망에 부응해 전투 집단으로 이행한 후에도 자신들의 본분을 저버리지 않은 것이다.

이런 성격은 그들이 본부로 삼을 장소에서도 나타난다. '병원 기사단'의 건물에서 가장 넓은 공간은 병실로 쓰는 것이 상례였으므로, 예루살렘에 있는 본부 건물에서 가장 넓은 방도 환자들에게 제공했다. 이슬람측에서도 2천 명의 환자를 치료할 수 있는 병원이라는 점을 높이 평가하여 아랍인이나 투르크인 의사까지 시찰하러 찾아왔다.

그러나 전투가 본업인 기사들이 입단한 후에는 말을 둘 만한 넓은 공간이 필요해졌다. 하지만 그들은 그 때문에 본부를 다른 장소로 이전할 생각은 하지 않았다. 본부와 떨어져 있더라도 따로 말을 전문적으로 관리할 만한 장소를 찾기로 한 것이다.

이 시대의 예루살렘은 완전히 그리스도교의 지배하에 있었다. '템플 기사단'처럼 패자 이슬람교도의 모스크든 뭐든 다 몰수해 본부로 삼을 수도 있었다. 하지만 '병원 기사단'은 그렇게 하지 않았다. 템플 기사단이 본부로 삼은 지역에서, 오늘날까지 금색 돔이 유달리 눈에 띄는 '바위 사원'보다 더 많은 이슬람교도의 신앙이 집중되었던 알 아크사의 모스크에서 높은 기도 소리가 울려퍼지던 시대부터, '병원 기사단'은 예루살렘에서 활동해왔던 것이다. 이들에게는 설사 적의 것이라 해도 사람들이 숭상하는 성소에는 손을 대지 않는 것이 좋다는, 종교를 넘어선 지혜가 있었는지도 모른다.

'병원 기사단'은 기부로 받은 부동산과 동산의 사용법도 '템플 기사단'과 달랐다.

농지의 경우, 유럽에 있는 토지는 팔아서 현금으로 바꾸기보다 관리인에게 맡겨 경작하게 하는 것이 보통이었다. 중근동의 땅을 기부 받았을 때는 이슬람교도에게 관리를 맡길 때도 있고, 그 사람을 통해 이슬람교도 농민들에게 경작하게 했다. 그 덕에 밀까지 유럽에서 운반해오던 템플 기사단과 달리 유럽에서 중근동의 운송을 독점하고 있던 이탈리아 선박에 지불할 비용도 적게 들었다.

기부 받은 부동산이 건물일 경우에도 팔아서 현금으로 바꾸기보다는 빌려주고 집세를 얻는 쪽을 택했다. 때문에 병원 기사단이 유럽 지역에 소유하고 있는 부동산은 상당한 수가 되어갔다.

부동산 투자를 중시했기 때문인지 '병원 기사단'은 금융업에는 손을 대지 않았다. 전쟁 비용이라는 이유로 예루살렘 왕에게 융통해주는 일은 가끔 있었지만 대부업에는 저리로도 관여하지 않았다.

기사 수는 '템플 기사단'보다 적다 해도 기사단 운영에 필요한 비용은 다르지 않기 때문에, 막대한 비용이 드는 것은 마찬가지였다.
게다가 소유하고 운영해야 하는 성채의 수는 '병원 기사단' 쪽이 더 많았다. 그렇지만 그 대부분은 이슬람측과의 경계, 즉 변경 지역에 세워져 있는 성채였다. 천 년 후인 지금도 주변을 압도할 만한 위용을 자랑하는 '크락 데 슈발리에'도 '병원 기사단'이 거의 아무것도 없는 상태에서 세워 방어 요새로 삼았던 성채 가운데 하나다. 각지에 흩어져 있는 수많은 성채를 세우고 유지하는 데에도 막대한 비용이 들었을 것이다.

'병원 기사단' 역시 단원이 되면 개인 재산을 기사단에 기증한다는 규칙이 있었다. 귀족 출신이어야 한다는 자격 요건이 있었으니 템플 기사단의 기사보다는 유복했겠지만, 이러한 규칙은 기사 자신의 사유 재산을 기부하는 것이지 그가 속한 가족이나 일족의 재산까지 기부하라는 것은 아니었다. 따라서 이런 자산 기부만 수입원으로 삼았다면 종사나 마부의 급료조차 지불할 수 없었을 것이다. 역시 확실하고 영속적인 재원을 확보하는 것이 불가결했다. 대부업에 손대지 않고 이를 실현할 수 있었던 것은 어떤 제도를 생각해냈기 때문이다.

바로 유럽에 있으면서도 '병원 기사단'의 전사가 될 수 있다는 제도 인데, 말하자면 일본의 '대처승' 같은 것이었다. 이 시스템을 '제3계급'이라고 명명하고 제도화함으로써 신자 수를 대폭 늘린 것이 성 프란체스코인데, 이 아시시의 성자보다 백 년이나 앞서 이런 제도를 생각해낸 것이 '성 요한 병원 기사단'이었다. 아울러 나중에는 추기경이나 왕후(王侯)의 일원까지 '병원 기사단'의 '기사'가 된다. 그리고 유사시에는 이들 '대처승'들이 일제히 움직이는 것이다.

이 제도를 활용함으로써 유럽에 소유하고 있는 부동산의 현명한 운용이 가능해졌다. 한편 '병원 기사단'에서는 '템플 기사단' 쪽에서는 필요하지 않은 약제 구입 비용까지 감당해야 했다.

약을 투여하는 의사도 투여받는 환자도 유럽 출신이 대부분이었던 십자군 시대에는 역시 유럽 약에 대한 집착이 강했던 모양이다. 그래서 '병원 기사단'은 기부 받은 유럽의 경작지 몇 곳에서 계획적으로 약초를 재배하기 시작했다. 그리고 약초를 거두고 건조하여 중근동으로 운반해오기 위한 배도 한두 척 소유하게 된다. 귀중한 약재를 자기

들 배로 직접 운반하고 싶어서였을 것이다. 이는 템플 기사단이 바다에 전혀 관심을 보이지 않았던 것과 좋은 대조를 이루었다. 십자군 세력이 팔레스티나에서 쫓겨난 후에는 이것이 '성 요한 병원 기사단'에게 활로를 열어주게 된다.

'병원 기사단'도 '템플 기사단'이 창설된 1118년 이후에는 이슬람을 상대로 전투하는 것을 목표로 내건다. 하지만 그 기사단을 구성하고 있던 이들의 성격은 위에서 설명한 바와 같았다.

'템플 기사단'의 기사들처럼 "죽여라! 죽여라!"라고 외칠 마음도 들지 않았을 것이고, '성 요한 병원 기사단'의 규칙에 '이교도는 박멸해야 한다' 같은 과격한 문구는 한 마디도 없었다. 또한 아무리 성인의 말일지라도 남이 한 말을 자신들의 근거로 삼지도 않았다. 어쩌면 '성 요한 병원 기사단'은 자신들의 존재의의를 확인하기 위한 이론 무장 같은 것이 필요하지 않은 남자들의 집단이었는지도 모른다.

그들이 남긴 글을 보면 '병원 기사단' 기사들의 속마음에 조금이나마 다가갈 수 있다. 다음에 소개하는 것은 '크락 데 슈발리에' 내부에 있는 회랑을 지탱하는 아치 위에 새겨져 있는 문구다. 원문은 라틴어로 새겨져 있다.

"Sit tibi copia, Sit sapientia, Formaque detur, Inquinat omnia sola, Superbia si comitetur."

의미는 다음과 같다.

"네가 유복한 출신이라면 그것은 그것대로 좋다. 네가 지력을 갖고 태어났다면 그것은 그것대로 좋다. 또한 네가 미모를 갖고 태어났다면 그것도 좋다.

하지만 그중 하나라도 원인이 되어 네가 오만하고 건방져진다면 문제는 달라진다. 왜냐하면 오만과, 오만의 표현인 건방짐은 너 한 사람만이 아니라 네가 관계하는 모든 사람을 해치고 더럽히며 비속화하기 때문이다."

낙서조차 '학식' 있는 사람의 것으로 여겨지던 중세 유럽사회에서 당시의 국제어이기도 한 라틴어로 이와 같이 기록한 남자들이 '병원 기사단'의 기사들이었다. "죽여라! 죽여라!"라고 외치는 '템플 기사단'과는 확실히 달랐다.

'병원 기사단'과 '템플 기사단'은 전투방식도 상당히 달랐다. '병원 기사단' 기사들은 성채에 틀어박혀 있는 시기에, 일시적으로 출격해서 적을 죽이고 돌아오는 식의 전략적으로 그다지 효과가 없는 출격을 강행하는 일이 거의 없었다.

게다가 기사들은 귀중한 전력이다. 그래서 단원인 기사가 이슬람측에 붙잡히기라도 하면 포로를 교환하거나 몸값을 지불해서 되찾아오려고 노력했다. 하지만 비밀리에 이루어져서인지 기사단의 기록에는 전혀 나오지 않는다.

그럼에도 이러한 가설을 생각할 수 있는 것은, 포로가 된 기사를 되찾아왔다는 기록이 없는데도 1년도 지나지 않아 그 기사가 전선에 복귀해 있는 예가 적지 않기 때문이다.

반대로 '템플 기사단'의 경우는 상대가 교환이나 몸값을 요구해도 이를 거부해 이슬람측 감옥에서 죽음을 맞는 자가 적지 않았다. 그런 방법으로 자유를 되찾는 것은 템플 기사단의 기사가 할 행위가 아니라고 생각했기 때문이다.

이 양대 기사단 사이에는 또 하나 큰 차이가 있었다.

바로 기사들의 출신지다. '템플 기사단'은 거의 모든 단원이 프랑스 출신이었다. 그런데 '병원 기사단'은 모두 유럽인, 즉 이슬람교도들의 호칭으로 '프랑크인'인 건 공통적이었지만, 출신지는 유럽 전역에 퍼져 있었다.

그렇지만 십자군의 성격으로 보아 역시 프랑스 태생이 많았다. 그 때문에 프랑스인들을 셋으로 나누어, 프랑스 북부 출신은 일 드 프랑스 부대, 프랑스 중부 출신은 오베르뉴 부대, 프랑스 남부 출신은 프로방스 부대에 배속했다. 그 외에 영국과 독일, 이탈리아 출신자들을 위해서도 각각 다른 부대가 편성되었다. 십자군 시대의 성 요한 기사단에 스페인 출신이 적은 것은 당시 이베리아 반도에서 이슬람교도를 상대로 '재정복(레콘키스타)'이 진행중이었기 때문이다.

이들이 항상 출신지별로 구분해서 행동했던 것은 아니다. 하지만 성채 방어를 위해 이동할 때는 출신지가 가까운 기사들끼리 한 부대를 이루는 일이 많았다.

기사단 자체가 이처럼 다국적인 구성이었기 때문에, 거의 모든 기사단장이 프랑스인이었던 '템플 기사단'과 달리 '병원 기사단'은 기사단장도 반드시 프랑스 태생은 아니었다. 프랑스인 외에 이탈리아와 영국, 독일 출신도 기사단장으로 뽑혔다. 중근동을 넘어 유럽 각지에 흩어져 있는 '대처승'까지 포함한 기사단의 지도자인 이 기사단장 중에는 포르투갈 출신까지 있었다.

'병원 기사단'이 이렇게 구성된 이유는 다음 두 가지인 것으로 보인다.

첫째, 이 기사단의 병원에서 의료에 종사하던 의사들이 민족 구별 없는 혼성부대였기 때문에, 활동의 절반인 전투행위를 하게 된 이후에도 그 전통을 이어간 것이 아닐까 하는 것.

둘째, 중세 유럽에서는 황제나 왕, 봉건제후도 항상 자국의 여자와 결혼한 것은 아니었고, 오히려 타국이나 다른 영지의 지배자와 혼인관계를 맺는 일이 많았다. 결혼이 정략의 일환이었기 때문인데, 이로 인해 결과적으로 전 유럽이 혼혈사회가 되었던 것이다.

귀족 출신이라는 것이 입단 자격이었던 '병원 기사단'의 기사들은 유럽사회 상층부에 속한 사람들이다. 그들 자체도 틀림없이 혼혈이었을 것이고, 독일 출신이 프랑스 출신과 친족관계가 되는 일도 드물지 않았다. 때문에 기사단에서는 공용어인 라틴어를 쓰고 일상어로는 프랑스어를 써도 별 지장이 없는 사람들이었다.

174

하지만 서민의 경우는 가까운 곳에 사는 사람끼리 결혼하는 것이 보통이다. 그래서 프랑스 태생이 태반이었던 '템플 기사단'의 경우는 기사들 사이에서 독일어나 이탈리아어가 통하지 않았으므로, 아주 자연스럽게 공용어와 일상어 모두 프랑스어가 되었을 것이다.

이 양대 기사단의 상호관계를 말하자면, 둘이 늘 협력해 공통의 적인 이슬람교도와 싸우는 사이는 아니었다. 예루살렘 왕의 군대에 가세하여 이슬람 군대를 상대로 싸우는 것은 늘 있는 일이다. 하지만 양대 종교 기사단만 있을 때는 '늘' 그랬던 것은 아니다. 용기를 앞세워 돌출 행동을 하는 경향이 강했던 '템플 기사단'에 비해, '병원 기사단'은 좋은 책략이라고 생각하면 공동으로 싸우고 그렇지 않으면 공동으로 싸우지 않으려 했다.

그럼에도 이 두 종교 기사단은 라이벌인 서로를 도발하는 행위나 적대 행위를 하지는 않았다. 성격을 비롯해 많은 것이 달랐지만, 반격에 나선 이슬람 세력으로부터 십자군 국가를 지킨다는 확고한 목적은 공유하고 있었기 때문이다.

바로 그랬기 때문에 '템플 기사단'과 '병원 기사단'은 수세로 돌아선 십자군 국가의 '칼'이 될 수 있었다. '템플 기사단'과 생활방식이 다르다 해도 '병원 기사단'의 기사들 역시 십자군 시대의 특수부대였기 때문이다.

십자군 시대의 성채

이슬람 문명에 대해 특별한 관심이 있는 것도 아니고, 그렇다고 구약과 신약의 성지를 순례하는 것에 특별히 관심이 있는 것도 아닌 여행자가 중근동을 방문했을 때 가장 먼저 보게 되는 것이, 이 지방에 아직까지 수없이 남아 있는 십자군 시대의 성채다. 중근동이 영국과 프랑스의 지배하에 들어가 별다른 위험 없이 이 지방을 여행할 수 있게 된 19세기 말부터 20세기에 걸쳐, 유럽인들 사이에서는 십자군 시대의 성채 연구가 눈에 띄게 활발해졌다.

초기 연구자들은 이 성채들의 건축양식이 비잔틴제국 성채의 영향을 강하게 받았다고 생각했다.

그런데 1914년에 발발한 제1차 세계대전이 시작되기 얼마 전, 옥스퍼드 대학 출신의 한 연구자가 이에 이론을 제기했다. 그는 영국과 프랑스의 중세시대 성을 조사한 뒤 중근동에서의 실지답사를 통해 얻은 생각에 기초해 쓴 연구논문에서, 십자군 시대의 성채 대부분이 비잔틴제국이 아니라 동시대 유럽 성채의 영향을 받아 지어진 것이라고 주장한 것이다.

이 젊은 학도의 이름은 T. E. Lawrence. 이후 '아라비아의 로렌스'라는 이름으로 유명해진 사람이다. 나중에 로렌스는 역사학이 아닌 다른 방향으로 나아가고 말았지만, 그의 주장은 이후의 십자군 연구를 바꾸어놓게 된다.

그 이후로 십자군 시대의 성채 연구자들은 중근동의 성채 연구뿐 아니라 동시대 유럽의 성채까지 염두에 두어야 했다. 기존 개념에 사로잡히지 않고 자신의 발과 머리와 눈을 믿었던 아라비아의 로렌스가 역사계에 남긴 선물이었다.

그리고, 이를 통해 많은 것이 밝혀졌다.

12세기에 들어선 후 중근동에 속속 건설된 십자군 관련 성채는 처음 한동안은 동시대 유럽의 성채 건축에서 영향을 받았다는 것. 그러나 12세기 후반부터는 완전히 독자적인 건축양식을 확립했고, 13세기에 들어서는 오히려 유럽에 세워지는 성채가 중근동에 세워진 십자군 성채의 영향을 강하게 받게 되었다는 사실이 판명된 것이다.

1150년부터 1200년에 이르는 시기를 뜻하는 12세기 후반은, 1148년의 제2차 십자군과 1190년의 제3차 십자군 사이 40년의 기간을 포함한다.

독일 황제와 프랑스 왕이 직접 이끌고 왔음에도 어이없을 정도로 허망하게 실패로 끝나버린 제2차 십자군이 유럽으로 돌아간 후, 그들이 남긴 악영향에 시달리던 시대였다.

게다가 제2차 십자군이 생각지 못하게 실패로 끝나자 유럽에서는 십자군 열기가 식어버렸고, 황제와 왕, 제후는 더이상 십자군을 거론하고 싶지도 않은 심경이 되었다. 중근동의 십자군 국가의 입장에서 이것은 대규모 병력이 새로이 투입될 가능성을 기대할 수 없게 되었다는 것, 중근동의 십자군 국가를 괴롭히던 만성적인 병력 부족이 앞으로 조금도 해소되지 못한다는 것을 의미했다. 그에 덧붙여 이들의 중심이 되어야 할 예루살렘 왕을 비롯한 십자군 국가의 수뇌부가 약체 지도자들로 채워지는 불행도 겹쳤다.

반대로 이슬람측에는 장기, 누레딘, 그리고 머지않아 등장하는 살라딘까지 유능하고 강력한 지도자가 연이어 배출되었다. '템플 기사단'과 '병원 기사단' 등의 상설 병력이 건투했지만 애석하게도 그들은 수가 적었다. 즉 전투에서 힘을 발휘하는 특수부대라면 몰라도, 전쟁의 결과를 좌우할 수 있는 군대는 될 수 없었던 것이다.

이러한 상황에서 적은 병력을 효율적으로 활용할 수 있는 수단인 성채가 활발하게 건설된 것은 당연하다. 중근동의 십자군 관련 성채의 대부분은 이 12세기 후반 반세기 동안 집중적으로 세워졌다.
그 결과 중근동 십자군 국가의 성채는 동시대 유럽의 성채를 훨씬 뛰어넘는 완성도를 보이기에 이르렀다. 필요에 쫓겼기 때문에 기능적으로도 뛰어난 성채를 만들게 된 것이다.

덧붙여 말하면 이처럼 완성된 성채 건축법을 유럽으로 가져가 직접 성채를 지은 사람은, 12세기 말 제3차 십자군을 이끌고 오는 영국의 사자심왕 리처드다.

그러나 성채라고 형태가 모두 같은 것은 아니다. 건설되는 지역에 따라 달라지는 것은 물론이고, 나아가 그 성채를 지키는 사람이 누구

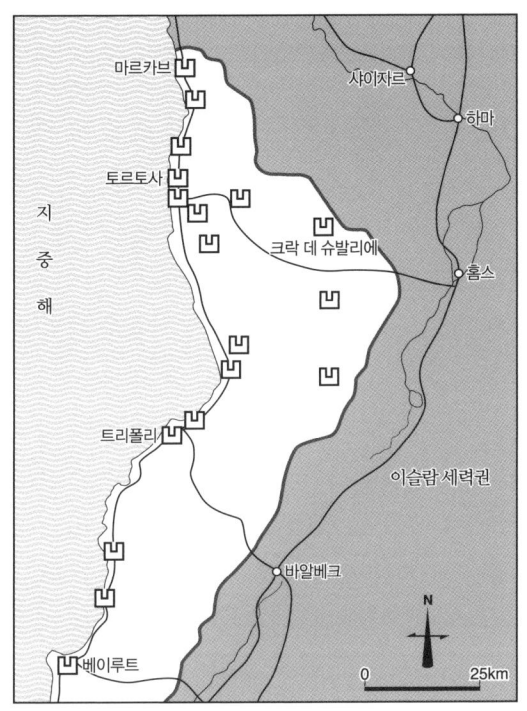

크락 데 슈발리에와 주변의 주요도시 및 성채

인가에 따라서도 달라진다.

　중근동의 십자군 관련 성채는 크게 내륙에 있는 것과 해안에 있는 것으로 양분된다.

　내륙에 세워진 성채는 '병원 기사단'의 성채로도 유명한 '크락 데 슈발리에'가 대표적인데, 이것은 방어와 공격의 거점이 될 뿐만 아니라 거대한 성채에서 느껴지는 위용으로 적을 두렵게 만드는 목적도 있었다. 이 세 가지 목적을 유기적으로 활용함으로써 성채가 서 있는 일대까지 지배하에 두는 것이 내륙에 세워진 성채의 존재이유였다.

한편 해안에 세워진 성채는 대부분이 항구도시의 한 구획을 차지하고 있는 것으로 볼 때, 공격기지보다 방어의 거점이라는 목적이 더 강했다고 할 수 있다. 즉 성채의 위용을 보여줌으로써 그곳을 중심으로 펼쳐진 항구도시의 방어에 보탬이 되려 한 것이다.

이런 성채의 좋은 예를 하나로 좁히는 것은 무척 어려운 일이다. 시리아와 팔레스티나 해안을 따라 염주처럼 늘어선 항구도시의 대부분이 이런 유의 성채로 방비되었다. 이런 유형의 성채는 성벽으로 둘러싸인 시가지 안에 또다시 성벽을 지어놓아, 성채를 함락하지 않고는 항구도시를 공략할 수 없었다.

그러나 같은 중근동에서 얼굴을 맞대고 있었으면서, 왜 그리스도교도측만 성채를 짓는 데 열심이었을까 의문이 들기도 한다. 왜냐하면 이슬람 세력이 있는 동방을 주시하는 형태로 십자군측의 성채가 차례차례 건설되는 와중에도 이슬람측에서는 그에 대항해 성채를 건설하려는 움직임을 보이지 않았던 것이다.

결론부터 말하자면 이것은 쌍방의 '문화' 차이에 의한 것이었다.

앞서 말했듯이 중세 유럽의 유력자들은 성채를 평상시의 거처로 삼

180

는 것에 익숙했다. 반면 이슬람 세계에서는 유력자 정도 되면 도시 안에 거주하는 것을 선호했고 주거지는 널찍한 정원 안에다 짓곤 했다.

정원에는 맑은 물이 흐르고 수목이 자랐으며 각양각색의 꽃이 흐드러지게 피어 있을 뿐 아니라 새까지 날아다녔다. 이것이 다름아닌 이슬람교도의 낙원이고, 유력자라면 이 지상낙원에 사는 것이 당연하게 생각되었다. 방 안에 물이 흐르게 해서 냉방을 했다고 하는데, 그래서 과연 숙면을 취할 수 있었을지 웃음이 나오기도 하지만, 금욕적인 서구식 주거 환경보다 훨씬 쾌적했던 것은 사실이다.

그래서 이슬람 세계의 유력자인 술탄과 각지의 태수들은 도시 밖에 성채를 짓는다 해도 절대 그곳을 평상시의 주거지로 삼으려 하지는 않았고, 감시나 파수에 쓰는 게 고작이었다. 따라서 설사 십자군측의 성채 공략에 성공한다 해도 그리스도교도처럼 그곳을 방어나 공격 기지로 활용할 생각은 하지 않았던 것이다.

이슬람교도가 생각하는 군사행동이란 성채 같은 거점을 활용하는 것이 아니라 도시 내에서 군대를 편성해 전장에 한꺼번에 투입하는 것이었다. 이런 이슬람측이 성채를 유럽인과 다르게 생각한 것은 당연한 일이었다.

그리고 또 한 가지, 서방(옥시텐트) 사람들은 어떤 상황과 환경에서든 무언가를 건설하는 것 자체를 좋아했던 것으로 보인다. 중근동을 여행하다보면 유적 중에서도 십자군 시대의 성채가 눈에 띈다는 것은 앞서도 말했지만, 다른 유적이 뭐가 있나 보면 거의 고대 로마시대의 것들이다.

반대로 동방(오리엔트) 사람들은 건설이라는 것 자체에 큰 열정이 없었던 것으로 보인다. 원래 유랑민이었기 때문인지 몰라도.

이러한 사정 때문에 중근동의 성채는 거의 다 십자군측의 것이라 해도 좋은 상황이었다.

그렇다면 중근동에 사는 그리스도교도들은 어떤 방식으로 이러한 성채들을 세웠을까.

먼저 생각해야 하는 것은 어디에 세우는가이다. 방어와 감시를 중시해 높은 산 위에 세우는 것이 능사는 아니다. 적이 습격해오는 것도 불편하지만 이쪽에서 출격하기에도 불편하기 때문이다. 그래서 적당한 고지를 골라야 했는데, 이미 감시탑이 세워져 있는 곳 등이 참고가 되었다.

내륙부 성채의 전형인 '크락 데 슈발리에'도 원래는 내륙부와 항구 도시 사이를 왕복하는 대상(隊商)에게서 통행료를 걷기 위해 그 주변 일대를 영유하던 이슬람교도의 영주가 세운 것이었다. 그것이 그리스도교도의 것이 된 것은 제1차 십자군 시대부터다. 요새에 지나지 않았던 이곳을 처음으로 성채로 만든 사람은 제1차 십자군 시대 안티오키아 공작령의 섭정을 맡고 있던 탄크레디였다.

그후 성채는 트리폴리 백작령의 소유가 되었는데, 트리폴리 백작은 자신의 자금력으로는 감당할 수 없어 '병원 기사단'에 양도하게 된다. 산 위의 위풍당당한 성채로 변모한 것은 그 시기 대대적인 개조 작업을 감행한 결과다.

이들에게는 '쓸모없이 방치된 성채는 곧 절반 정도 완성된 성채다'

라는 말이 있다. 즉 이들은 이슬람측의 것이든 비잔틴제국 시대의 것이든 훨씬 이전인 고대 로마시대의 것이든 가리지 않고 이용했던 것이다. 석재를 다른 용도에 사용할 수도 있었고, 이미 그 지역에 건축물이 있다는 것은 그곳의 입지 조건이 확실하다는 것을 보여주기 때문이다.

'크락 데 슈발리에'는 지중해 동쪽에서 35킬로미터 지점 해발 650미터 높이의, 항구도시 트리폴리와 내륙부의 물산 집결지 중 하나였던 홈스를 잇는 길을 감시할 수 있는 위치에 있었다.

어느 지점에 건설할지 정하면 다음으로 지반 다지기에 들어간다. 위에 세울 건물의 상당한 중량을 견딜 만한 견고한 지반이 필요하기 때문이다. 게다가 유럽에서는 고려할 필요가 없는 지진에 대한 대책도 잊어서는 안 되었다. 중근동은 지진 다발 지대이기도 했다.

물의 확보 역시 중근동에서 매우 중요한 과제였다. 성채를 건설하는 곳이 어디든 이들은 물을 확보하는 데 온갖 노력을 기울였다. 지하수나 우물만으로는 충분하지 않기 때문에, 결국 가장 일반적으로 이용된 방법은 저수조를, 그것도 상당히 규모가 큰 저수조를 완비하는 일이었다. 비는 중근동에도 공평하게 내리므로 그것을 한 방울이라도 헛되이 하지 않으려는 대책이었다. 따라서 대부분의 성채는 지하에 거대한 저수조를 갖추고 있었다.

즉, 성채를 건설할 때 맨 처음 하는 공사는 대규모 저수조를 만드는 것이었다.

저수조를 중요시하면 그에 따라 배수도 중요해진다. 배수는 역병에

성채 내에 축조된 저수조

대한 대책이기도 했으므로 농성전을 고려해야 하는 성채에 무시할 수 없는 것이었다. 성채 안에 사는 사람들은 한낱 마부라도 유사시에 전력이 될 수 있다. 그들을 병으로 잃는 것만큼 성채를 짓는 목적에 반하는 것은 없었던 것이다.

　지금까지의 과정이 확실해져야 비로소 성채 바깥쪽을 둘러싸는 깊은 해자를 파는 작업에 착수하게 된다.
　적의 공격 속도를 억제하기 위해 해자를 파는 일은 중과부적이 예사인 십자군 세력에게 굉장히 중요한 일이었다. 동시대 유럽에서는 성채의 해자가 한 겹이었던 것에 반해 중근동 십자군 국가에서는 대부분의 주요 성채에 해자를 이중으로 둘러쳤다.

다만 해안에서는 해수를 끌어들일 수 있다 해도, 내륙부에 세운 성채에서는 비가 적은 중근동이니만큼 그것을 기대할 수 없었다. '크락 데 슈발리에' 같은 거대한 성채의 경우에는 중근동에 의외로 많이 남아 있는 고대 로마시대의 것을 참고한 것으로 보이는 수도교를 건설하고 그것을 통해 저수조에 물을 채웠는데, 다른 성채에서는 그렇게까지 할 수 없었다. 아마 이 때문에 성채 바깥쪽을 둘러싸는 해자를 이중으로 만든 것으로 보인다. 깊이가 10미터나 되었으니 쉬운 작업은 아니었지만.

해자를 파는 작업이 끝나면 드디어 성벽 건설에 착수한다. 성벽은 지반에 문제가 없는 한 될수록 해자에 바짝 붙여 세운다. 해자를 넘어온 적병의 수가 적을 때는 그 시대의 '저격수' 격인 궁병이 여기서 쉽게 격퇴할 수 있기 때문이다.

그러므로 10미터 깊이의 해자 바로 위에 세우는 성벽은 높이가 5미터에서 7미터면 충분했다. 하지만 이 성벽에서 20미터 전후의 거리를 두고 세워지는, 180도 각도의 방어까지 가능한 반원형 탑으로 방어력을 강화하는 것은 빼놓을 수 없었다.

외부와의 연결은, 필요할 때 내려서 해자에 걸칠 수 있는 도개교를 사용했다. 또한 이런 식으로 자주 출입하는 문은 반드시 동쪽 방향, 즉 이슬람 쪽을 향하도록 했고, 양쪽에 탑을 세워 감시했다.

그러나 '크락 데 슈발리에'의 경우 밖에서 보이는 1500미터에 달하는 성벽은 바깥쪽을 둘러싸는 성벽에 지나지 않는다. 그 안쪽에 마치 성벽 안의 성벽처럼 더욱 높이 솟은 성벽이 모습을 드러낸다. 다시 말해 설사 성벽이 파괴된다 해도 안쪽 성벽 안에 틀어박혀 계속해서 전투를 할 수 있게 만들어진 것이다.

이 이중 해자, 이중 성벽은 꼭 '크락 데 슈발리에' 정도의 규모가 아니라 해도 십자군에 관련된 성벽 모두에 어느 정도 공통적으로 나타난 건축 양식이었다. 적은 병력을 활용하기 위해 고안되었고, 그 필요성 때문에 실현된 양식이었으니까.

다만 성채들끼리는 어떻게 연락을 취했을까 하는 당연한 의문에 대한 답은 조금씩 다르다. 연기로 연락하는 방법이 일반적이었지만, 이 무렵 십자군측에서는 이슬람측의 방식을 흉내 내어 전서구(傳書鳩)를 이용한 연락법도 도입한다. 하지만 중근동에 축조한 모든 십자군 관련 성채가 항상 서로에게 적의 접근을 알리는 등의 연락을 취한 것은 아니었다.

'병원 기사단'이 관할하는 성채들끼리는 서로 연락을 주고받은 것으로 알려져 있지만, '병원 기사단'의 기사들이 지키는 성채와 '템플 기사단'의 기사들이 지키는 성채들 사이에서도 정보를 교환했는가에 대한 기록은 전혀 남아 있지 않다. 이슬람측이 '템플 기사단'의 성채를 공격할 때 '병원 기사단'이 지원 부대를 파견했다는 기록도 없다. 또한 그 반대의 예도 없다. 그렇다면 십자군 시대를 대표하는 이 두 종교 기사단은 같은 십자군 전력임에도 불구하고 각자 개별적인 군사행동을 하고 있었다는 이야기가 된다.

고대 로마제국의 예를 들자면 감시용 탑이나 부대가 배치되는 성채

186

부터 한 무리의 군단이 상주하는 군단기지에 이르기까지 모두, 연기를 이용하거나 기병을 보내는 등의 방법으로 항상 긴밀하게 연락을 주고받았다. 제국으로 통일된 국가였기에 지휘계통도 일원화되어 있었던 것이다. 덕분에 각각의 성채는 독립된 공격기지나 방어기지 수준에 머무르지 않고, 로마인의 말을 빌리자면 종합 안전 보장이라는 뜻인 '리메스(방어선)'가 될 수 있었던 것이다.

같은 시리아와 팔레스티나 지방에 건설되었으면서 십자군 시대의 성채들은 진정한 의미의 '네트워크'를 이루지 못했다. 따라서 이를 안전 보장상의 '리메스'라고 생각할 수는 없다. 원래 여기저기 흩어져 있는 성채를 지키는 것은 가까이에 있는 '군단기지'에서 원군이 도착하기를 기다려 적을 앞뒤에서 협공하는 데 그 의미가 있기 때문이다. 중근동에 수립한 십자군 국가에는 로마시대 같은 '군단기지'가 없었다.

이 역시 중세 유럽의 봉건제 사회, 즉 지휘계통이 일원화되지 않은 사회를 중근동에 이식했기 때문이었다. 요컨대 중근동의 십자군 국가는 시종일관 지휘계통이 일원화되지 않았던 사회였다. 그리고 방어 시스템도 그 사회를 그대로 반영한 것이다.

그러나 성채를 공격과 방어 목적으로 건설하는 이상 유럽과 다른 중근동의 지세를 고려하지 않을 수 없다. 이슬람측이 '프랑크인'으로 부르던 당시의 유럽인이 아무리 완벽한 성채 건축술을 갖고 있었다 하더라도 중근동에 세운 십자군측의 모든 성벽이 '크락 데 슈발리에' 같았던 것은 당연히 아니다. 성채의 형태는 전적으로 지세의 영향을 받기 때문이다.

마찬가지로 '병원 기사단'이 건설한, 안티오키아 공작령 내 '벨부아(Belvoir)'의 성채는 사각형이다. 평지에 세워야 했기 때문인데, '병원 기사단'은 이를 '카스트룸(castrum)'이라 불렀다. '카스트룸'이란 고대 로마 군단기지의 명칭이다. 어쩌면 그 지역에는, 이미 천 년이 지나 무너져내렸다 하더라도 고대의 군단기지 터가 남아 있을지도 모른다.

지세에 따라 세워진 성채의 또다른 예는 역시 '병원 기사단'이 건설한 '마르카브(Marqab)' 성채이다. 이 성채는 고지대의 끄트머리에 세워졌기 때문에 삼각형이 되었다.

그러나 양식이 지세에 따라 바뀐다 해도, 해자를 둘러치고 바깥 성벽을 두르며 그 안에 다시 안쪽 성벽을 세우는 기본 형태는 변하지 않았다.

또한 이 세 성채 모두 '병원 기사단'이 건설했거나, 혹은 새로 건설하지는 않아도 대대적으로 개조했다는 것은 다음 사실도 말해준다.

성채의 건설 목적은 점점 심해지는 만성적인 병력 부족을 해결하기 위함인데, 그 제1기는 제2차 십자군과 제3차 십자군 사이의 반세기이다. 아울러 제2기는 제3차 십자군 이후다.

제1기 때부터 본격적으로 성채를 건설한 것은 '템플 기사단'이 아니라 '병원 기사단'이었다. 이러한 면에서 '템플 기사단'이 '병원 기사단'을 따라잡은 것은 어느 정도 시간이 지난 뒤였다.

왜 그랬던 것일까. 성채 건설에 막대한 비용이 들긴 하지만, 자금 면에서 '템플 기사단'은 '병원 기사단'에 뒤떨어지지 않았다.
그렇다면 인력 문제일까.

유럽에서 성채 건설을 전문으로 하는 기술자가 배출되는 것은 이보다 4백 년 후의 이야기이므로, 기술의 문제라고는 말할 수 없다. 인력의 문제라 해도 기술 이외의 다른 이유가 있었을 것이다.

그렇다면 이러한 면에도 '병원 기사단' 기사들의 태생이 영향을 미쳤던 게 아닐까. 중근동에 오기 전 그들은 유럽의 성채에서 나고 자라왔다. 그런 삶에서 자연스럽게 터득한 노하우를 중근동에서 살린 것이 '병원 기사단'을 십자군 성채 건축의 리더 격으로 만든 것이 아닐까. 반대로 사회의 하층 계급 출신인 '템플 기사단'은 성채 생활을 한 경험이 없어서 성채 건축에 뒤처진 것이 아니었을까.

이런 사실이 보여주는 것처럼 하드웨어 그 자체로 보이는 성채는 실은 소프트웨어, 즉 훌륭한 '문화'인 것이다. 옥스퍼드 대학 출신의 젊은 학도가 품은, 이건 유럽에서 본 것과 비슷하지 않은가란 소박한 의문이 보기 좋게 적중했던 것이다.

이런 식으로 중근동에 건설된 십자군 시대의 성채는 대표적인 것만 꼽아도 백 개가 넘는다. '성채'가 아니라 '요새'라고 번역하는 것이 적절해 보이는 소규모 건축물과, 감시원만 두고 있던 탑까지 더하면 2백 개가 훨씬 넘을 것이라 한다.

이렇게 수많은 방어 시설이 중근동 서쪽 절반의 좁은 지역에 빽빽이 들어차 있었다. 앞서 말한 종교 기사단, 그리고 앞으로 이야기할 이탈리아인의 교역이나 해군과 함께, 중근동의 십자군 국가의 존속을 위한 3대 요소 중 하나였던 건 명백하다.

그러나 현대 연구자들의 노력에도 불구하고 십자군 시대의 성채 수를 정확히 나타낼 수 없는 것은 현대의 상황 때문이다. 21세기 현재, 예전의 십자군 국가에 해당하는 지역은 북쪽에서 남쪽으로 터키, 시리아, 레바논, 이스라엘, 요르단으로 나뉘어 있다. 유적 조사는 이 나라들의 내부 사정에 좌우되지 않을 수 없다. 현재 군사기지가 되어 있는 곳은 '관계자 외 출입 금지'이므로 학술조사든 일반 여행자의 견학이든 줄곧 불가능한 상태이다. 또한 이 나라들은 지금 이슬람교도나 유대교도의 나라들이다. 십자군 시대의 성채 터는 그리스도교도가 남긴 것이다. 비그리스도교도들의 관심이 낮은 것은 어쩔 수 없는 노릇이다.

그래도 그나마 존재가 확인되는 142개의 성채 중 절반 가까이가 '병원 기사단'이 방어를 담당하고 있던 곳이라는 것은 확실하다. '템플 기사단'이 관할하던 곳이 그다음으로 많고, 나머지는 예루살렘 왕과 트리폴리 백작, 안티오키아 공작, 그리고 이들 밑에 있는 수많은 봉건

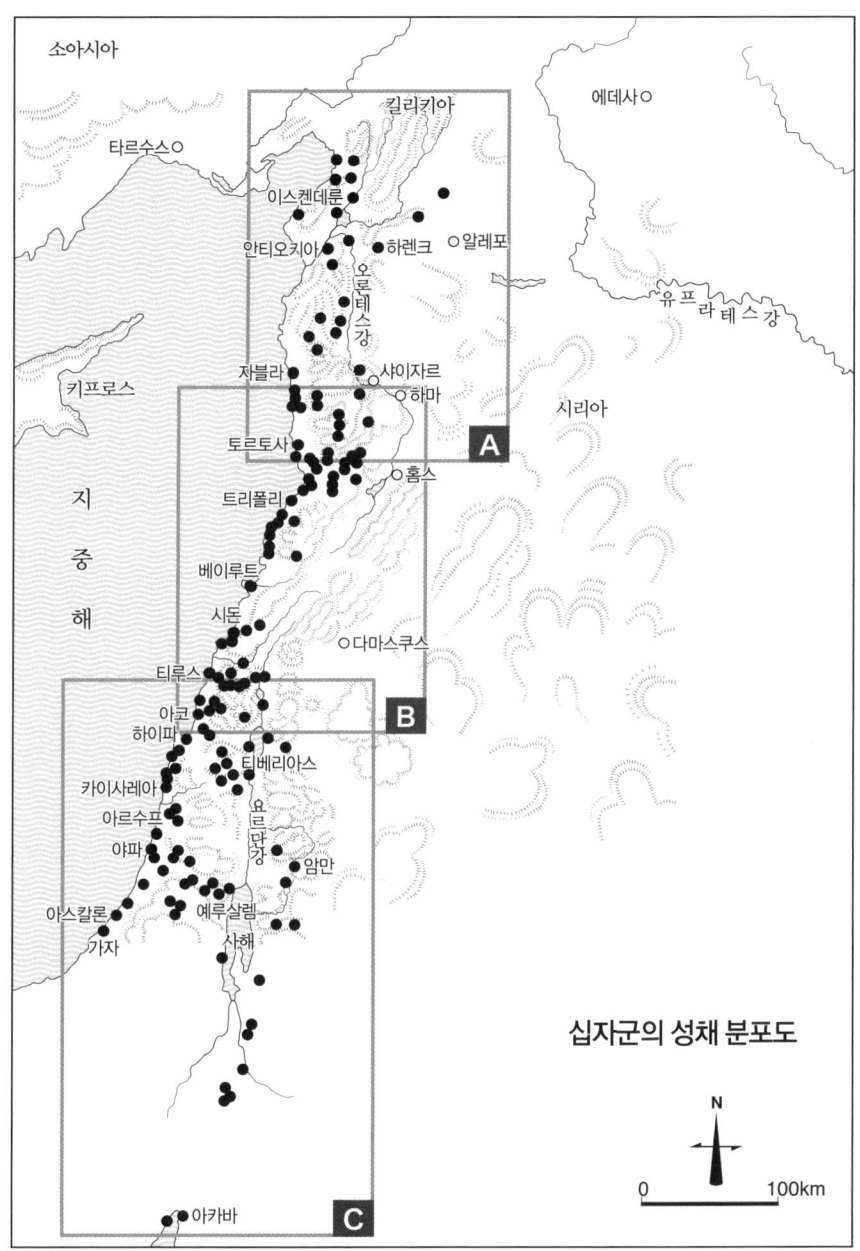

소아시아

킬리키아

에데사O

타르수스O

이스켄데룬

안티오키아 · · 하렌크 O알레포

오론테스강

키프로스

자블라 O샤이자르

O하마

지 중 해

토르토사

A

시리아

트리폴리

홈스O

유프라테스강

베이루트

시돈

O다마스쿠스

티루스

B

아코

하이파

티베리아스

카이사레아

요르단강

아르수프

야파

암만

아스칼론

예루살렘

가자

사해

십자군의 성채 분포도

N

0   100km

아카바

C

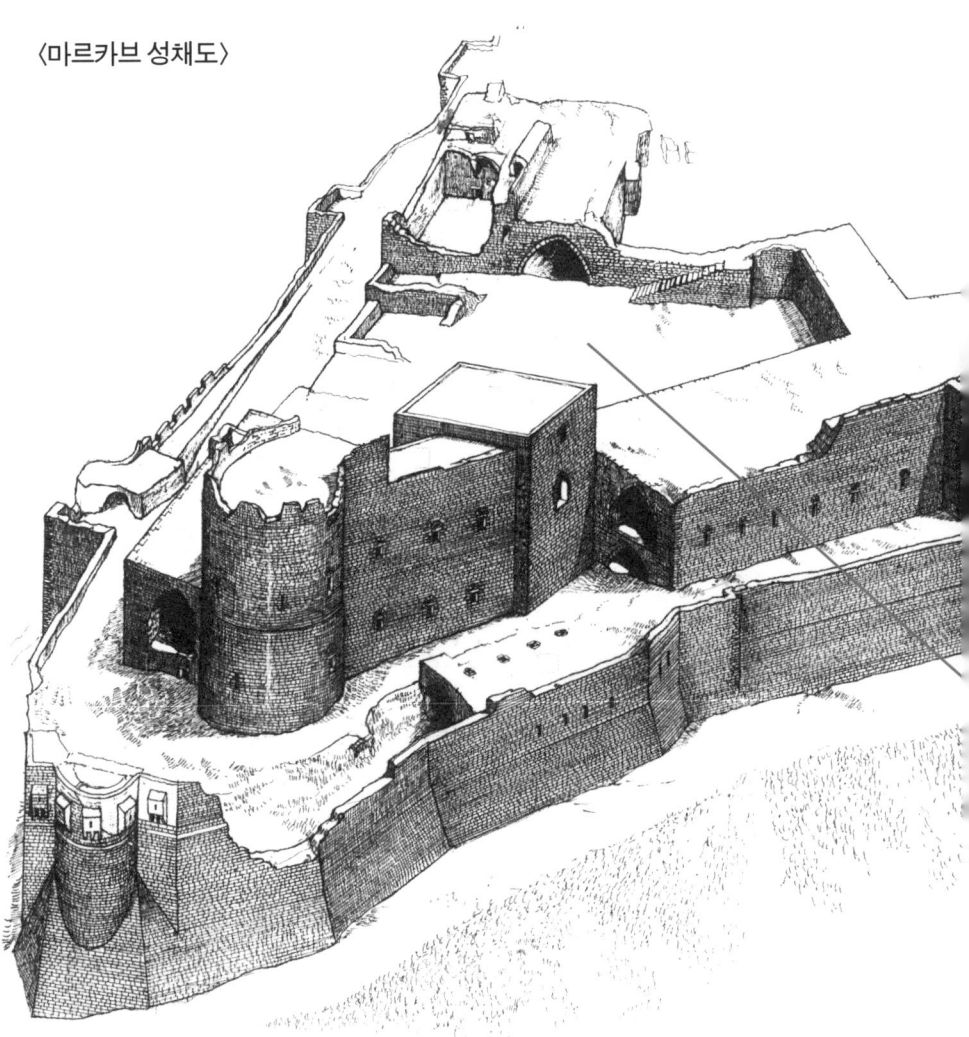

〈마르카브 성채도〉

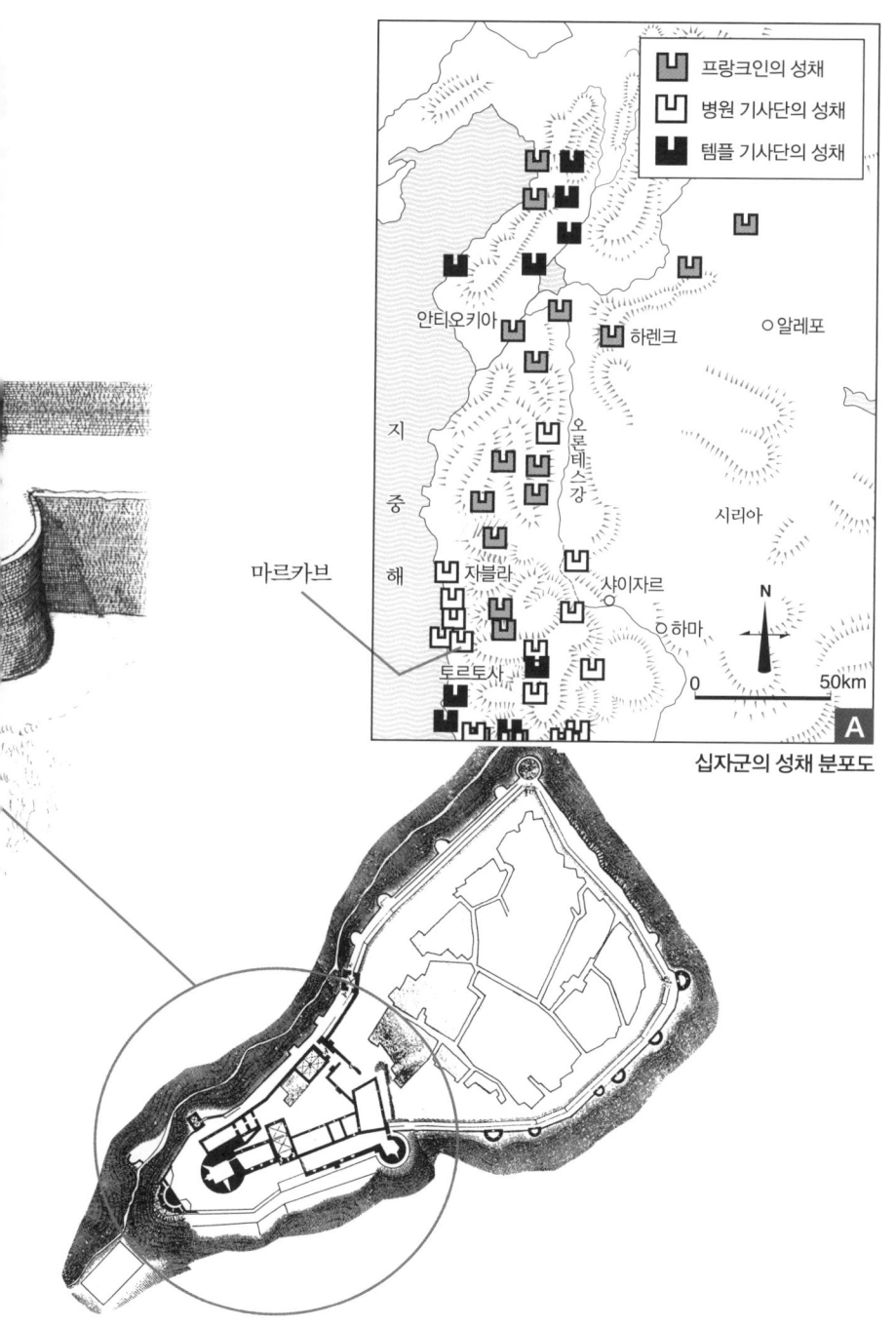

프랑크인의 성채
병원 기사단의 성채
템플 기사단의 성채

안티오키아
오론테스강
지중해
자블라
토르토사
마르카브
하렌크
샤이자르
알레포
시리아
하마

N

0   50km

A

십자군의 성채 분포도

〈크락 데 슈발리에 성채도〉

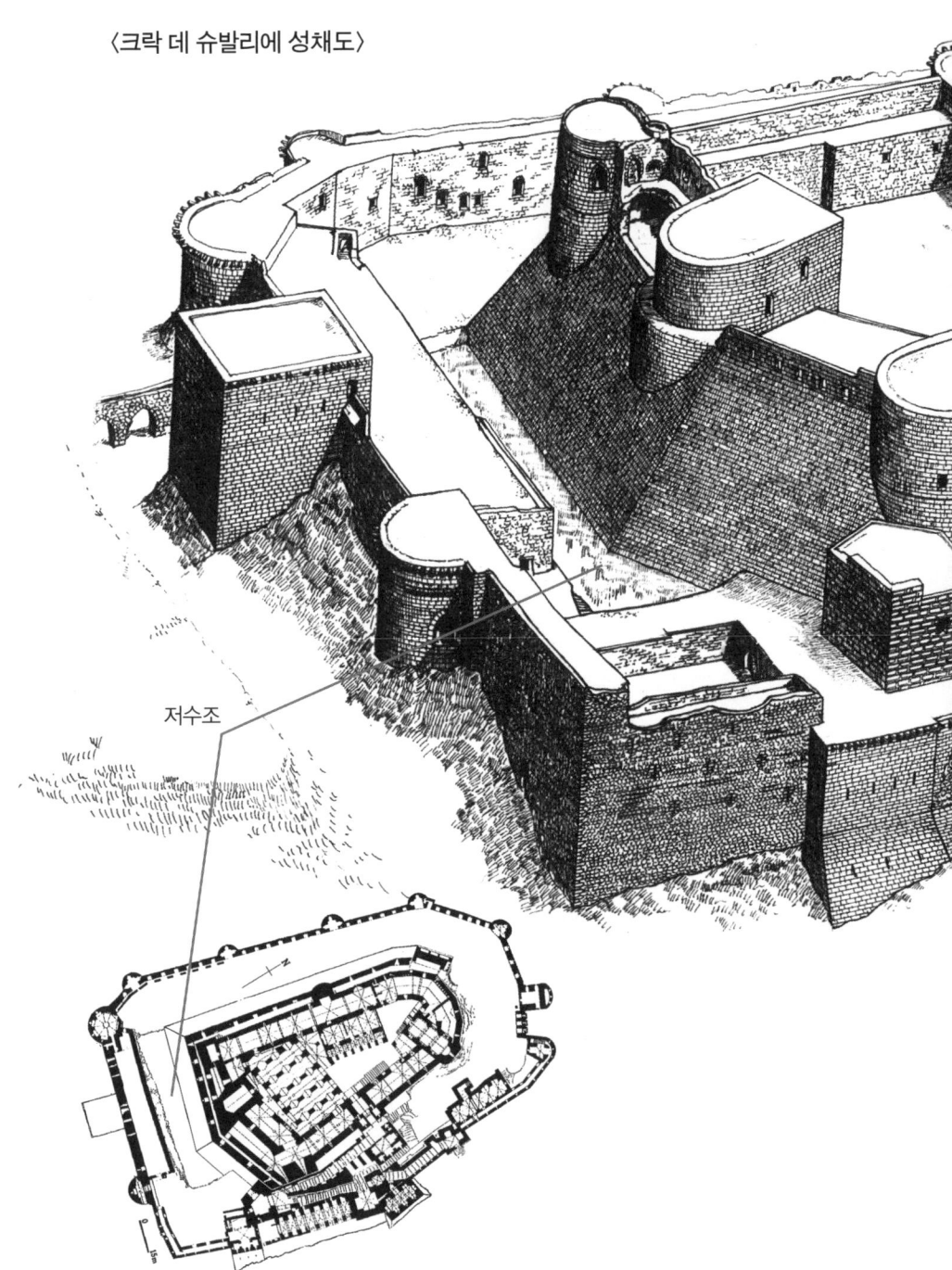

저수조

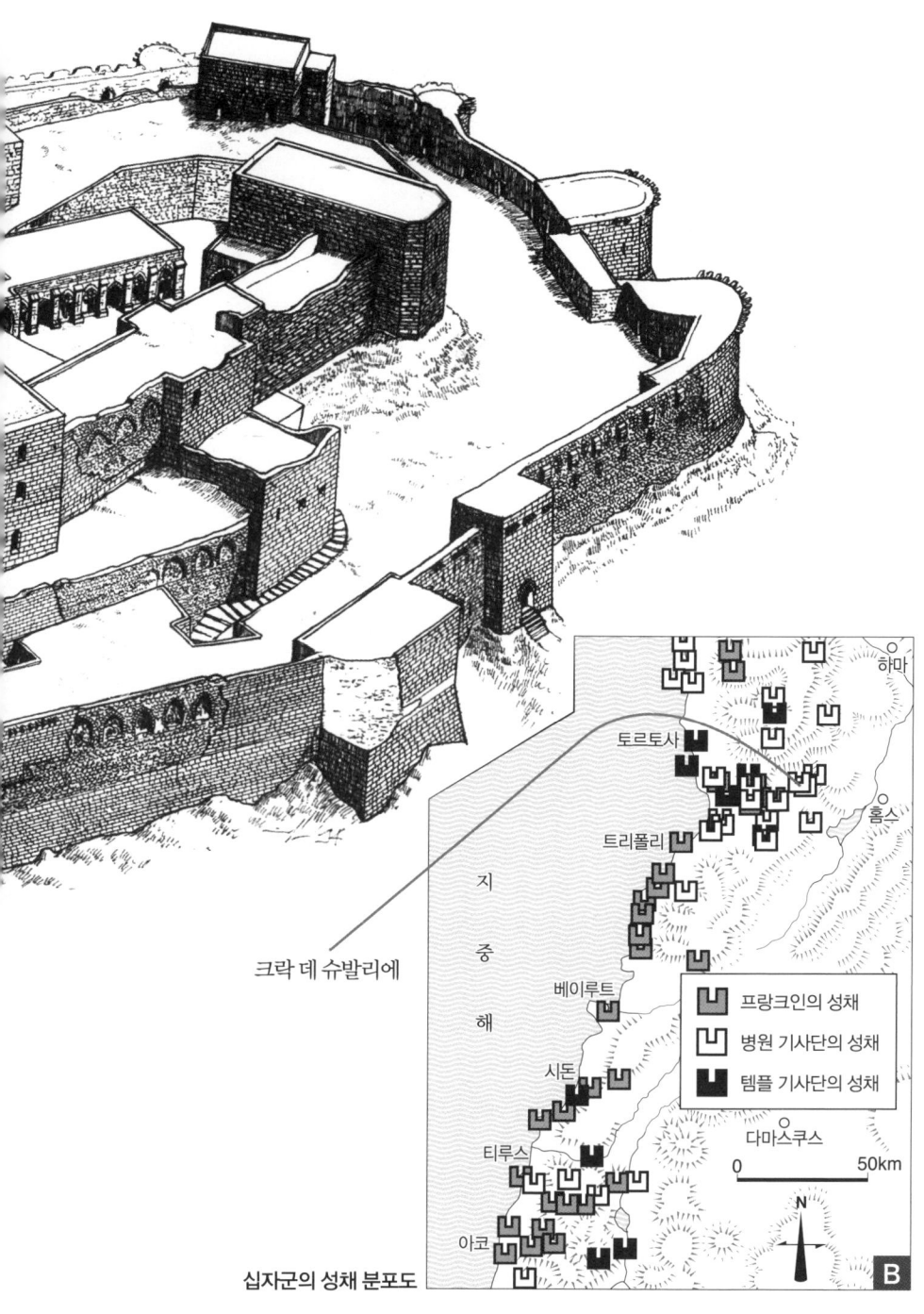

크락 데 슈발리에

지
중
해

하마

토르토사

홈스

트리폴리

베이루트

프랑크인의 성채

병원 기사단의 성채

템플 기사단의 성채

시돈

티루스

다마스쿠스

0   50km

아코

N

B

십자군의 성채 분포도

<벨부아 성채도>

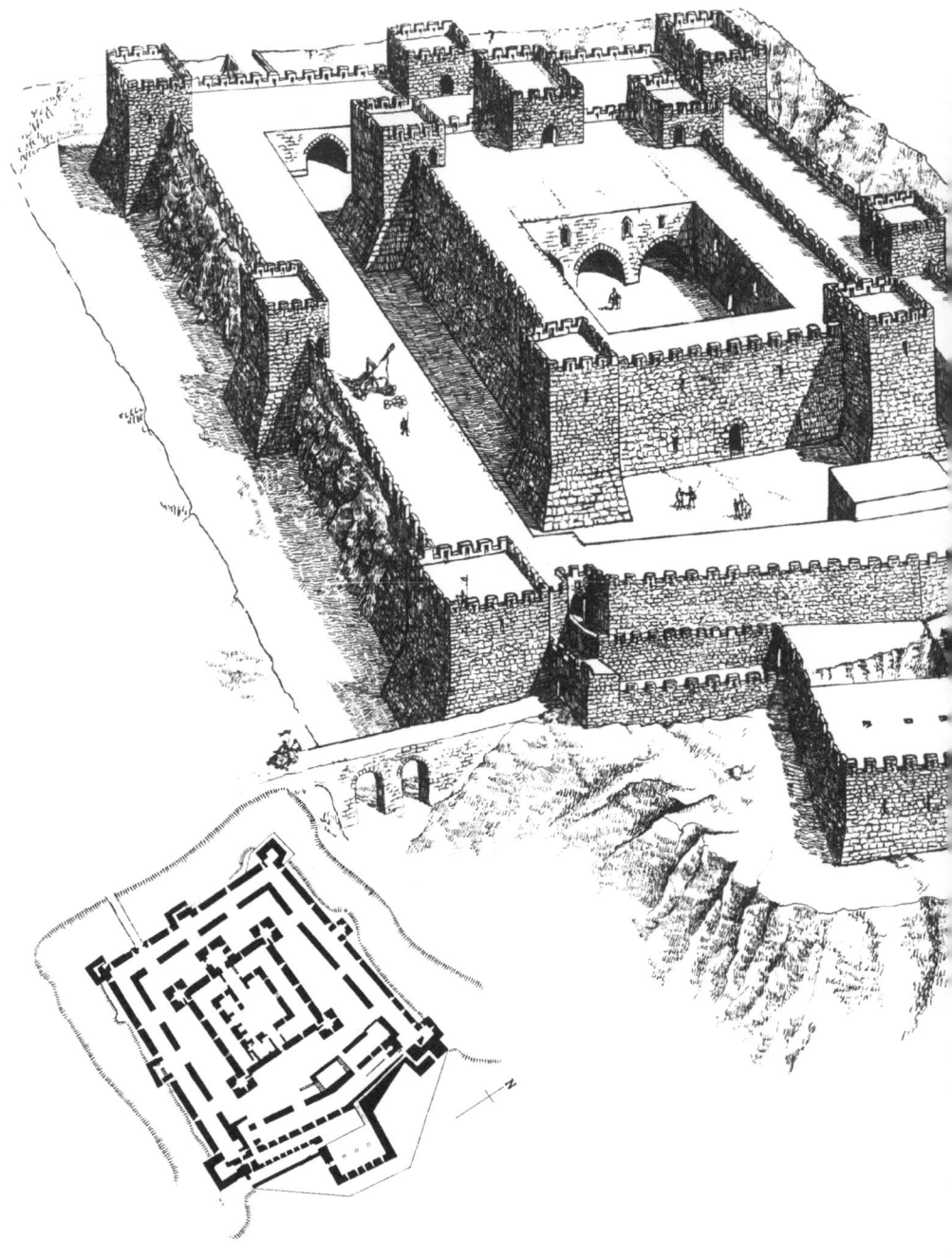

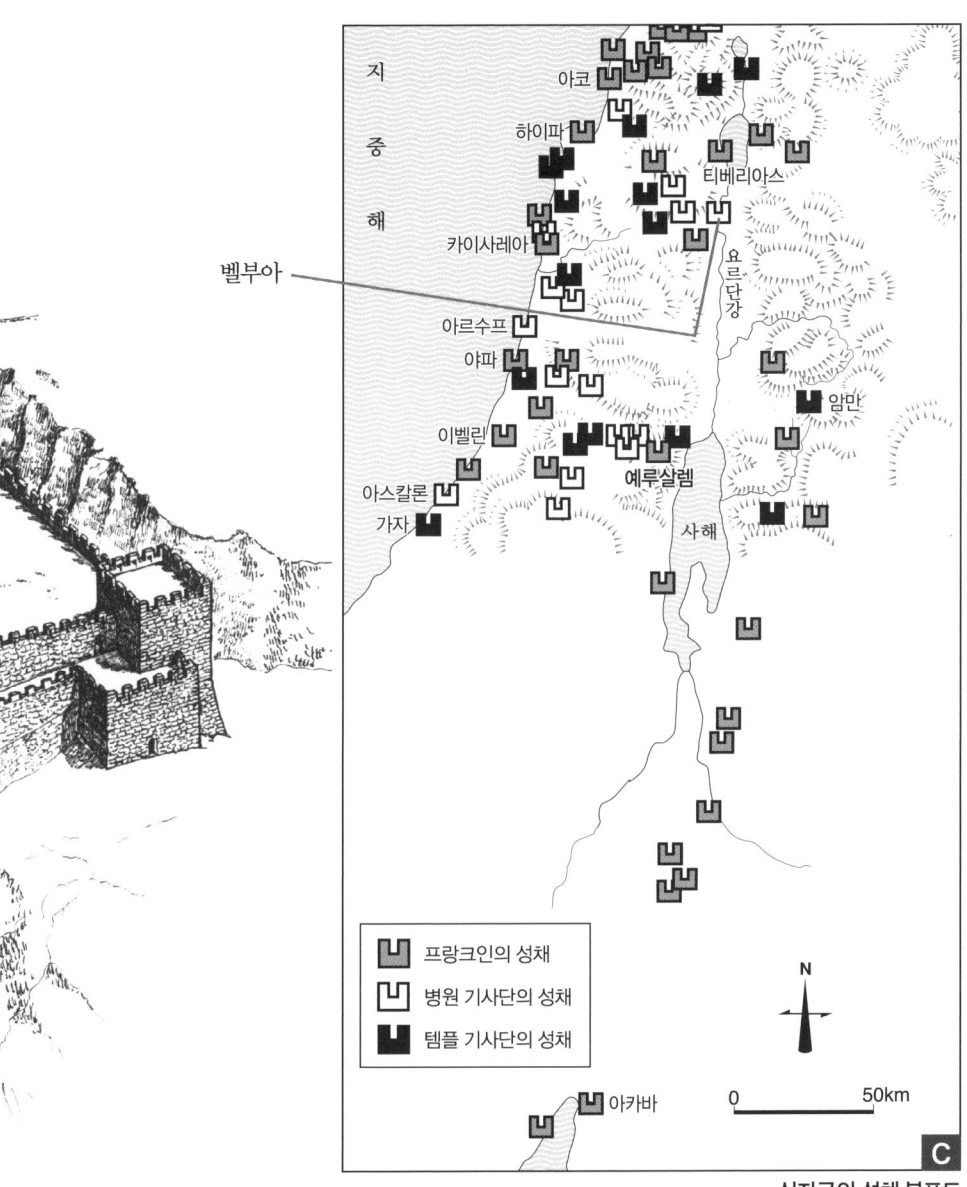

지중해

아코

하이파

티베리아스

카이사레아

요르단강

벨부아

아르수프

야파

암만

이벨린

예루살렘

아스칼론

가자

사해

┗┛ 프랑크인의 성채

┗┛ 병원 기사단의 성채

┗┛ 템플 기사단의 성채

N

0   50km

아카바

C

십자군의 성채 분포도

영주들이 소유한 성채였다. 다만 그 많던 봉건영주들이 소유하고 방어 책임을 맡고 있었던 성채는 기껏해야 하나 내지 둘이다.

즉 중근동의 십자군 관련 성채 중 절반 이상의 방어와 유지를 '병원 기사단'과 '템플 기사단'이 맡고 있었다는 것이다. 이 양대 종교 기사단이 병력은 적지만 상설 군사력을 갖고 있었기 때문인데, 그렇다면 성채에는 대체 얼마나 많은 사람이 살고 있었을까 하는 의문이 생긴다.

그런데 연구자들은 이 의문에 좀처럼 답해주지 않는다. 전사 등의 이유로 인구 이동이 심하여 정확한 숫자를 알 수 없다는 것인데, 그 외에도 또 한 가지 이유가 있는 것 같다.

종교 기사단에 입단함과 동시에 속세에서의 지위와 이름을 버리고, 얼굴도 이름도 없는 일개 수도사가 되어 그 상태로 죽음을 맞이하기 때문이다. 주검이 발견되면 성채의 교회 안에 매장하지만 발견되지 않으면 그대로 방치되었다.

그래도 때로는 기록이 남아 있는 경우가 있다. 티베리아 호 북쪽에 건설되어 '템플 기사단'이 방어를 담당하던 '사파드(Safad)'의 성채가 드문 예 가운데 하나다.

기록에 따르면 이 성채는 50명의 기사와 30명의 종사, 그리스도교로 개종한 투르크인 보병 50명, 3백 명의 궁병, 820명의 목수, 하인으로

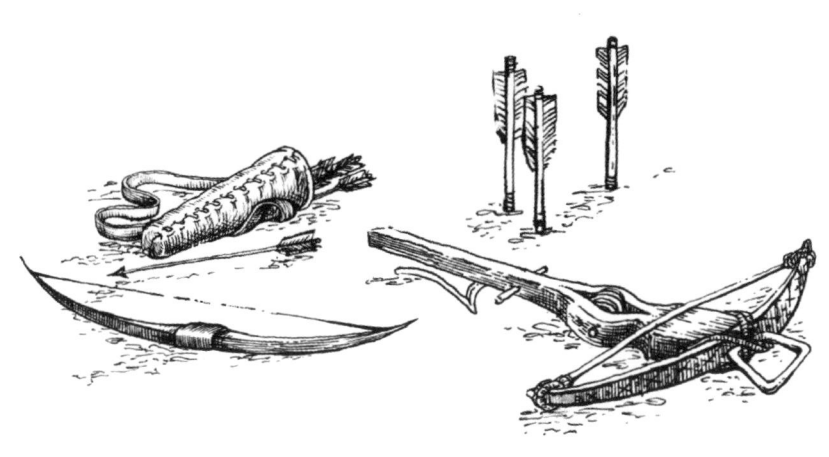

일반적인 활(왼쪽)과 석궁

부리던 이슬람교도 4백 명, 이렇게 총 1650명까지 수용했다고 한다.

다만 이 숫자는 수용 가능한 사람의 수이지 실제로 생활하던 사람의 수는 아니다. 또한 성채의 보강 요원인 목수와 하인 이슬람교도는 적이 습격해올 때 퇴거시키기 때문에, 방어에 쓸 수 있는 숫자는 1650명에서 430명으로 줄어든다.

'투르코폴리'로 불렸던, 그리스도교로 개종한 투르크인 보병은 의외로 신뢰할 수 있는 아군이었으며 선전하는 전우였다고 한다. 그러나 이들의 유일한 임무는 성벽 위에 진을 치고 석궁을 쏘거나 탑 위에 고정된 투석기로 돌을 쏘아 떨어뜨리는 것으로, 적병을 겨냥하여 화살을 쏘는 궁병과는 하는 일이 달랐다.

이 '사파드'의 성채보다 규모가 큰 '크락 데 슈발리에'에서는 안쪽 성벽에 서 있는 커다란 탑이 주요 전력인 기사들의 주거공간이었는데, 그곳에 거주할 수 있는 기사의 수는 60명이었다. 그러므로 기사 이외의 거주자 수도 성채의 규모에 비례했다고 생각해도 좋다.

'사파드'의 성채에 상주했다는 3백 명의 궁병을 나는 '저격수'라 번역하고 싶다. 유럽에서 온 그들은 화살을 일제히 하늘로 쏘아올려 적병 위에 비처럼 쏟아져내리게 만드는 전술이 특기이던 이슬람교도 궁병과 달리, 목표물을 정해 적중시키는 기술이 뛰어났기 때문이다.

실제로 훗날 십자군측 성채를 공격한 살라딘은 부하 병사들에게 무장하지 않은 상태로 진지에서 나가지 말라고 엄명을 내렸다. 성벽 위에서 정확히 조준해 화살을 쏘는 십자군 시대의 저격수들은 이슬람측에 위협적이었던 것이다. 제3차 십자군을 이끌고 온 영국의 사자심왕 리처드의 군대에 로빈 후드가 있었다는 것도 근거 없는 이야기가 아니었는지 모른다.

어쨌거나 바깥에서 바라보면 위풍당당한 성채였다 해도 그 내부는 '금욕'이라는 한 마디 말로밖에 설명할 수 없는 것이었다. 가구는 필요한 것 외에는 전혀 없다. 융단 생산의 본고장에 위치했지만 바닥에 각양각색의 융단을 까는 것은 당치 않은 일이었다. 쉽게 구할 수 있는 화려한 다마스쿠스 옷감으로 벽에서 새어드는 냉기를 막는 것 역시 말도 안 되는 이야기였다. 그들이 입을 수 있는 것은 속옷 위에 걸치는 수도복뿐이었다. 속옷은 요즘 말하는 퀼팅 방식으로 만들어진 것이긴 했다.

또한 난로로 난방하는 것도 목재가 부족한 중근동에서는 있을 수 없는 일이었기에, 불을 접할 수 있는 곳이라고는 대장간과 조리실뿐이었다. 종교 기사단의 기사들도 어차피 수도원에서 생활하는 수도사였던 것이다.

그렇지만 주위를 노려보는 거대한 성채를 지키던 사람의 수가 50명의 기사를 비롯해 고작 4백 명에 지나지 않았다는 사실은 성채의 존재 이유를 다시 생각하게 한다. 한 번도 기사 수가 5백 명을 넘은 적이 없던 '병원 기사단'이나 '템플 기사단'은 방어 임무를 맡게 된 성채에 보낼 인원을 확보하는 데 어려움을 겪었음에 틀림없다.

이러한 상황에서도 '템플 기사단'보다 기사 수가 항상 더 적었던 '병원 기사단'이 더 많은 성채를 유지하고 방어하게 되었던 것은, 병력과 자금력의 감소로 예루살렘 왕과 트리폴리 백작, 그 밖의 소영주들이 '병원 기사단'에 성채들을 양도했기 때문이다. 또한 훗날 영국의 사자심왕 리처드와 신성로마제국의 프리드리히 2세, 프랑스의 루이 9세 등, 각각 제3차, 6차, 7차 십자군을 이끈 유럽의 최고권력자들이 '성지'에 체재하며 건설한 성채의 유지와 방어를 맡은 것도 '병원 기사단'이었다.

'병원 기사단'은 '템플 기사단'보다 유럽의 권력자들로부터 더 많은 신뢰를 받고 있었는지도 모른다. 하지만 그것도 '병원 기사단'이 그동안 보여준 성채 유지와 방어 실적이, 중근동 십자군 국가의 현실을 아는 이들 눈에 명백히 드러났기 때문이다.

그러나 이렇게까지 완벽하게 만든, 그야말로 난공불락의 성채에도 치명적인 결함은 있었다.

그것은 정면공격밖에 생각하지 못하는 사람에게는 보이지 않는 결함이었다. 전혀 다른 발상으로 성채의 존재의의 자체를 없애버릴 만한 무언가를 깨달은 사람만이 그 결함을 발견할 수 있었다. 따라서 누레딘이 적의 수장으로 있는 한 십자군의 성채는 계속해서 위력을 발휘했다. 문제는 그 적이 다른 누군가로 바뀌었을 때 드러났다.

지도만 보아도 알 수 있듯이, 지중해 동쪽 연안에 딱 붙어 있는 십자군 국가는 북쪽, 동쪽, 남쪽 삼면이 이슬람 세계로 둘러싸인 상태였다. 그런 상황에서도 2백 년을 존속했다.

그 첫번째 이유가 제1차에서 제8차까지 총 여덟 차례에 걸쳐 실행된 유럽의 십자군 원정이라는 것은 누구나 말할 수 있다. 하지만 이 새로운 십자군들은 원정을 와서 1, 2년 정도 군사행동을 한 후 유럽으로 돌아가버렸다. 그들이 돌아가고 나서 다음 십자군이 원정을 올 때까지는 때에 따라 40년의 세월이 걸리기도 했다. 그사이 중근동에 사는 그리스도교도들은 무슨 이유로 살아남을 수 있었을까. 어떻게 살아남았던 것일까.

지금까지 이야기해온 것은, 이 의문의 답이라고 생각한 두 가지 요소다.

첫번째는 '템플 기사단'과 '병원 기사단'의 존재다. 그들은 적은 병력이었지만 모두 정예병으로 구성되었고, 성지를 지키기 위해 지원한 남자들이었으며, 무엇보다 성지에 뼈를 묻기로 서약한 상설 전력이었던 것이다. 중근동 십자군 국가의 가장 큰 고민이었던 만성적인 병력 부족은 곧 1, 2년 만에 돌아가버리는 병사가 아니라 계속해서 성지에 상주하는 병력의 부족을 뜻했으므로.

아울러 중근동의 십자군 국가가 존속할 수 있었던 두번째 요소는 지금까지 말한 성채의 활용이다. 이 역시 만성적인 병력 부족을 보충하기 위해 생각해낸 전략 중 하나였는데, 이슬람측에는 성채를 활용하는 전통이 없었으므로 상당한 효과를 거둘 수 있었다.

그래서 십자군이라고 하면 제1차에서 제8차까지의 원정 외에도 '종교 기사단'과 '성채'를 떠올릴 수 있는 것이다. 하지만 나와 같이 경제력과 해군력을 중요하게 본 연구자는 거의 없다. 그것은 아마 경제력과 해군력이 있었다 할지라도, 이를 통해 중근동의 십자군 국가의 존속에 공헌한 이탈리아 남자들은 성지를 방어하겠다고 십자가에 서약한 사람들이 아니었기 때문일 것이다.

중세의 경제인들

제1차에서 제8차까지 십자군 원정을 온 이들은 이슬람 입장에서는 침략자들인 셈인데, 그들은 황제와 왕, 봉건제후뿐 아니라 그 부하들까지 모두 성지의 해방과 방어를 예수 그리스도와 십자가에 서약하고

온 사람들이다. '템플 기사단'과 '병원 기사단'의 단원인 기사는 물론
이고 종사에서 저격수들까지도 십자가에 서약하고 고향을 뒤로한 것
은 마찬가지였다. 그 때문에 흰옷에 붉은 십자가 됐든 검은 옷에 흰 십
자가 됐든 가슴에 십자를 달 권리가 인정되었던 것이다.

한편 중근동의 십자군 세력이 필요로 하는 온갖 물자의 해상 수송을
떠맡고, 성지순례를 오는 유럽의 선남선녀를 태우고 지중해 서쪽과 동
쪽을 왕복하며, 새로운 십자군이 출발할 때에도 다른 방도가 없는 이
상 사람과 말, 무구의 모든 수송을 떠맡은 것은 이탈리아 해양 도시국
가의 남자들이었다.
하지만 종래의 십자군 연구자들 대부분은 이들을 십자군의 구성원
으로 인정하지 않았다. 십자가에 성지 방어를 서약하고 오리엔트로
온 사람들이 아니었기 때문이다. 그리고 그들은 어떤 색의 십자도 가
슴에 달지 않았다.

그러나 최근의 연구자들은 이탈리아 해양 도시국가가 지중해 동쪽
해역의 제해권을 견지한 것이 십자군 국가의 존속에 크게 공헌했다는
사실을 인정하는 쪽으로 바뀌고 있다. 살라딘이 시리아와 이집트를
통합한 후에도 시리아와 팔레스티나의 바다에 이집트 해군이 한 척도
얼씬거리지 못했을 정도이니, 베네치아와 제노바, 피사의 해군이 제해
권을 견지한 공헌은 숨기려야 숨길 수 없기 때문이다. 그러나 이 남자
들이 교역을 통한 경제활동으로 공헌한 점에 대해서는 여전히 언급하
는 일이 거의 없다.

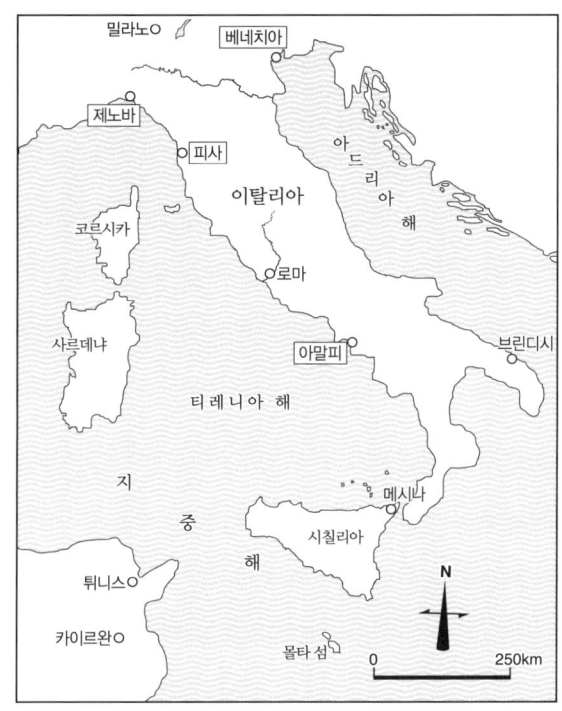

이탈리아의 4대 해양 도시국가

　왜냐하면 이 남자들의 '공헌'은 그리스도교에 대한 신앙 때문이 아니라 돈을 벌려고 한 일의 결과였기 때문이다.

　나는 서구인이 저술한 십자군의 역사는 어떤 모순을 내포하고 있다고 생각한다. 그리고 그 모순은 그리스도교 십자군 원정의 진정한 원인을 십자가에 서약한 신앙심에서만 찾고자 한 탓에 생긴 것이 아닐까 싶다.

서구의 많은 연구자들은 아직도, 십자군에 참가해 건투한 전사들 중 성도 예루살렘을 '해방'한 후 신에게 서약한 바를 이루었다며 귀국해버린 사람들을 영토욕이 없는 사람들이라며 상찬한다. 한편 신에게 서약한 바를 이룬 후에도 중근동에 남아 영토 획득과 유지에 집착한 십자군 제후들은 세속적인 욕망에 사로잡혔다며 비난한다.

그러나 십자가에 서약한 바를 이룬 것에 만족하며 귀국한 '십자군 전사'가 단연 많았다는 사실은, '신에 대한 서약이 이루어진 후의 성지'에 만성적인 병력 부족을 초래했다. 그 결과 에데사 백작령을 빼앗기고 안티오키아 공작령의 방어를 비잔틴제국 황제에게 맡기지 않을 수 없었고, 결국 예루살렘조차 빼앗기게 된 것이다.

이것이 중근동의 십자군 국가들의 현실이었다. 에데사를 빼앗겼다는 것을 알고 깜짝 놀라 제2차 십자군을 보낸다. 또한 예루살렘을 잃고서야 비로소 심각성을 깨닫고 제3차 십자군이 유럽을 떠난다. 하지만 때는 이미 늦었다.

역사가라면 이 점을 지적해야 할 테지만, 이걸 지적하면 그들이 지녔던 세속적인 영토욕이나 부의 축적을 인정하지 않을 수 없다. 때문에 '신이 그것을 바라신다'는 호령으로 시작된 십자군의 역사를 쓰는 그리스도교도 입장에서는 아무래도 석연치 않았는지도 모른다. 어쨌든 신에 대한 서약보다 사욕이 더 지속성이 강했다는 이야기가 되니까, 아무리 그것이 인간성의 현실이라 할지라도 이를 받아들이는 것은 기분 좋은 일이 아니다.

그러나 나는 역사 전문가가 아니다. 또한 이슬람교도도 아니고, 그리스도교도도 아니다. 그래서 애초의 동기는 돈을 벌기 위한 것이었다 해도 결과적으로 '신이 바라시는' 것의 존속에 공헌한 이탈리아 경제인에게 페이지를 할애하는 것에 조금도 주저함이 없다.

그래서 이제부터 이탈리아 해양 도시국가에 대해 이야기할 텐데, 사실 이 사람들은 11세기 말 원정 온 십자군보다 2백 년이나 앞서 이미 오리엔트 이슬람교도와 사업을 해왔다.

베네치아의 대성당은 성 마르코에게 바쳐진 것이기 때문에 그 앞에 펼쳐진 광장은 산마르코 광장으로 불린다. 이렇게 된 것은 9세기부터다. 당시 두 명의 베네치아 교역 상인이 이집트 알렉산드리아로 갔다가 이슬람 사회에서 때때로 발생하는 반그리스도교 폭동의 여파로 그리스도교 수도원에 안치되어 있는 성 마르코의 유해가 손상될 위기에 처한 것을 보고 그것을 사들인다. 그리고 그 유해를 이슬람교도가 질색하는 돼지고기 안에 감추어 베네치아로 가지고 돌아온 데서 시작된 것이다.

성 마르코는 신약성서를 쓴 네 명 중 하나이자 그리스도교도가 신앙하는 성인 중에서 예수의 제자들 다음으로 중요한 존재로, 성서에 손을 얹은 사자로 상징된다. 베네치아는 이 성인을 자신들 공화국의 수호성인으로 정했다. 유해가 진짜인지 아닌지는 상관할 바가 아니었다. 수호성인이란 어디까지나 그것을 원하는 사람에게만 가치 있는

각국의 문장(왼쪽부터 베네치아, 제노바, 피사, 아말피)

존재이기 때문이다.

이탈리아의 해양 도시국가가 이교도인 이슬람교도와 교역을 시작한 것은 아말피, 피사, 제노바, 베네치아 순이다.

베네치아의 상인이 9세기에 이미 오리엔트에 출몰한 바 있으니, 아말피와 피사, 제노바의 동업자들은 훨씬 전부터 활약하고 있었을 것이다.

아드리아 해 안쪽에 위치한 베네치아와 나폴리 근처 아말피의 남자들은 해외 진출을 생각할 때 극히 자연스럽게 지중해 동쪽으로 눈을 돌렸으며, 피사와 제노바는 지중해 서쪽을 주목했다. 이들의 관심이 우선 북아프리카 이슬람교도와의 교역으로 향한 것도 당연한데, 가장 먼저 오리엔트와 교역한 것은 아말피, 그다음이 베네치아의 상인들이었다.

제1차 십자군 원정 반세기 전에 예루살렘에는 이미 순례자를 위한 병원이 존재했고, 그것이 '성 요한 병원 기사단'의 전신이라는 점을 떠

208

올려보자. 이는 아말피 상인들이 세운 것이었다. 그러나 당시의 예루 살렘은 이슬람의 지배하에 있었다. 다른 신을 인정하지 않는 일신교 사회에서 다른 일신교가 운영하는 병원을 세우려면 절대적으로 이슬 람측의 허가가 필요하다. 그 허가를 내주는 가장 윗사람인 카이로의 칼리프와 아말피의 상인 마우로가 사업을 통해 우호적인 관계를 구축 하고 있었기 때문에 그들은 병원 건설 허가를 얻을 수 있었다. 이처럼 우호적인 관계를 구축한 것은 이탈리아 교역 상인들이 '종교는 종교, 사업은 사업'이라는 방침으로 일관했기 때문인데, 베네치아에는 '그 리스도교도이기에 앞서 베네치아인'이라는 격언까지 있었다.

그리고 십자군 시대에 들어선 후, 십자군에 관여함으로써 오리엔트 로 진출한 것이 피사와 제노바다.

제1차와 제2차 십자군은 모두 원정로로 육로를 택했다. 하지만 이 를 통해 유럽인들은 투르크군이 출몰하는 소아시아를 통과하는 것이 얼마나 위험한가를 깨달았다. 그래서 그리스도교도가 예루살렘을 해 방한 뒤로 급속하게 증가한 성지순례자들은 전적으로 바닷길을 택하 게 되었다. 십자군의 주력은 북서유럽인이었으므로 그 지방에서 온 순례자가 많았다. 이들의 집에서 보다 가까운 거리에 있고, 아울러 오 랜 배 여행의 안전을 보증할 만한 배와 선원을 가진 나라는, 북아프리 카의 이슬람측 해역을 견제하기 위해 해군력을 강화하고 있던 제노바 와 피사였다.

하지만 이것은 지금껏 오랫동안 오리엔트에서 사업의 첨병 노릇을

해왔던 아말피가 퇴장했기 때문에 가능한 일이었다. 교역 상인들이 주도하는 공화국이었던 아말피도 세금 징수를 가장 중요시하는 군주국의 수중에 들어가자 활력의 쇠퇴를 피할 수 없었다. '암흑의 중세'를 깨부수는 첫 주자이기도 했던 아말피는 이탈리아 남부에 세력을 확립하고 있던 노르만 왕국의 수많은 항구도시들 중 하나로 전락한다. 해양 도시국가 시대의 문장을 '병원 기사단'의 문장에 남겨놓은 채.

이리하여 피사, 제노바, 베네치아의 3대 해양 도시국가가 지중해의 패자(霸者)가 되었는데, 이는 그들이 성지순례자의 수송 외에도 다른 역할을 했기 때문이다.

우선 중근동에 세운 십자군 국가들은 자급자족할 수 있는 상태가 아니었다. 게다가 수립된 지 얼마 안 된 상황이라 모든 물자가 부족했다.

유럽의 봉건제도를 이식한 것이 중근동의 십자군 국가인데, 중세의 주요산업은 농업이다. 유럽에서는 농노가 그것을 담당했다. 그리스도교도인 농노를 써도 생산성이 낮은 것이 당시의 농업이었는데, 중근동에서는 이슬람교도 농노를 써야 했던 것이다. 때로는 밀까지 유럽에서 운송해와야 했다. 이러한 상황에서 근처 이슬람교도 농작지로 나가 물자를 사들이고 그것을 십자군측에 파는 것도 이탈리아 상인들의 역할이었다. 그들이 이슬람교도와의 교섭에 더 익숙했기 때문이다.

'음식'은 이렇게 어느 정도 보증할 수 있다 해도 현지 생산으로는 결코 해결할 수 없는 물산이 있었다. 무구와 무기를 비롯한 모든 전투용

품이 그것이다. 한 나라의 문화이기도 한 무구와 무기는 기술자만 불러들인다고 어디에서나 같은 품질의 물건을 제조할 수 있는 것은 아니다. 제조는 반드시 몇몇 지방에 집중되었다. 이 중세시대에 무구와 무기의 생산지로 유명했던 곳은 독일 남부와 이탈리아 북부였다. 독일 남부의 제품은 베네치아로 모였고, 이탈리아 북부의 제품은 제노바나 베네치아에서 팔렸다. 베네치아나 제노바의 상선은 그것을 중근동으로 가져와 팔아치웠다.

그리고 제3차 십자군부터는 아예 십자군 원정로가 바닷길로 바뀌었다. 이렇게 되면 병사나 말까지 수송해야 한다. 그리고 이 정도의 수송력을 갖고 있었던 것은 피사와 제노바, 베네치아뿐이었다.

물론 이러한 '십자군 특수'를 맞기 훨씬 전부터 그들은 오리엔트와의 교역에서 실적을 올리고 있었다. 돌아가는 배에는 고액의 뱃삯을 받을 수는 없는 순례자를 태우는 것에 만족하지 않고 오리엔트 특산물을 가득 싣고 귀로에 올랐다.

각양각색의 융단. 모술 특산의 고급 옷감인 모슬린 천 다발. '다마스쿠스 옷감'이라는 브랜드만으로도 구매자가 모여드는 다마스쿠스 특산의 고급 견직물. 미사에 빼놓을 수 없는 아라비아 반도산 몰약(沒藥). 중세의 귀부인들이 열중한 페르시아 만의 진주. 멀리 아시아에서 온 보석과, 후추를 비롯한 갖가지 향신료. 그리고 알레포산 비누. 서방 사람들이 기꺼이 돈을 내고 살 만한 동방의 물품은 무척 많았다.

알레포산 비누에는 약간 설명이 필요하겠다. 고대부터 존재한 비누의 제조지는 마르세유와 알레포였는데, 그것이 21세기인 지금까지도 이어지고 있다.

마르세유는 차치하고 알레포가 비누의 제조지가 된 것은 고대 로마인에 의해 비누 제조가 시작되었기 때문인데, 중세에 접어든 후 이에 눈독을 들인 것이 베네치아인이다. 베네치아인은 입욕용이 아니라 전투용으로 이를 주목했다. 비누 분말을 녹여 적의 배 갑판 위에 끼얹으면 적병은 발이 미끄러져 넘어지곤 했다. 이기기 위해서는 어떻게든 상대의 전력을 떨어뜨려야 했기에 비누도 사용하기에 따라 훌륭한 무기가 될 수 있었던 것이다.

그렇다면 같은 그리스도교도가 사는 마르세유에서 사면 되지 않을까 싶지만, 교역에서는 뭔가를 팔아야 다른 것을 살 수 있는 법이다. 시리아의 알레포가 비록 이슬람교도의 도시라 해도 그곳에서 구입하는 것이 더 수지가 맞았을 것이다.

해군력

중세 지중해를 항해하는 배는 갤리선과 범선이었다. 이중에서 갤리선이 군용은 물론 상선으로도 많이 쓰였다. 바람으로 움직이기 때문에 항해의 일정을 세우기 힘든 범선에 비해 갤리선은 노를 저어 '모터' 효과를 낼 수 있으므로 바람의 방향이 바뀌는 일이 잦은 지중해에서 수송선으로 더 적합했기 때문이다.

또한 이탈리아 해양 도시국가의 배는 노를 젓는 조수(漕手)로 노예를 쓰지 않았다. 이슬람교도의 수요에 따라 노예를 중개 무역의 '상품'으로 취급하긴 했지만 자국에서는 이들의 노동력을 쓰지 않았던 것이다. 하물며 배의 조수로는 쓰지 않는 것이 전통이었다.

이슬람 국가들처럼 그리스도교도를 납치해 조수로 쓸 수 없었기 때문이기도 하지만, 그보다는 원래부터 인구가 적은 도시국가였으므로 조수도 유사시에 전력으로 활용하는 것이 합리적이라고 생각했기 때문이다.

해적의 습격에 대비해 30명 정도의 전투요원을 태우고 있으나 유사시에는 이 30명에 조수 2백 명도 가세하기 때문에 전력이 230명으로 늘어난다. 한편 주로 이슬람교도였던 당시 해적선에서는 그리스도교도 노예가 노를 저었으므로 이들을 그리스도교도의 배를 습격하는 데 활용할 수는 없었다. 이것만 보아도 전투력의 차는 명백했다.

해군은 해적에 대한 방어책으로 생겨나는 것이며, 해적과의 전투를 거듭하면서 강력해진다. 바다에 면한 곳에 사는 사람들을 지키기 위해, 그 앞으로 확대되는 해역의 제해권을 확보하는 것이 해군의 주목적이기 때문이다.

이 주변 사정은 『로마 멸망 이후의 지중해 세계』에 자세히 서술했으므로, 더 자세히 알고 싶은 사람은 그 책을 읽어주었으면 한다. 다만 피사, 제노바, 베네치아 등 이탈리아 해양 도시국가의 남자들이 '해양의 백성'이 된 요인은, 해외와의 교역을 위해서는 바닷길에 매복해 있는 해적을 제거해야 했고, 그런 해적과의 싸움을 거듭해나가는 과정에서 선원들의 전투력과 조종술이 함께 향상되었기 때문이라고 보아도 좋을 것이다.

반대로 이집트 해군은 이슬람 세계의 '영웅'이기 때문에 이슬람교도 해적의 습격을 받지 않았다. 즉 이집트가 아무리 풍요로워 수많은 배를 만들었다 해도 치열한 해전의 경험은 쌓지 못했던 것이다. 게다가 그들 역시 이슬람 배의 전통대로 전력으로 활용할 수 없는 노예를 조수로 쓰고 있었다.

이것이 육상에서는 프랑스인과 독일인이 주체가 된 제1차 십자군이 중근동 지역에 십자군 국가를 수립해나가는 한편으로, 해상에서는 일찌감치 이탈리아의 해양 도시국가가 제해권을 수중에 넣을 수 있었던 요인이다. 이후 육상에서는 이슬람 세력의 반격으로 상황이 바뀌지만 그 이슬람 세력도 해상까지는 끝내 손을 대지 못했다.

시리아와 팔레스티나 지역에 건설한 십자군 국가의 주요도시는 성도 예루살렘을 제외하면 거의 다 지중해 동쪽 연안을 따라 늘어선 항구도시였다. 만약 이슬람 세력이 해상에서 공격해왔다면 잠시도 버티지 못했을 것이다. 그렇지만 살라딘이 이슬람 세력을 통일한 후에도 중근동의 제해권은 계속해서 그리스도교측이 쥐고 있었다. 살라딘의 뜻대로 움직이는 이집트 해군마저 이탈리아 해양 도시국가 해군의 적수가 못 되었으므로, 팔레스티나 바다에 배 한 척 못 대는 상황은 전혀 변하지 않았던 것이다.

그리스도교측의 제해권은 십자군 국가의 최후의 순간까지 그대로 유지되었다. 그리고 최소한 해상에서만은 이런 상황이 계속되었기 때문에, 중근동의 십자군 세력은 존속에 필요불가결한 물자를 계속 보급할 수 있었다. 그것이 운송료와 교역으로 이익을 얻으려는, 십자가에 서약도 하지 않은 이탈리아 경제인에 의한 것이긴 해도.

게다가 이들 중세 이탈리아의 '이코노믹 애니멀'은 해상수송과 교역만 했던 것은 아니다. 또한 제해권을 유지하는 것만으로 만족하지도 않았다.

조수까지 전력으로 삼았던 피사와 제노바, 베네치아의 배는 아직 이슬람 지배하에 있는 항구도시를 육지 쪽에서 공격하는 십자군 세력에 협력해 바다 쪽에서 공격할 때, 선원이나 전투요원부터 조수들까지 모두 '해병'으로 일변했다. 40척의 갤리선을 공격에 투입한다 치면 1만 명에 가까운 해병이 공격하게 되는 셈이다. 육지 쪽에서 공격하는 십자군과 비교해도 결코 적지 않은 병력이었다.

이리하여 이탈리아의 해양 도시국가는 이슬람측에 있던 시리아와 팔레스티나의 항구도시 공략전에 적극적으로 참여하게 되었다. 오늘날에도 이탈리아의 해병대 본부는 여전히 베네치아에 있으며, 부대 깃발도 예전 베네치아 공화국의 국기를 사용하고 있다. 이탈리아의 해양 도시국가는 '해병'도 탄생시킨 것이다.

거류지

이들은 중근동의 십자군 국가를 건설하고 그것을 유지하는 데 적극적으로 참여했다는 이유로, 공략에 성공한 해양 도시국가 내에 자신들의 전용 거류지를 마련해줄 것을 요구했다. 이들이 원한 장소는 배를 댈 수 있고 짐을 싣고 내리기에 적합한 항구 근처였는데, 이러한 거류지는 한 군데가 아니었다.

이탈리아의 해양 도시국가들은 서로 라이벌 의식이 강했기 때문에 거류지는 한 항구도시 안에서도 피사인용, 제노바인용, 베네치아인용으로 나뉘었다. 공략전에 대한 참여도에 따라 야파에는 피사인의 거류지, 안티오키아와 베이루트에는 제노바인의 거류지, 티루스에는 베네치아인의 거류지를 만드는 식으로 자연스럽게 배분된 경우도 있었다.

이러한 거류지에는 일단 거류지 주민의 모국 수호성인에게 바치는 교회가 세워졌다. 그리고 고향에서 먹던 빵을 굽는 빵집도 빼놓을 수 없다. 물론 유럽에서 운반해온 화물이나 앞으로 유럽으로 운반해갈 물산을 보관하는 창고가 즐비한 것도 거류지 특유의 풍경이었다.

그리고 이슬람교도 상인들과의 거래가 이루어지는 상관(商館, 폰다코)과 본국 정부가 파견한 거류지 내의 통치책임자인 영사(콘술)가 사는 공저가 있고, 그 주변에는 장기 체재하는 상인들을 위한 집들이 늘어서 있었다.

중근동의 십자군 국가 내에 만들어진 이탈리아 해양 도시국가의 거류지는 이러한 구성을 활용함으로써 십자군 국가의 '경제 특구'로 작용했다.

　이탈리아의 해양 도시국가가 항구도시를 공략할 때마다 그 지역에 거류지를 설치해줄 것을 요구한 것을 두고, 현대 연구자들은 상인 특유의 탐욕이라며 강경한 어조로 비난한다. 하지만 이런 주장은 군주정과 공화정의 차이를 간과한 것이다.

　군주정 나라에서는 전쟁 여부를 그 나라의 왕이나 영주가 결정한다. 때문에 필요한 비용도 이 사람들이 부담한다. 십자군 시대로부터 2백 년 후의 이야기이지만, 독일의 제후였던 뷔르템베르크 백작은 성지순례를 떠나는 도미니크회 수도사 슈미트에게 다음과 같이 말했다고 한다.

　"세상에는 다른 사람에게 권해야 할지 권하지 말아야 할지 망설이게 되는 일이 세 가지 있다. 첫째가 결혼, 둘째가 전쟁, 그리고 셋째는 성지순례다."

　어느 것이나 앞일이 불투명하므로 위험이 따른다는 공통점이 있다. 하지만 이 말은 군주국에서는 이 세 가지 모두 제후, 즉 한 사람의 의지에 달려 있었다는 것을 보여주기도 한다. 그런데 공화국에서는 달랐다.

　피사, 제노바, 베네치아 모두 경제인들이 주도하는 공화제를 채택한 공화국이었다. 나중에는 통치 능력을 향상시키기 위해 원로원에서 중요한 정책을 결정하게 되지만, 십자군 시대에는 베네치아 같은 나라에서조차 군사행동에 나설지의 여부 같은 중요한 국정을 시민집회에서 결정했다.

실제로 국정을 수행하는 원수(도제)나 내각(콘실리오)은 시민이라는 유권자에게 어떤 일을 무엇 때문에 실행하려 하는지 설명해야 했다. 그리고 그 설명은 항상 구체적으로 이루어졌다. 마키아벨리도 말했듯이, 민중은 추상적인 이야기를 들으면 잘못된 판단을 내리지만 구체적인 이야기를 들으면 의외로 올바른 판단을 내리곤 한다. 따라서 공화국의 위정자들은 자신들의 생각을 국정에 반영하려면 항상 구체적으로 설명할 필요가 있었다. 일례를 들어보겠다.

산마르코 광장에 모인 시민들 앞에서 도제 미키엘은 다음과 같이 말한다.

40척의 갤리선, 28척의 범선, 4척의 대형 갤리선으로 구성된 베네치아 함대를 도제가 직접 지휘해 오리엔트로 떠난다. 중근동의 성지를 '해방'하고 있는 십자군과 같은 그리스도교도로서 함께 싸우기 위해 바다 쪽을 공격할 것이다. 아코, 하이파, 티루스, 아스칼론 등의 항구도시 중 어느 한 곳이, 아니면 그 모든 곳이 전장이 될 것이다. 이 군사행동으로 베네치아가 얻는 것은 공략에 성공한 후 이들 항구도시에 베네치아의 교역기지를 설치하는 것이다.

이 군사행동에 필요한 비용은 얼마이고 참여하는 인원은 1만 명이다. 시민 여러분이 이 군사행동에 대한 찬반을 결정해주었으면 한다.

이렇게 설명한 후에 표결로 결정하는 것이 중세 이탈리아 공화국의 방식이었다. 군주국에서는 한 사람만 이런 결정을 하면 되지만 공화국에서는 다수가 결정하기 때문에 항상 설명할 책임이 요구되었던 것이다.

피사, 제노바, 베네치아의 사정이 이러했기 때문에, 이들은 공략이 성공한 후의 거류지 설치까지 십자군측의 승인을 받고 나서야 비로소 공동투쟁에 들어갔다. 상인의 탐욕 때문만은 아니었다. 이들은 사후에도 역시 전과 보고의 형식으로 시민들에게 설명할 책임이 있었던 것이다.

후대의 연구자는 이탈리아인의 이러한 방식을 비난했지만 동시대 십자군 제후들은 달랐다. 비난하기는커녕, 안티오키아 공작 보에몬드나 예루살렘 왕 보두앵 1세와 2세처럼 지극히 당연한 요구로 받아들인 사람이 더 많았다.

실제로 그들은 전투에서 고생을 해보았기 때문에, 이슬람의 지배하에 있는 항구도시를 공략하는 과정에서 이탈리아 해양 도시국가의 해군력과 병사들의 전투력이 얼마나 중요한 공을 세웠는지 충분히 알고 있었던 것이다.

또한 공략한 후에 경제기지가 활발하게 기능하는 것은 십자군 국가들의 경제 기반 강화로도 이어지므로 그 효과도 생각했을 게 분명하다. 실제로 현지에서 고생하는 사람들에게는 십자가에 서약했는지의 여부가 그다지 문제되지 않았을 것이다.

상관

그러나 독자적인 거류지를 설치할 수 있는 건 그리스도교의 지배하에 들어간 도시에서만이었다. 같은 중근동에서도 아직 이슬람의 지배하에 있는 도시에서는 거류지 같은 것을 인정해주지 않았다. 하지만 그렇다고 포기할 중세의 이코노믹 애니멀이 아니었다.

거류지 설치는 불가능해도 상관을 두는 것은 가능했다. 물론 그 지역의 위정자인 술탄이나 아미르(태수)의 허가를 얻어야 했지만.

이 시대에 베네치아의 상관이 알레포에 있었다는 것은 알려진 사실이다. 알레포는 십자군의 기세가 가장 왕성했던 제1차 십자군 시대에조차 한 번도 그리스도교의 지배하에 들어간 적이 없는 이슬람 도시 중 하나다. 베네치아 상인들은 그런 알레포에까지 상관을 두었던 것이다. 그러므로 알레포에서 그다지 멀지 않을뿐더러 훨씬 대도시인 다마스쿠스에도 상관을 두었을 게 틀림없다. 다마스쿠스야말로 카이로와 함께 오리엔트의 물산이 가장 많이 집결되는 도시였으니까.

이렇듯 이슬람 지배하에 있는 나라에도 설치되어 있던 '상관'은, 베네치아 시내에 있던 독일 상관이 그랬듯이, 그리고 나중에 설치된 투르크 상관이 그랬듯이, 팔려는 상품의 견본을 가지고 찾아오는 타국 상인과 상담(商談)을 하는 장소였다.

이슬람 세계에 설치하는 상관은 우호국에 둔 것과는 다른 구조로 만들어야 했다. 건물은 금욕적인 사각형 구조인데, 아무래도 종교상 적의 땅이라는 것을 고려해 바깥쪽으로 활을 쏠 수 있도록 좁고 긴 창을 뚫어놓았다. 한편 굳이 성벽이나 해자를 둘러치지 않은 것은 사업만이 목적이라는 점을 부각시키기 위해서였다. 채광은 널찍하게 확보한 중정(中庭)을 통해 이루어졌다.

그 중정을 빙 두르고 있는, 일본식으로는 1층이지만 유럽에서는 지층으로 부르는 맨 아래층은 상품을 넣어두는 창고로 사용했다. 이발소나 응급처치를 할 수 있는 진료소도 있었다. 중정에서 돌계단을 올라가면 1층에 다다르는데, 집회장으로 쓰는 큰 객실 외에도 수많은 방이 있고, 그런 방 하나하나가 전부 상담을 위한 장소였다. 그 위 2층은 단기 체류자들의 주거용으로 제공되었다. 장기 체류자는 시내에 집을 빌리는 경우가 많았다.

그렇다 해도 결국 이교도의 땅에서 하는 사업이다. 그러므로 유사시에 대비해 식량과 물을 충분히 비축하고, 식사도 상관 안에서 해결할 수 있도록 만들어졌다. 조리장은 화재에 대비해 맨 위층에 배치되었다. 그래서 식사 때가 되면 아랍인이나 투르크인 소년들이 접시를 들고, 중정에서 상담에 열중해 있는 사람들 사이를 분주히 오가는 광경이 일반적이었다. 어쨌든 이슬람교도의 땅인 것이다. '유사시'는 일주일에 한 번은 반드시 찾아왔다.

상관의 첫번째 규칙은 '금요일에 절대로 외출을 금할 것'이었다. 금요일이 되면 이슬람교도가 여러모로 기분이 고양되기 때문에, 상인일지라도 그리스도교도는 모습을 드러내지 않기로 했던 것이다.

이슬람 세계로 출장을 가는 사람에게는 모국을 떠나기 전부터 수염을 깎지 말라는 지시까지 있었다. 수염을 깨끗이 깎으면 동성애의 대상이 될 위험이 있었기 때문이다. 간략한 것이기는 해도 이들은 이탈리아어와 아라비아어 사전까지 지참하고서 사업 여행을 떠났다.

마르코 폴로가 중근동에 들르는 것은 이보다 백 년 후의 일인데, 폴로의 선배들은 중국까지는 아니어도 중동 시장은 이미 망라했던 셈이다. 메소포타미아 지방을 중심으로 하는 중동 서부에 위치하는 중근동의 이슬람 세계에서 시장을 개척하는 일은 이들 중세의 비즈니스 전사들에게 당연한 행위였다.

그러나 새로운 시장을 개척하는 데 열심이었던 것은 이슬람측 경제인도 마찬가지였다. 이들 역시 십자군의 침공과 함께 대거 진출해온 '프랑크인' 상인과의 접촉을 통해, 프랑크인이 사는 지방, 즉 유럽 국가들과 경제적으로 교류하는 것의 이점을 비로소 본격적으로 깨달았다. 침략자 프랑크인을 쫓아내는 것밖에 생각하지 않았던 이슬람 광신도에게 이러한 깨달음은 분명 큰 영향을 미쳤을 것이다. 광신도도 전쟁을 하기 위해서는 돈이 필요하고, 그 돈을 내는 것은 이슬람 세계에서도 경제인이었기 때문이다.

이리하여 이탈리아 경제인들은 이슬람 세계의 동료 경제인들에게 그들이 생산하는 오리엔트의 물산이 서방에 대량으로 팔릴 수 있다는 것을 깨닫게 함으로써, 이제 완전히 수비에 집중하게 된 십자군 국가의 존속에 상당한 공헌을 하게 된다.

중근동의 제해권을 견고하게 유지해 이집트 해군의 접근을 막은 것과 함께, 십자군 국가가 필요로 하는 사람과 물자의 보급을 떠맡은 것이 바로 이탈리아의 해양 도시국가가 십자군에 공헌한 바라고 생각한다.

그렇다고 이탈리아의 해양 도시국가인 이들 피사와 제노바, 베네치아의 남자들이 십자군이라는 대의 앞에 일치단결하여 행동했느냐 하면, 실은 그렇지 않다.

오리엔트 교역의 첫번째 주자였던 아말피 공화국이 십자군 시대가 도래하기도 전에 쇠퇴해버린 것은 교역입국을 이해하지 못했던 영토형 국가 노르만 왕국에 병합되어버린 탓이었지만, 그 밖의 세 나라의 운명을 결정한 것은 그들의 라이벌 의식이었다.

피사가 국가로서 괴멸적인 피해를 입게 된 것은 제노바와의 전투에서 패했기 때문이다. 이후 피사는 국가의 후원을 받지 못하게 되어 각 상인의 재능에만 의존하게 되었고, 국력도 쇠퇴해갔다.

한편 피사를 누르고 지중해 서쪽의 패자가 된 제노바에서는 베네치아 공화국에 대한 강렬한 라이벌 의식이 고개를 든다. 이 두 해양 도시국가 사이에서는 십자군 시대 내내 치열한 항쟁이 이어졌고, 십자군 국가가 소멸한 후에도 120년 동안 네 차례에 걸쳐 싸움을 벌였다.

하지만 그에 대해서 자세히 서술하려면 십자군 역사의 본류에서 벗어나게 된다. 그리고 분량도 웬만한 책의 3분의 2 정도가 될 것이다. 그러니 이에 대해 자세히 알고 싶은 사람은 『바다의 도시 이야기』 상권의 '라이벌 제노바' 부분을 읽어달라고 부탁하고 싶다.

그러나 이것만은 말해두기로 한다. 동지들 간의 치열한 싸움도 쇠퇴기에 벌어지면 활력의 감퇴로 이어지지만, 융성기에 이루어질 경우에는 오히려 쌍방의 활력을 증진시키고 국력을 번영하게 만든다는 것이다. 십자군 시대에 제노바와 베네치아는 모두 융성기에 돌입해 있었다.

그리고 이처럼 경제 교류 하나만 봐도, 2백 년의 십자군 시대 동안 그리스도교도와 이슬람교도 사이의 전쟁만 있었던 것은 아니다. 전쟁은 설령 당사자들이 의도하지 않았어도 당사자 사이의 교류를 촉진시킨다. 십자군 시대도 예외는 아니었다.

온건한 이슬람교도

십자군 시대의 중근동을 디오라마처럼 묘사한다면, 병사들의 대열이 요란한 금속음을 내며 오가고, 성지순례를 위해 찾아온 사람들이 기도문을 읊조리면서 다니고, 그 옆으로 교역 상인들이 물품을 실은 짐수레를 끌며 오가는 풍경 정도가 될 것이다. 즉 각자의 목적은 달랐어도, 무장한 사람이나 그러지 않은 사람이나 많은 유럽인이 활발하게 왕래하고 있었던 것이다.

이러한 가운데 이교도 사이의 교류가 실제로 얼마나 이루어졌는가를 느껴보는 데 도움이 될 만한, 어느 이슬람교도가 남긴 글을 소개하고자 한다.

이 사람은 한 번도 십자군의 공략을 받지 않은 시리아의 도시 샤이자르의 '태수(아미르)'였던 우사마 이븐 문키드(Usama ibn Munqidh)이다. 제1차 십자군이 침공해오기 직전에 샤이자르에서 태어나 1188년 살라딘의 절정기에 다마스쿠스에서 죽었다고 하니, 당시로서는 드물게 장수한 사람이다.

이것이 사실이라면 태수 우사마는 제1차 십자군의 성공부터 제2차 십자군의 실패, 그리고 이 때문에 십자군이 고뇌하던 모습을 모두 이슬람측에서 지켜보았다는 이야기가 된다. 그의 영지인 샤이자르는 십자군 국가들로부터 멀리 떨어진 메소포타미아 지방 같은 곳에 있지 않았다. 십자군의 공략을 받은 적은 한 번도 없었지만, 십자군이 지배하는 지역과 산줄기 하나를 사이에 두고 마주 보고 있던 이슬람권 서쪽 끝에 위치하고 있었다. 즉 침공해와서 그대로 눌러앉아 있는 '프랑크인'을 아주 가까이에서 지켜봤던 셈이다.

이 당시 십자군측이 세력을 확립해나갔던 것에 반해 이슬람측은 난립상태를 해소하지 못하고 같은 편끼리 싸움만 하고 있었다. 그런 와

중에도 우사마가 태수로 있던 샤이자르에서는 이슬람군의 집안싸움이든 그리스도교도와의 다툼이든 한 번도 전투가 일어난 적이 없었다. 이것만 봐도 우사마는 정치적으로, 외교적으로, 군사적으로 상당한 재능이 있는 사람이었음에 틀림없다. 또한 십자군측의 주요인물들과도 상당히 친밀한 관계를 유지하고 있었던 것 같다.

그런데 이 이슬람교도는 정치가이자 군인임에 앞서 상당한 교양인이었다. 도적의 습격을 받아 가진 것을 죄다 강탈당했을 때도 재물이나 보석보다도 4천 권에 이르는 장서를 잃어버린 것을 더 애석하게 생각했다. 당시 이슬람 세계의 교양인이 으레 그랬듯 그도 몇 권의 저서를 아라비아어로 써서 남겼다. 여기서 소개하는 것은 그중 일부로, 프랑크인에 대한 이슬람 교양인의 평, 즉 십자군으로 중근동에 와 있던 유럽인에 대한 평이라 할 수 있다. 책은 이슬람교도가 쓴 십자군 관련 서적의 관례대로 "신이여, 이 불신의 무리를 벌하소서"라는 말로 시작하는데, 이어지는 다음 부분이 흥미롭다.

프랑크인 기사에 대하여

프랑크인 사회에서 가장 존경받는 것은 전사로서의 가치다. 따라서 다른 누구보다도 기사의 영향력이 크다. 그들 사회에서는 기사가 군사력을 담당하고 지휘하며, 시민사회의 여러 일을 결정하는 권리까지 가진다.

그들과 우리가 휴전하고 있던 시기의 일이다. 바니야스에 영지를 가진 그리스도교도의 한 소작농이, 영주가 부당하게 가축을 징발했다며 예루살렘 왕에게 그를 고소했다.

예루살렘 왕 폴크는 조속히 왕의 측근으로 추측되는 예닐곱 명의 기사들을 불러 그들에게 일의 조정을 맡긴다. 별실로 물러간 기사들은 전원의 의견이 일치할 때까지 토의한 후 왕에게 돌아와 말했다.

"피고인 바니야스 영주는 원고인 농민에게 변상해야 한다는 것으로 의견 일치를 보았습니다."

이 말을 들은 왕은 일단 피고에게 이 결정에 따르도록 명하고, 원고에게는 기사들과 이야기하여 변상금 액수를 정하라고 명했다. 그 결과 4백 디나르로 합의가 성립되었다.

이 예에서도 볼 수 있듯이 프랑크인 사회에서 기사가 내린 결정은 절대적이며 왕조차 그에 반대할 수 없다. 그리고 전사로서의 능력에 더해 키가 크고 늘씬한 기사는 프랑크인 사이에서 더욱 존경을 받는다.

어느 날 이 왕과 나는 다음과 같은 대화를 나누었다.

"어제는 아주 기쁜 마음으로 보냈소."

"뭐가 그리 전하를 기쁘게 했습니까?"

"듣자 하니 샤이자르 태수, 당신은 위대한 기사이기도 하다지 않소. 당신과 지금까지 여러 차례 이야기를 나누었지만 기사로서도 위대하다는 것은 모르고 있었소."

"전하, 기사라 해도 저는 어디까지나 저희 세계의(즉 이슬람교도의) 기사일 뿐입니다."

프랑크인의 의술에 대하여

십자군의 지배하에 들어간 무나티라의 영주가 나의 백부에게 부하 기사를 치료해줄 의사를 보내달라고 부탁했을 때의 이야기다. 백부는 그리스도교도를 치료하는 데는 같은 그리스도교도 의사가 낫겠다고 생각해 타비트라는 투르크인 그리스도교도 의사를 보냈다. 그런데 이 의사는 열흘도 지나지 않아 되돌아왔다. 우리는 물었다.

"치료가 꽤 빨리 끝난 모양이구려."

의사는 말했다.

"도착하고 나서 곧바로 기사와 여자가 수용되어 있는 병실로 갔습니다. 기사는 다리에 화농이 있었고, 여자는 단순한 영양 부족으로 보였습니다. 우선 기사의 환부를 절개하여 고름을 짜내고 환부에 고약을 바르는 처치를 했더니 금세 증상이 좋아졌습니다. 그리고 여자에게는 열이 내리게 한 후 무엇을 먹어야 하는지 적어주고, 영양만 제대로 섭취하면 된다고 말해주었습니다."

그런데 그곳에 들어온 프랑크인 의사가 갑자기 큰 소리로 외쳤습니다. 이 의사는 의술을 모른다, 고요. 그리고 그 기사에게 말했습니다.

"둘 중 하나를 택해라. 한쪽 발이라도 살리든가, 아니면 두 발로 죽든가."

깜짝 놀란 기사는 무심코 한쪽 발이라도 살리고 싶다고 대답했습니다. 그러자 그 의사는 도끼를 가져오게 하더니 화농이 생긴 다리를 마치 통나무 자르듯이 도끼로 내리쳤습니다. 한 번으로 끝나지 않아 다시 한번 내리쳐서 다리뼈의 골수까지 사방팔방으로 튈 정도였는데, 기사를 보니 이미 숨이 끊어져 있었습니다.

그런 것에는 아랑곳하지 않는 듯한 프랑크인 의사는, 이제는 열 때문이 아니라 처참한 광경을 본 탓에 벌벌 떨고 있는 여자에게 가서 이 여자의 병은 머리에 악마가 들렸기 때문이라는 진단을 내렸습니다. 그래서 여자의 머리카락을 자르도록 명하고, 머리털이 잘리는 동안 악마와의 대결을 위한 준비라며 여자에게 마늘과 겨자를 억지로 먹였습니다. 그 탓에 여자는 한층 초췌해졌습니다.

이어서 밀어버린 머리에 메스를 대고 뼈에 닿을 만큼 깊숙이, 십자 모양으로 쨌습니다. 그리고 거기에 소금을 문질러 발랐습니다. 여자는 신음 소리도 내지 못하고 죽고 말았습니다.

이 지경에 이르자 저는 제가 아직 필요한지 묻고, 필요 없다는 대답을 듣자마자 밖으로 나와 그대로 돌아왔습니다. 그들에게 가기 전에는 알지 못했던, 그들의 의술이 어떤 것인가를 배운 후에요.

샤이자르 태수 우사마의 글은 여기서 끝난다. 유럽인의 의술이 여기에 묘사된 것이 다가 아니라는 것은 '병원 기사단'의 병원에 이슬람교도 환자도 찾아왔다는 사실로 증명될 것이다. 하지만 중세에는 차라리 정육점을 하는 편이 나을 듯한 외과의가 드물지 않았다. 극단적인 일은 뉴스가 되고 연대기에도 기록되지만, 풍파를 일으키지 않은 평범한 방식은 아무리 좋은 결과를 낳아도 뉴스가 되지 않는다. 그것은 현대의 저널리스트에게나 과거의 연대기 작가에게나 마찬가지다. 하지만 이슬람측 의사들이 그리스도교측 의술에 대해 전혀 열등감을 갖지 않았고, 오히려 우월감을 갖고 있었던 듯하다는 것을 엿볼 수 있는 글이다.

프랑크인 남자의 질투에 대하여

아무래도 프랑크인 남자들은 자기 아내에 관한 일에 대해서조차 질투심이 강하지 않은 것 같다. 그들 중 한 사람이 어느 날 아내를 데리고 외출했다가 아내의 지인을 만났고, 아내가 그 남자와 친밀하게 대화하기 시작했다고 하자. 그럴 때 남편은 조금 떨어진 곳에 서서 이야기가 끝날 때까지 기다린다. 혹시 아내와 그 남자의 이야기가 길어지면 남편은 둘을 남겨두고 먼저 집으로 돌아간다. 우리는 이해할 수 없지만, 이것이 그들의 매너인 것이다.

프랑크인의 수치심에 대하여

나의 아버지가 남긴 자산 중 공중목욕탕이 있는데, 다음 이야기는 거기에서 일하던 살림이란 이로부터 직접 들은 것이다.

프랑크인들은 오리엔트식 목욕이 대단히 마음에 들었는지 기사들도 자주 목욕탕에 왔는데, 그들은 벌거벗어도 앞을 가리지 않았다. 게다가 오리엔트식 목욕만 좋아하는 게 아니라 오리엔트식으로 그 부분의 털까지 밀게 하는 자도 많았다.

어느 날 처음 온 듯한 사람이 그런 모습을 보고 살림을 불러 자신도 똑같이 해달라고 부탁했다. 남자의 그곳 털은 그의 수염처럼 수북했는데, 그것을 다 밀어버린 후 그 기사는 무척 만족한 듯한 모습으로 살림에게 말했다.

"살림, 여자한테도 이런 것을 해주나?"

살림이 그렇다고 대답하자 기사는 하인에게 당장 아내를 데려오라고 했다. 부인이 오자마자 기사는 말했다.

"살림, 나에게 해준 것처럼 내 아내한테도 해주게."

이것이 다 끝나자 기분이 좋아진 기사는 살림에게 두 사람 몫 이상의 돈을 주고, 부부가 함께 사이좋게 나갔다고 한다.

이 이야기를 듣고 나는 심사가 복잡해졌다. 수치심이 전혀 없다고 해도 좋을 정도인데, 이들 프랑크인 기사들은 전장에 나가면 왜 그토록 용감하게 싸울 수 있는 것일까. 수치를 두려워하는 마음이 있어야 전투력이 높아진다는 것이 우리 생각인데.

오리엔트화한 프랑크인

프랑크인 중에는 자신들이 침공해온 오리엔트에 자리를 잡고 이슬람교도와 좋은 관계를 유지하며 살고 있는 사람이 적지 않다. 내가 그중 한 사람과 알게 된 것은 안티오키아에 사는 친구를 방문했을 때였다.

친구는 나에게 프랑크인 집에 식사 초대를 받았는데 같이 가지 않겠느냐고 했다. 그래서 따라간 것인데, 그 프랑크인은 군직에서 은퇴한 후 안티오키아 교외에 땅을 사서 그곳에서 나오는 수익으로 평온한 생활을 즐기고 있다고 했다.

그는 청결하고 먹음직스러운 요리를 준비해놓고 우리를 기다리고 있었다. 식탁에 둘러앉았지만 내가 요리에 손을 대지 못하는 것을 보고 프랑크인은 말했다.

"안심하고 드세요. 저도 벌써 몇 년이나 프랑크 요리를 먹지 못했습니다. 이집트인 요리사를 고용했기 때문에 매일 그가 만든 이슬람 요리만 먹고 있어요. 물론 돼지고기는 우리 집 식탁에 절대 오르지 않으니까 안심하고 드셔도 됩니다."

그의 말을 듣고서야 먹긴 했지만, 그래도 고기 요리는 피했다.

식사 후 이 프랑크인과 셋이서 마을 시장으로 나갔다. 그런데 그곳에서 한 여자가 나에게 덤벼들었다. 그 프랑크인 여자는 내가 알아들을 수 없는 야만스러운 그들의 말을 쉴새없이 사납게 퍼부어댔고, 그것을 들은 근처의 프랑크인들이 노기를 드러내며 나를 에워싸는 바람에 순식간에 상황이 험악해졌다.

그것을 보고 그 프랑크인이 끼어들었다. 그리고 여자에게 말했다.

"무슨 일이오, 내 이슬람교도 친구한테."

여자는 새된 목소리로 대답했다.

"내 동생 우르스가 전투중 이슬람 병사한테 죽임을 당했어요."

그러자 프랑크인은 다음과 같이 대답했다.

"보면 알겠지만 이 이슬람교도는 무장하지 않았소. 지금은 나와 같이 그냥 시민이오. 여기 상인들과 마찬가지로 이제 전장에도 나가지 않고, 그 근처에도 가지 않소."

그가 한층 목소리를 높여 모여든 사람들에게 떠나라고 말한 후 내 팔을 붙잡고 자신의 집으로 데려가주어서, 나는 프랑크인들로부터 뭇매를 맞지 않을 수 있었다.

예루살렘의 '템플 기사단'

신도 아시는 것처럼 프랑크인 중에는 예의 없는 인간이 있는데, 여기서 말하는 것은 그런 프랑크인 이야기다.

다른 용무로 예루살렘을 방문하더라도 성도 예루살렘에 가면 알 아크사 사원 터에서 기도를 올리고 싶은 것이 이슬람교도의 당연한 바람이다. 템플 기사단의 단원이기도 한 내 친구들에게 그런 뜻을 말했더니, 그들은 내가 바람을 실현할 수 있도록 어떤 장소에 들어가는 것을 허락해주었다.

알 아크사 사원이 템플 기사단의 본부로 쓰이고 있다는 사실은 나도 알고 있었다. 그런데 그 본부 옆에 그들이 기도를 하기 위해 만든 작은 교회가 있었다. 내 친구인 기사들은 나를 그곳으로 데리고 들어가 나만 남겨두고 나갔다.

혼자 남은 내가 그곳 바닥에 무릎을 꿇고 "알라는 위대하고"라고 읊조리며 기도를 시작하려는 참이었다.

갑자기 템플 기사단의 한 기사가 들어와 내 머리를 억지로 동쪽 방향으로 돌리며 말했다.

"기도는 이쪽 방향을 보고 하는 거야."

그러나 곧바로 따라 들어온 템플 기사단의 기사 몇 명이 이 동료를 데리고 나갔으므로 나는 다시 기도를 시작할 수 있었다. 그래서 다시 "알라는 위대하고"라며 기도를 시작하자 또다시 아까의 그 기사가 들어와서는 내 머리를 동쪽으로 돌리며 "기도할 때는 동쪽을 보는 거라니까"라고 말했다. 이번에도 내 친구인 기사들이 들어와 데리고 나갔는데, 그들 중 한 명이 나가면서 내게 말했다.

"프랑크인의 나라에서 이제 막 온 신참이니까 용서하게. 아직 이 지역에 익숙하지 않아서 기도할 때는 고국에서처럼 동쪽 방향을 바라봐야 한다고 믿고 있거든."

이슬람교도는 메카가 있는 방향을 향해 기도하기 때문에, 예루살렘에서 기도를 하면 남쪽 방향을 보게 된다. 기도하는 방향이 다를 뿐인데 왜 이렇게 화를 내나 싶어 무척 놀랐다.

'바위 사원'에서의 일

지금은 그리스도교의 교회가 되었지만 우리에게는 예언자 마호메트가 승천한 성지인 '바위 사원'을 참배했을 때의 일이다. 동행한 친구가 물었다. 신이 어린아이였던 시절의 모습을 보고 싶으냐고. 내가 보고 싶다고 대답하자 이 사람은 나를 사원 한구석으로 데려갔다. 그곳 벽에는 마리아와 어린 구세주가 그려져 있었는데, 그는 그것을 가리키면서 이것이 어린아이 시절의 신이라고 말했다.

이를 본 나의 시선은 자연스럽게 돔 윗부분으로 올라갔다. 그리고 거기에는 불신의 무리가 믿는 신(즉 그리스도)의 그림이 우리를 내려다보고 있었다.

내 아들을 프랑크인의 나라로 데려가 양육하고 싶다는 요청을 받았을 때의 이야기

성지순례를 위해 찾아온 한 프랑크인과 호형호제할 만큼 친해졌는데, 그와 나는 종교를 뛰어넘어 서로 깊이 이해하는 사이가 되었다. 이 프랑크인은 가끔 우리 집에 찾아와서 열네 살의 내 아들과도 친해졌다.

이 프랑크인이 고국으로 떠나기 전에 우리 집으로 찾아와 이렇게 말했다.

"형제, 나는 곧 고국으로 돌아갈 텐데 그때 자네 아들을 데려가게 해주지 않겠나? 우리나라에서 기사로 키우고 싶네. 장성해서 자네한테 돌아올 때면 여러 교육을 받고 기사 정신을 배워, 사려 깊고 뛰어난 판단력을 지닌 현명한 남자가 되어 있을 걸세."

나는 친절한 이 친구의 우정에 감사하면서도 거절할 수밖에 없었다. 하지만 거절하려면 그가 납득할 만한 이유를 생각해내야 했다. 잠깐 생각한 후 나는 말했다.

"형제여, 자네 우정에 보답하고 싶은 마음이야 간절하네만, 아들의 할머니인 내 어머니가 그 아이를 무척 귀여워한다네. 손자가 멀리 떠나버리면 아이의 할머니는 절망한 나머지 돌아가실지도 모르네."

프랑크인은, 그렇다면 포기할 수밖에 없지, 하며 이별을 고했다.

그리스도교도의 신앙심과 이슬람교도의 신앙심에 대하여

우리의 종교에서도 존중받는 자카리야와 그의 아들 요하네스의 묘를 참배했을 때의 일이다. 그 묘는 나블루스 지방의 세바스티에 있는데, 참배한 후 밖으로 나가보니 공터 너머로 작은 교회가 보였다. 문이 반쯤 열려 있어서 가까이 다가가 안을 들여다보았다. 그 안에는 마치 솜뭉치처럼 머리를 기른 노인 열 명 정도가 열심히 기도를 올리고 있었다. 동쪽 방향을 향해 있고 가슴에 십자를 단 옷을 입고 있었으므로 곧바로 그리스도교도 순례자들이라는 것을 알았다.

이 정경은 내게 깊은 감동을 주었지만, 동시에 나는 뭐라 말할 수 없는 분노를 느꼈다. 과연 어떤 이슬람교도가 이 노인들처럼 진정한 신앙을 갖고 신을 대하고 있는가를 생각하니 애석함마저 느껴졌던 것이다. 찬탄과 분노를 동시에 품고서 나는 살며시 그 자리를 떠났다.

그러고 나서 며칠이 지난 어느 날 다마스쿠스에서 친구와 산책을 하고 있는데, 문득 그 친구가 나에게 물었다. "고행파 수도승들을 찾아가보지 않겠나?" 나는 단박에 동의하고 말에서 내려, 걸어서만 갈 수 있는 그들의 건물로 향했다.

안에는 아무도 없는 것 같았다. 바깥과 달리 어두워 한동안 아무것도 보이지 않았으나, 눈이 익숙해지자 넓은 건물 안에는 기도를 위해 깔아놓은 많은 깔개와 그곳에 앉아 조용하고 평온하게 기도에 전념하고 있는 고행파 수도승들이 보였다. 신을 만나고 있다는 깊은 평안과, 무언가를 완전히 믿는 자만이 잠길 수 있는 지극히 순수한 신앙 안에서.

이 정경은 내 가슴을 깊은 기쁨으로 채워주었다. 그리스도교도 중에 진실로 경건한 사람이 있다는 것은 이미 알고 있었지만, 이슬람교도 중에도 경건한 신도가 있다는 것을 이때 알게 되었기 때문이다. 세속의 여러 것들에 얽매여 있던 나는 이 나이가 될 때까지 고행파 수도승이라 불리는 사람들을 본 적도, 그들이 기도하는 모습을 본 적도 없었던 것이다.

이것으로 샤이자르 태수 우사마의 글에 대한 소개를 끝내기로 한다. 이토록 경건하고 깊은 신앙을 가진 사람들끼리 왜 싸워야만 했을까 하는 생각이 들지만, 유감스럽게도 신앙으로 인한 전쟁이 끊인 적 없는 것이 인간 세계의 현실이다. 12세기 후반에 접어든 중근동에서도 인간의 소박한 소망인 '평화'가 머지않아 끝을 맞이하게 된다.

제3장

살라딘의 등장

십자군 침공을 포함해 파란만장했던 샤이자르 태수 우사마의 일생
이 막바지에 이른 무렵이었다. 예루살렘 왕 아모리는 하나뿐인 아들
이 나병에 걸린 것을 알게 된다. 당시로서는 절망적인 선고였다.

　막 열 살이 된 소년이 이 난치병에 걸렸음이 밝혀진 것은 왕자가 또
래 소년들과 함께 놀고 있을 때였다. 깃털 펜촉으로 손이나 발을 찔러
얼마나 참을 수 있는지를 겨루는 놀이였는데, 왕자 보두앵은 아무리
날카로운 펜촉으로 찔러도 전혀 아파하지 않았던 것이다.

　당시에는 나병이 겉으로 드러난 것은 아니었다. 사실을 모르는 사
람의 눈에 왕자는 늠름한 소년으로 성장해가는 열 살배기로 비쳤을
뿐이다.

그러나 중세시대에 나병은 불치병일 뿐만 아니라 전염병으로 여겨졌다. 당시 유럽에서는, 이 병을 앓고 있다는 것이 알려지면 곧바로 마을에서 추방되어 성벽 밖의 숲이나 동굴에서 나병 환자끼리 모여 살아야 하는 운명이 기다리고 있었다.

공동체 밖으로 나갈 때에는 건강한 사람을 전염시키지 않기 위해 손에 든 지팡이 위에 달린 방울을 울리며 걷는 것이 의무였다. 방울 소리를 듣고 사람들이 멀리 물러나도록 고안된 잔혹한 규칙이다. 단번에 많은 이들을 죽게 하는 페스트는 사람들의 두려움을 샀지만, 육체가 조금씩 무너져가는 나병은 증오와 저주를 받았다. 아직 삼십대 중반밖에 되지 않은 왕이 왕자의 가정교사인 티루스의 기욤에게 이 사실을 전해듣고는, 마치 하룻밤 만에 열 살이나 먹은 것처럼 초췌해졌다는 것도 당연했다.

예루살렘 왕 아모리에게 아들은 보두앵밖에 없었다. 딸 시빌라가 있었지만 보두앵보다 겨우 한 살 위였기 때문에, 사위를 맞이해 유사시를 대비하기에는 너무 어렸다.

게다가 보두앵은 아직 소년임에도 수세로 돌아선 십자군 국가들의 기대를 한 몸에 받고 있었다. 총명하고 책임감이 강하며 감수성도 풍부한 젊은이로 성장하고 있었던 것이다. 예루살렘 왕국, 안티오키아 공작령, 트리폴리 백작령 세 곳 모두, 남자의 시대였던 제1차 십자군 시대가 거짓말이었던 듯이 지배층 여자들이 사사건건 정사에 참견하는 바람에 통치 면에서 난맥상이 두드러지고 있었다. 그녀들의 남편이나 아들인 남자들이 그녀들의 말을 물리치고 일관된 정책을 강행하는 기개를 발휘하지 못했기 때문인데, 그에 따른 폐해는 십자군 국가들의 서민들조차 염증을 느낄 지경에 이르러 있었다.

왕자 보두앵은 그런 사람들의 희망이었다. 항상 명쾌하게 이야기하고 누구에게든 당당하게 행동하며 판단을 내려야 할 때는 모든 책임을 지겠다고 분명히 말하는 왕자를, 중근동에 사는 그리스도교도들은 오랜만에 나타난 이상적인 지도자로 보고 있었던 것이다. 그런데 그 희망이, 적어도 오래 살지 못할 것은 확실한 난치병을 앓고 있는 것이다.

아버지인 왕도 이를 끝까지 숨길 수 있으리라고는 생각지 않았다. 그리고 지금껏 병으로 쓰러진 적이 잦았던 그는, 난치병에 걸린 아들이 아버지를 더는 필요로 하지 않을 때까지 자신이 오래 살 수 있으리라고 낙관할 수도 없었다.

그리 멀지 않은 시기에 예루살렘 왕위에 나병을 앓고 있는 자가 취임하게 된다. 그리고 이 예루살렘 왕국을 중심으로 한 중근동의 십자군 국가들에 사는 사람들은 문둥이 왕의 통치를 받게 되는 것이다.

그리스도교도들이 그에 어떻게 반응할지는 신에게 맡기는 수밖에 없었다. 아니, 그렇게라도 생각하지 않았다면 왕 아모리는 틀림없이 미쳐버렸을 것이다. 왜냐하면 바로 이 시기 이슬람측에서는 누레딘이 오랜만에 결정적인 일보를 내디뎠기 때문이다. 시리아와 팔레스티나를 남북으로 가르는 산맥의 동쪽과 서쪽의 명암 차이는 점점 극명해져갔다.

수니파와 시아파

이집트에서는 완벽해 보이던 파티마 왕조가 조금씩 무너져가고 있었다. 바그다드의 아바스 왕조가 수니파라면, 카이로를 본거지로 하는 파티마 왕조는 시아파다.

따라서 이 두 왕조에는 종교상의 최고권위자인 칼리프가 존재했는데, 그 칼리프를 도와 나라의 통치와 방어를 담당하는 인물을 바그다드에서는 '술탄', 카이로에서는 '비지르(visir)'라고 부르고 있었다.

또한 이 시대에는 시아파와 수니파가 서로 다른 민족이었는데, 시아파는 셀주크투르크 민족이 주류였으며, 수니파는 아직 아랍인이 권력을 잡고 있었다.

1168년 이집트 파티마 왕조의 칼리프 자리에는 무능한 젊은이가 앉아 있었다. 칼리프는 세습제이므로 무엇보다 혈통이 중시된다. 설령 칼리프가 하렘에서의 생활밖에 모르더라도, 번역하자면 '재상' 정도가 되는 '비지르'가 실질적인 통치를 해온 덕에 파티마 왕조가 지금까지 이어져 내려왔던 것이다. 하지만 이 시기 재상 지위에 있던 샤와르는 그것에 만족하지 않았다. 은밀히 자신의 권력을 키우기 위한 책략을 꾸미기 시작한 것이다.

그런데 샤와르는 자신과 험악한 관계인 아들 카릴에게 이 사실을 들키고 만다. 카릴은 하렘에 틀어박혀 있는 칼리프의 허가를 얻어, 아버지를 무너뜨리기 위한 군대를 파견해줄 것을, 하필이면 시아파와 적대 관계에 있던 수니파의 최고권력자인 누레딘에게 요청했다.

앞서 말한 대로 누레딘은 이라크와 시리아를 통합해 광대한 영토를 획득함으로써 무장으로서의 능력을 충분히 인정받고 있는 존재였지만, 단순한 무인에 만족하지 않는 남자이기도 했다. 도시 개조부터 아름다운 모스크의 건설, 병자들을 위한 의료 시설 확충, 빈민 구제를 목적으로 한 복지정책의 확립, 게다가 교육이나 문화의 향상에까지 노력을 기울여 그리스도교 세계의 주교에 해당하는 이슬람교 이맘들로부터 칭송을 한 몸에 받고 있을 정도였다.

누레딘은 이 해에 막 쉰을 넘긴 참이었다. 인생 최후의 대사, 그것도 알라가 기뻐할 것임에 틀림없는 대사를 실행할 때가 바로 지금이라고 생각한 것도 당연했다.

이집트 재상의 아들로부터 원군을 파견해달라는 요청을 받았을 때, 누레딘의 머릿속에는 이 호기를 살리면 이집트를 수니파로 만들 수 있겠다는 생각이 스쳤을 것이다.

둘로 나뉜 상태에서는 항상 한쪽이 다른 한쪽을 병합하고 싶어한다. 이슬람 세계에서는 시아파와 수니파, 그리스도교 세계에서는 가톨릭교와 그리스정교가 그 예다.

누레딘은 바그다드의 칼리프가 일찍이 술탄으로 임명해준 바 있다. 이라크와 시리아에서는 이미 최고권력자가 되어 있는 셈이다. 여기에 이집트를 더한다면 티그리스강에서 나일강까지, 이슬람 세계의 주요 지역이 모두 누레딘의 지배하에 들어오게 된다. 이슬람 세계의 일체화라는 대사업이 누레딘의 손으로 비로소 달성되는 것이다. 쉰 살을 막 넘어선 겸허한 이슬람교도에게 이토록 감미로운 꿈은 없을 것이다. 그는 즉시 다마스쿠스에서 군대를 편성하기 시작했다.

이듬해인 1169년 1월 2일, 8천 명의 기병으로 구성된 군대가 다마스쿠스를 출발한다. 기병으로만 편성한 것은 빠른 공격으로 승부를 내려고 작정했음을 보여준다.

누레딘은 이 8천 명의 기병을, 지금까지도 자주 중요한 임무를 맡겨온 시르쿠(Shirkuh)가 이끌도록 했다. 장군 시르쿠는 셀주크투르크 출신이 태반인 누레딘의 부하들 중에서 드문 쿠르드족 출신 무장이었는데, 누레딘은 재능만 있다면 출신 부족을 상관하지 않는 장점을 갖고 있었다.

장군 시르쿠는 이집트로 출정하라는 누레딘의 명령을 받자, 곧 서른 살이 되는 조카를 데려가고 싶다고 청해 허락을 받았다.
살라딘이라는 이름의 이 청년은, 육체부터 무인다운 분위기를 풍기는 누레딘이나 시르쿠와 달리 키도 보통 사람보다 작고 풍모도 지식인에 가까웠다. 그 나이가 되도록 학문과 교양을 쌓았다고 하는데, 서른 살이 될 때까지 사람들의 눈길을 끌지 않았던 이 청년을 파견군에 더하는 것은 누레딘에게 별로 신경 쓰이는 일이 아니었다. 신뢰하는 시르쿠의 부탁이라 받아들이긴 했지만 그에 대한 기대는, 학문을 쌓았다고 하니 이집트를 수중에 넣은 뒤 행정관으로 일을 시킬 수 있겠다는 생각 정도였다.

모술의 북쪽 티그리스강 근처, 전통적으로 쿠르드족이 많이 사는 타크리트(Takrit)에서 태어나 아버지와 백부의 임지인 시리아에서 자란 살라딘은, 이리하여 다마스쿠스에서 이집트로 향하는 군대에 들어가게 되었다.

파티마 왕조의 멸망

1월 8일, 시르쿠가 이끄는 군대는 일찌감치 카이로에 도착한다. 그들을 맞이한 것은 재상의 아들 카릴이었다. 다마스쿠스군의 전격적인 도착으로 겁에 질린 재상 샤와르는 모습조차 드러내지 않았다. 카릴과 시르쿠는 군대 파견의 대가로 미리 합의했던 것처럼, 이집트 전 영토의 3분의 1을 누레딘에게 양도하는 것을 명기한 증서에 조인한다. 이로써 이집트는 실질적으로 누레딘의 영토가 되었다.

병사 한 명 잃지 않고 이렇게 간단히 성과를 얻은 것에 안도했는지, 장군 시르쿠는 카이로 교외에 있는 예언자 아쉬 샤피의 묘소에 참배하기로 한다. 다만 장군의 조카는 카이로에 남았다.

장군 시르쿠가 카이로를 비운 그날 밤, 살라딘이 이끄는 부대가 재상 샤와르의 저택을 습격했다.

예언자의 묘를 참배하고 돌아온 시르쿠는 살해당한 샤와르를 대신해 재상 지위에 오른다. 하렘에 있는 칼리프로부터 승낙을 얻는 일은 간단했다.

그런데 재상이 된 시르쿠는 두 달 후인 3월 23일 갑자기 죽어버린다. 욕실에서 미끄러져 머리를 다친 것이 원인이라고 하는데, 어쨌거나 이 백부의 죽음에 조카가 전혀 관여하지 않은 건 확실하다.

그러나 백부가 죽은 지 얼마 지나지 않아 그는 칼리프의 명으로 재상에 임명된다. 다마스쿠스를 뒤로한 지 두 달하고도 삼 주밖에 되지 않았다. 전광석화라고 해도 좋을 만한 속도로, 서른한 살의 재상이 출현한 것이다.

이에 놀란 것은 다마스쿠스에 있던 누레딘이었다. 샤와르의 살해와 그를 대신한 시르쿠의 재상 취임까지는, 예상 밖이기는 해도 나쁘지 않은 전개로 받아들이고 있었다. 그런데 그로부터 두 달밖에 지나지 않아 시르쿠의 죽음과 예의 그 애송이가 재상에 취임했다는 보고를 동시에 받자 놀라지 않을 수 없었다.

그러나 누레딘은 살라딘을 자신의 충실한 부하였던 시르쿠와 같은 선상으로만 생각했다. 즉 자신의 부하 중 하나, 그것도 신참으로밖에 보지 않았던 것이다. 당연히 이집트는 자신의 것이며, 이제 겨우 서른한 살 된 이 쿠르드족 젊은이는 자신의 명령에 무조건 복종할 것이라고 믿었다.

이렇게 생각한 것은 예루살렘 왕 아모리도 마찬가지였다.

새로운 십자군의 계획과 좌절

누레딘이 바그다드에서 다마스쿠스까지 수중에 넣은 것만으로도 십자군 국가들에는 충분히 위협적이었다. 그런데 이제 바그다드에서 다마스쿠스를 거쳐 카이로까지 누레딘의 지배하에 들어간 것이다. 중근동의 십자군 세력은 이제 서쪽 지중해를 제외하고 북쪽과 동쪽, 남쪽까지 삼면이 포위된 형국이었다. 바다에 접해 있지 않은 예루살렘의 운명은 풍전등화라고 해도 과언이 아니었다.

예루살렘 왕 아모리는 로마 교황에게 특사를 파견하여 새로운 십자군 원정을 위해 힘써달라고 요청한다. 누레딘의 기세에 제동을 걸 수 있는 것은 유럽의 새로운 십자군 원정밖에 없다고 생각했기 때문이다.

그러나 이 탄원에 가까운 요청을 받은 로마 교황 알렉산드로스 3세는 움직이고 싶어도 움직일 수 없는 상황이었다.

로마 교황은 군사력을 갖고 있지 않다. 따라서 군사력을 가진 다른 누군가에게 원정을 부탁해야 한다. 하지만 이 시기 군사력을 가진 유럽의 3대 유력자는 십자군에 신경 쓸 계제가 아니었다.

우선 독일의 신성로마제국 황제이자, '붉은 수염'이라는 별명으로 더 유명한 프리드리히 1세. 제2차 십자군에 황제 콘라트의 부대장 격으로 참가한 적이 있는 사람이므로 사정만 허락한다면 이 이상의 적격자가 없었다. 그러나 사정이 허락하지 않았다. 이 시기에 이탈리아 북부 일대에 나타난 '코무네'라는 자치도시군과 정면으로 격돌하는 바람에 전투에 여념이 없었다. 로마 교황과 베네치아 공화국이 적극적으로 화해를 주선한 덕에 사태가 심각해지는 것은 면했지만, 황제가 자유롭게 쓸 수 있는 전력의 감소는 피할 수 없었다.

제2차 십자군을 이끌었던 또 하나의 인물인 프랑스 왕 루이 7세는, 사정만 허락된다면 새로운 십자군을 이끌고 원정을 떠남으로써 실패로 끝난 제2차 십자군의 설욕을 하고 싶었을 것이다. 하지만 루이 7세도 개인적인 문제가 국가적인 문제로 발전하는 바람에 매우 다망한 나날을 보내고 있었다.

실패로 끝난 제2차 십자군 원정에서 돌아온 루이 7세는 왕비와의 이혼으로 비롯된 문제에 직면했다. '아키텐의 엘레오노르'로 통하던 왕비 엘레오노르는 이름에서도 알 수 있듯 아키텐 지방이라는 프랑스 서남부의 광대한 영토의 여상속인이었다. 엘레오노르와 결혼 상태일 때는 아키텐 지방이 프랑스 왕의 영토에 병합되어 있었지만, 프랑스 왕과 이혼한 엘레오노르가 영국 왕 헨리 2세와 재혼하자 문제가 복잡해졌다. 즉 아키텐 지방이라는 광대한 영토가 몽땅 프랑스 왕에서 영국 왕의 손으로 넘어가버린 것이다. 이리하여 그 손실을 단념할 수 없었던 프랑스 왕과, 아키텐을 수중에 넣고 그 기세를 몰아 다른 프랑스령에까지 세력을 확대하려는 영국 왕의 전쟁이 프랑스 땅을 무대로 시작된 것이다.

영토를 지키기에 급급한 프랑스 왕에 비해 오로지 공세만 취하던 영국 왕은 십자군 원정에 적극적으로 나설 수 있었느냐 하면 그것도 그렇지 못했다. 영국 왕 헨리 2세는, 고등학교 세계사 교과서에도 실려 있는 대주교 '토머스 베켓 사건'에 대처하느라 바빴기 때문이다.

오늘날에는 이 사건을 세속의 권력으로부터 신앙을 지키기 위한 싸움으로만 간주한다. 하지만 그 발단은 가톨릭교회 세력이 국정에 침투하는 것을 저지하려 한 영국 왕 헨리가, 자신의 친구이자 재상이었던 토머스 베켓을 영국 가톨릭 세력의 정점인 캔터베리 대주교로 임명한 데서 시작되었다. 자기 마음을 이해할 수 있는 친구일뿐더러 재상을 역임한 적도 있으므로 왕권과 교황권의 대립에서도 왕권에 대한 이해가 더 깊으리라는 것이 베켓을 대주교로 임명한 이유였는데, 이러한 기대는 보기 좋게 어긋나고 말았다.

캔터베리 대주교에 취임한 베켓은, 그가 차지한 지위상 당연한 일이지만, 공공연하게 로마 교황 편에 섰다. 때문에 왕과 대주교 사이가 험악해지자 베켓은 영국을 떠나 망명했는데, 그 망명지가 좋지 못했다. 영국 왕과 영토 분쟁이 한창이던 프랑스 왕 루이 7세에게 간 것이다.

이리하여 영국의 국내 문제였던 것이 국제 문제로 발전하고, 종교 문제였던 것이 정치 문제가 되고 말았다. 그리고 영국으로 돌아가기로 결심하고 귀국한 베켓을 기다리고 있던 것은, 헨리가 묵인해준 자객이었다.

토머스 베켓이 살해당함으로써 일은 일단락된 것처럼 보였으나 실제로는 그렇지 않았다. 캔터베리 대주교가 살해당하자 로마 교황이

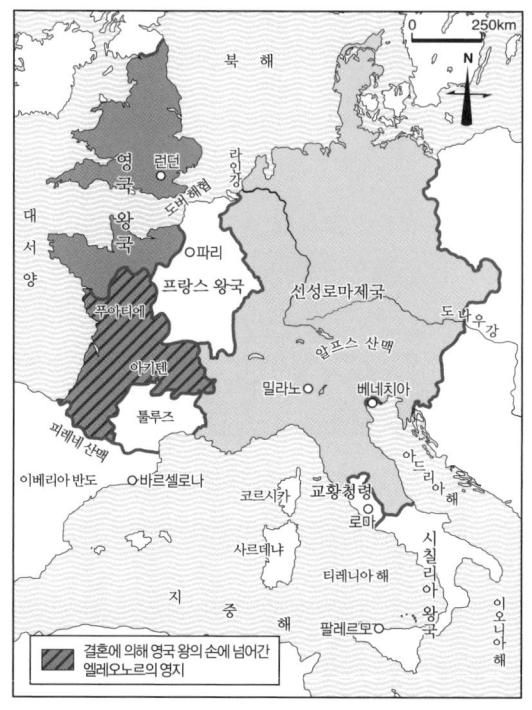

유럽 주요국가의 세력도

영국 왕 헨리 2세를 파문에 처한 것이다. 헨리 2세도 파문을 일소에 부
칠 수는 없었다. 프랑스 왕과는 영토 분쟁중인데, 그런 프랑스로 도망
가 있던 베켓을 죽였다는 이유로 프랑스 왕과 로마 교황이 반영국 공
동전선을 결성하게 된 것이다. 이렇게 영토 분쟁에다 종교 분쟁에까
지 휩쓸리고 말았으니, 헨리 2세가 십자군 원정을 떠날 계제가 아니었
다는 것은 사실이었다.

250

이처럼 유럽의 유력자들은 각자 다른 사정으로 인해 십자군 원정을 떠날 만한 상황이 못 되었지만, 예루살렘 왕 아모리가 걱정하던 일은 아직 현실로 일어나지 않았다. 성도 예루살렘의 운명은 풍전등화의 상황에서 조금 벗어난 듯했다.

왜냐하면 이제 막 삼십대에 들어선 이슬람의 애송이는, 스무 살이나 많은 최고권력자가 믿었던 만큼 순종적이지는 않았기 때문이다.

젊은 살라딘

외모는 '지식인' 같았지만 이상하게 살라딘은 병사들에게 인망이 있었다.

지난해인 1169년, 다마스쿠스군의 카이로 도착, 재상 샤와르 살해, 재상이 된 백부 시르쿠의 죽음, 그리고 직후에 이루어진 살라딘의 재상 취임 등 일련의 사건들이 마치 시간을 낭비하고 싶지 않다는 듯이 잇달아 성공한 것은, 자신이 이끌고 온 것도 아닌 셀주크투르크의 기병들을 쿠르드족 출신의 살라딘이 완벽하게 통제하고 있었기 때문이다.

누레딘으로서도 이와 같은 상황은 딱히 거슬릴 것이 없었기에, 직접 군대를 이끌고 카이로로 가서 자신의 권력을 확실히 할 필요까지는 없다고 생각하고 있었다. 아직 살라딘을 가볍게 보고 있었던 것이다. 그리고 이듬해인 1170년, 시리아 전역에 또다시 지진이 덮친다. 누레딘은 이에 대한 대책에 지난번 이상으로 몰두했다. '크락 데 슈발리에'조차 일부가 무너져내려 본격적인 복구가 필요했다고 하니, 알레포나 다마스쿠스처럼 인구가 많은 도시가 받은 피해는 매우 처참했을 것임에 틀림없다. 이들을 내버려두고 이집트로 갈 수 있는 상황이 아니었고, 무엇보다도 누레딘에게 그럴 마음이 없었다.

한편 살라딘은 누레딘이 간섭하지 않는 것을 기화로 십자군 세력을 독자적으로 공격하기 시작했다. 이집트에서 하는 것이니 공격 방향은 남쪽에서 시작된다. 살라딘은 예루살렘 왕령의 남쪽을 지키는 성채 하나를 공격했지만 예루살렘 왕과 템플 기사단의 방어에 막혀 철퇴해야 했다. 다음으로 공격한 곳은 가자였다. 하지만 이곳도 예루살렘 왕의 장수가 죽음을 각오하고 저항하는 바람에 역시 철퇴로 끝났다.

그러나 이 첫 경험에서 서른두 살의 살라딘은 몇 가지를 배운다. 이슬람교도 병사들은 성채를 공격하는 싸움에 능숙하지 못하다는 것, 또한 바다 쪽의 공동투쟁 없이는 바다에 접한 항구도시 공략은 불가능하다는 것이다. 십자군측 성채는 모두 난공불락으로 우뚝 솟아 있고, 팔레스티나 해안에는 이탈리아 해양 도시국가의 갤리선이 오가고 있었다.

지진 피해에 대한 대책이 일단락된 무렵, 쉰두 살의 누레딘은 이집트에서 마음대로 활개치고 있는 서른두 살의 살라딘을 떠올렸다. 그래서 당장 어떤 임무를 수행하라는 엄명을 내린다. 금요일 모스크에서 열리는 예배 때, 신도들이 기도하면서 술탄 누레딘의 이름을 외우게 해야 한다는 것이었다.

살라딘에게 이것은 위험으로 이어질 것이 명백한 어려운 문제였다.

살라딘은 시아파를 믿는 사람들의 나라를 통치하는 수니파 지배자이다. 게다가 바로 얼마 전 재상에 취임한 참이다. 그러잖아도 더욱 신중한 배려가 필요한 상황인데, 시아파 신도들에게 수니파 술탄의 장수를 빌라고 명령해야 하는 것이다. 일촉즉발의 위기 상황이었다.

서른두 살의 살라딘은 일단 애매하게 얼버무려 그 위험을 피하려 했다. 하지만 누레딘도 만만치 않아서, 자신의 명령에 좀처럼 복종하지 않는 살라딘을 설득하라고 그의 아버지를 이집트로 보낸다.

이제 절체절명이라고밖에 할 수 없는 상황이었는데, 참으로 시의적절하게도, 하렘 안의 생활밖에 몰랐던 카이로의 칼리프가 아직 젊은 나이임에도 하렘 안에서 갑작스럽게 죽고 만다.

살라딘은 다음 칼리프를 옹립하지 않았다. 파티마 왕조는 이렇게 단절되었고, 아바스 왕조의 술탄인 누레딘의 이름을 외움으로써 일어날 만한 위험도 자연스럽게 함께 소멸되었다. 즉 시아파의 본거지였던 이집트는 최고권위자인 칼리프의 혈통이 끊어짐으로써 수니파의 지배하에 들어간 것이다.

이듬해인 1171년, 또다시 독자적인 군사행동을 위해 북상하던 살라딘의 군대는 무슨 일인지 남하하고 있던 누레딘의 군대와 니어 미스 상황*처럼 맞닥뜨리고 말았다. 도망친 것은 물론 살라딘 쪽이었다. 하

---

* 항공기가 공중에서 위험할 정도로 서로 접근하는 것. (옮긴이 주)

지만 도망치는 데는 이유가 필요하다. 그래서 카이로에서 종교 문제로 인한 폭동이 발발해 이를 진압해야 한다는 이유로 카이로까지 도망치듯 돌아간 것이다.

그런 살라딘을, 카이로에서 기다리고 있던 아버지가 또다시 설득하기 시작한다. 소수민족인 쿠르드족 출신이면서도 등용되어 출세한 백부 시르쿠와 아버지는 누레딘에게 깊은 은혜를 입었다고 생각하고 있었다. 그런 아버지가 술탄에게 사죄하라고 설득하는 것이다. 아무래도 이때는 살라딘도 고집을 꺾고 누레딘에게 사죄의 편지를 보낸 모양인데, 사실 살라딘은 백부나 아버지처럼 누레딘에게 은혜를 입었다고는 생각하지 않았다. 그러나 이끄는 병력의 차이는 분명했다. 그래서 일단은 지금까지 자신이 벌인 행위를 사죄하기로 한 것이다. 누레딘도 그것으로 어느 정도 마음이 풀렸는지, 딱히 그를 처벌하지 않고 다마스쿠스로 돌아갔다.

그런데 이듬해인 1172년이 되자마자 누레딘의 정식 명령이 카이로에 도착한다. 다마스쿠스에서 출발하는 군대와 카이로에서 출발하는 군대가 힘을 합쳐 요르단강 동쪽에 펼쳐진 예루살렘 왕령을 공격하라는 명령을 내린 것이다. 하는 수 없이 군대를 이끌고 이집트를 출발한 살라딘은 시나이 반도를 횡단해 예루살렘 왕국 영토의 남단까지 진군했다.

그러나 거기서 더 북상하지 않고 군대와 함께 카이로로 돌아와버린다. 이번에 '도망친' 이유는 카이로에 남아 있는 아버지가 위급한 병에 걸렸다는 것이었다.

누레딘은 이제 핑계를 믿지 않았다. 그래서 부하 한 명을 급히 카이로로 보내 진짜 병에 걸렸는지 아닌지 알아보게 했다. 부하가 보내온 답은, 위급한 병에 걸렸을 뿐 아니라 전날 밤에 세상을 떠났다는 것이었다. 그리고 상중이라서 당분간 군무에 임하지 않겠다는 살라딘의 변명까지 전해왔다. 분노를 풀 길 없었으나 누레딘은 다마스쿠스로 돌아갈 수밖에 없었다.

이듬해인 1173년이 지나도록 누레딘은 다마스쿠스에서 거리를 두고 카이로를 매섭게 쏘아보기만 했다. 살라딘은 아무래도 위협을 느꼈을 것이다. 그는 동생에게 군대를 이끌고서 아라비아 반도 남쪽에 있는 예멘을 공략하게 했다. 예멘까지 영유할 생각이었다기보다 누레딘의 군대가 공격해올 경우 도망칠 곳을 확보하기 위해서였다. 다마스쿠스와 카이로는 이제 정면으로 격돌하는 일밖에 남아 있지 않다고, 이슬람측뿐만 아니라 십자군측도 그렇게 생각했다.

그러는 사이 1174년으로 해가 바뀌었다. 누레딘은 결국 건방진 애송이를 완전히 제거하기로 결심한다. 이집트를 공격하기 위한 군대가 다마스쿠스에서 신속하게 편성되었고, 술탄의 궁에는 누레딘의 지시를 받드는 장수들이 바쁘게 드나들었다.

그런 와중에 누레딘은 커다란 탁자 위에 지도를 펼쳐놓고 이집트 공략의 전략과 전술을 짜내느라 밤잠도 제대로 자지 않는 나날을 보내고 있었다.

그러던 어느 날, 방으로 들어온 하인이 지도 위에 쓰러져 있는 누레딘을 발견했다.

이슬람측 기록에 따르면 사인은 편도선 부종으로 인한 고열이라고 한다. 하지만 나는 예의 쿠르드족 애송이에 대한 분노가 치솟은 나머지 분사(憤死)한 것이 아닌가 하는 생각이 든다. 쉰여섯 살의 누레딘에게 서른여섯 살의 살라딘은 분노의 씨앗 같은 존재였던 게 아닐까. 은혜도 모르는 건방진 쿠르드 애송이놈, 이번에야말로 나의 힘을 똑똑히 보여주겠다, 며 미친 듯이 격노하다 심장이 멈춰버린 것은 아니었을까.

이보다 3백여 년 뒤, 르네상스 시대의 정치사상가 마키아벨리는 성공한 지도자에게 필요한 조건으로 다음 세 가지를 들었다.

역량(virtù), 행운(fortuna), 시대가 필요로 하는 자질(necessità).

눈엣가시이던 인물이 적절한 시기에, 이쪽에서 손도 쓰지 않았는데 알아서 사라져주는 것만한 행운도 없다.

이슬람측 '선수' 교체의 해가 된 1174년은 그리스도교측에서도 '선수' 교체의 해였다. 예루살렘 왕 아모리가 서른여덟 살의 젊은 나이에 세상을 떠난 것이다. 유럽의 도움이 전혀 없는 상황에서 누레딘을 상대하며, 종교 기사단과 성채에 의지해 12년을 고생한 끝에 찾아온 죽음이었다.

아모리의 뒤를 이어 왕위에 오른 사람은 그의 하나밖에 없는 아들, 몸속에 나병이라는 폭탄을 안고 있는 열세 살의 왕이었다.

문둥이 왕 보두앵

나병은 몸 안쪽에서부터 병이 진행되기 때문에 초반에는 건강한 사람과 외관상 다르지 않다. 그래도 많은 사람들이 사실을 알고 있었으므로, 열세 살에 왕이 된 보두앵 4세의 대관식에 참석한 사람들의 가슴속에는 애처로운 마음과 함께 이 왕을 모실 자신들의 미래에 대한 불안감이 자리 잡고 있었다.

하지만 소년은 신하들보다 더 정확하게 스스로의 상황을 알고 있었다. 자신의 수명이 길지 않다는 것. 그렇지만 가능한 한 할 수 있는 일을 하겠다는 기개가 가득했다.

지도자의 첫번째 조건은 자신이 지도자라는 것을 강하게 자각하는 일이다. 지도자에게 불가결한 이 책임감은 가정교사로 이 소년을 키워온 티루스의 기욤에게서 기인한 바가 컸을 것이다. 고대부터 팔레스티나의 중요한 항구도시였던 티루스에서 태어난 그리스도교도였던 이 교양인은, 다른 가톨릭교회의 성직자들과 달리 중근동의 현 상황을 숙지하고 있었다.

예루살렘 왕국의 문장
(흰색 바탕에 노란색 십자)

보두앵 4세라는 이름으로 예루살렘 왕국의 왕위에 오른 문둥이 왕이 가장 먼저 한 일은 어머니 아녜스 드 쿠르트네를 왕궁에서 멀리 떼어놓는 것이었다. 미성년자가 왕위에 올랐을 때 어머니가 섭정의 명목으로 국정에 개입하는 것은 최근 반세기 동안 이어진 십자군 국가들의 악습이었다. 이에 보두앵은 왕위에 취임한 직후 명확하게 제재를 가한 것이다. 물론 아녜스는 불만을 감추지 않았지만, 어머니에 대한 애정보다 나라의 운명을 우선해야 한다는 것이 보두앵의 생각이었을 것이다.

소년 왕이 이어서 강행한 일은 티루스의 기욤을 예루살렘 왕국의 재상으로 임명하는 것이었다. 이것도 여러 면에서 '강행'이었다.

로마 교황은 예루살렘이 모든 그리스도교도의 성도라는 이유로 지금까지 여러 차례 예루살렘 왕국의 국정에 개입해왔다. 예루살렘에는 그 교황의 대리자인 대주교가 있고, 예루살렘 이외의 다른 도시에도 로마에서 파견된 많은 고위 성직자가 주재하며, 그들이 세속의 군주 같은 대우와 권위를 향유하는 것이 당연시되고 있었다. 그 사람들을 제치고, 요즘 말로 하면 '현지 채용'을 한 셈이니, 중근동의 십자군 국가에 주재하는 가톨릭교회 고위 성직자들을 적으로 돌릴 수도 있는

258

용감한 인사였던 것이다.

그러나 '티루스의 기욤'의 협력을 얻은 보두앵 4세의 정치, 외교, 군사는 이전 왕들 때와 달랐다. 적측에 살라딘이 있었다는 것을 감안하면 놀라울 정도의 효과를 거두게 된 것이다. 나병을 앓고 있는 소년 왕을 맞이한 사람들이 품고 있던 동정과 불안은 조금씩 감동으로 변해갔다.

인간세계에는 교활한 인간이 많다. 그런 자질이 그 인물이 이끄는 공동체를 위해 쓰이는지, 아니면 자기 자신만을 위해 쓰이는지는 차치하고라도 교활하다고밖에 할 수 없는 사람이 많다. 그렇기에 인간은 '의로움을 위해 목숨을 버리는 사람'을 보면 감동하는 것이다. 왕국 내의 봉건영주와 가신과 병사 들 모두 예루살렘 왕이 된 보두앵이 나병을 앓고 있다는 것을 알고 있었지만, 그런 그에게 다가가는 것을 꺼린 이는 한 사람도 없었다.

또한 이 시기 이슬람측의 사정도 문둥이 왕에게 행운이었다. 문둥이 왕이 열세 살인 것에 비해 살라딘은 서른여섯 살인데다 경험도 많았지만, 누레딘이 죽었다고 해서 그가 통일한 이라크와 시리아가 그대로 굴러들어온 것은 아니었기 때문이다.

술탄이었던 누레딘은 일본 역사에 비유하면 '쇼군'에 해당한다. 한편 살라딘은 일개 '다이묘'에 지나지 않는다. 게다가 소수민족인 쿠르드족 출신이기 때문에, 다이묘 중에서도 쇼군과의 관계가 느슨하고 군사 동원 등에만 응하는 말단 다이묘에 지나지 않았다. 더구나 쇼군이 사망한 후에는 쇼군의 아들이 뒤를 잇는 것이 관례다. 누레딘에게는 아직 어리기는 하나 아들이 있었다.

누레딘이 죽었다는 소식을 들은 살라딘이 제일 먼저 한 일은, 이 정통 후계자에게 신하의 한 사람으로서 충성을 서약하는 것이었다. 한편으로 누레딘의 미망인 중 한 사람과 결혼을 추진했다. 정통성을 확보하기 위한 사전작업의 첫걸음이었음은 물론이다. 아내가 하나인 그리스도교 세계와 달리 여러 명의 아내를 거느릴 수 있는 이슬람 세계에서는 이러한 경우 무척 유리했다.

예루살렘의 왕 보두앵 4세의 이슬람 대책은 일관되게 가능한 한 전면적인 대결을 피하는 것이었다. 그래서 지금껏 누레딘의 지배에 마지못해 복종해온 이슬람측 영주(아미르)들을 눈여겨보고 있었다.

이들 대부분은 십자군 국가와의 경계에 영지를 갖고 있다. 즉 그들은 십자군측 상인과의 교역으로 재산을 모은 사람들이라고도 할 수 있었다. 당연히 이 이슬람측 영주들은 십자군측과의 전면적인 대결을 바라지 않았다. 누레딘에서 살라딘으로 권력이 이양되는 과정에서도 그들은 적극적으로 움직이지 않았다.

한편 십자군측의 경제인이라 해도 좋은 이탈리아 해양 도시국가의 상인들도 전면적인 대결을 바라지 않았다. 보두앵 4세는 이러한 이해관계 속에서 이슬람측 통일전선을 무너뜨릴 가능성을 본 것이다. 샤이자르 태수 우사마만큼은 아니더라도, 실제로 이슬람측 영주들 중에는 '프랑크인'에게 우호적인 사람이 적지 않았다.

260

그렇지만 상대의 우호적인 태도를 유지시키기 위해서는 두 가지 조건이 필수적이다.

첫째, 이러한 마음을 억누를 정도로 강력한 의지를 가진 인물이 상대측에 나타나지 않을 것.
둘째, 이쪽에도 유사시를 위한 요격 준비를 갖추고 있을 것.

다행히 이슬람측에서는 아직 살라딘의 힘이 절대적이지 않았다. 그리고 십자군측에는 소수 정예병인 '템플 기사단'과 '병원 기사단'이 절정기에 다다라 있었고, 그들이 굳게 지키는 성채가 십자군 국가들의 영토를 메울 기세로 우뚝 솟아 있었다.

문제는 방어 총책임자가 존속할 수 있는가다. 자신이 오래 살지 못한다는 걸 알고 있던 보두앵 4세는 누이인 시빌라의 남편감으로 이 중책을 떠맡을 만한 사람을 찾고 있었다.

지금까지의 시도는 모두 실패했다. 첫번째 후보는 샹파뉴 지방의 영주 상세르 백작이었는데, 프랑스에서 팔레스티나까지 오긴 했지만 예루살렘 왕국의 주변 상황을 알자마자 겁에 질렸다. 여기까지 온 것은 사위가 되기 위해서가 아니라 성지순례를 하고 싶었기 때문이라고 변명하며 그대로 프랑스로 돌아가버렸다.

다음 후보도 상세르 백작 못지않은 인척관계를 자랑하는 바이에른 공작 하인리히였는데, 독일 태생의 이 귀족 역시 예루살렘에 체재하는 중에 마음이 바뀌어 부랴부랴 고향으로 돌아가버렸다. 유럽에 사는 귀족에게도 당시 예루살렘 왕위는 상당한 중책으로 보였을 것이다.

혼담은 세번째에야 가까스로 성공했다. 프랑스 왕의 조카이기도 한 몬페라토 후작은 예루살렘을 방문한 후에도 팔레스티나에 머물렀다. 그뿐 아니라 적극적으로 예루살렘 왕을 도왔다. 그러나 이 사람도 불과 1년 후에 병으로 쓰러졌고, 임신중인 시빌라를 남겨두고 세상을 떠나고 말았다.

보두앵 4세는 낙담을 감추지 못했다. 하지만 몬페라토가 세상을 떠난 후 태어난 남자아이가 있었다. 열여섯 살이 된 예루살렘 왕은 누이 시빌라가 이 아이를 키우는 데 전념해주기를 염원하면서, 아이에게 자기와 같은 보두앵이라는 이름을 지어주었다. 언젠가 자신의 뒤를 이어 예루살렘 왕위에 보두앵 5세라는 이름으로 취임해주기를 바랐기 때문이다. 로렌 공작 고드프루아의 뒤를 이어 예루살렘 왕이 된 보두앵 1세 이후로, 보두앵이라는 이름은 예루살렘 왕의 대명사 같은 존재가 되어 있었던 것이다.

그런데 시빌라는 아직 상중인데도 재혼하고 싶다는 말을 했다. 상대는 푸아티에 태생의 프랑스인으로 얼마 전부터 야파에 영지를 갖게 된 스물일곱 살의 기 드 뤼지냥이었다. 대단한 미남이었지만 그것 말고는 볼 게 없는 남자라는 것이 예루살렘 사람들의 일치된 의견이었다.

보두앵 4세는 한 살 위의 누이에게 이 결혼에 동의할 수 없다는 것을 분명히 전한다. 하지만 열 살 위의 미남에게 반해버린 시빌라는 나더러 수녀가 되라는 거냐고 끝까지 우기며 말을 듣지 않았다. 결국 2년 후 동생은 뜻을 굽히고, 예루살렘의 성묘교회에서 결혼식이 거행된다. 예루살렘 왕 보두앵 4세에게는 안팎으로 걱정거리가 끊이지 않았던 것이다.

한편 보두앵 4세보다 스물세 살이나 많은 살라딘에게는 누레딘의 죽음을 마지막으로 눈엣가시인 인물이 적절한 시기에 죽어주는 행운이 끝나버린 것인지, 누레딘의 후계를 둘러싼 투쟁이 좀처럼 해결되지 않고 있었다.

이슬람 세계 통일로 가는 긴 도정

누레딘은 열한 살인 아들을 남기고 죽었다. 그래서 다마스쿠스 궁정은 노령의 태수 이븐 알 무카담에게 어린 후계자의 섭정을 맡긴다. 쿠르드족 출신인 살라딘의 등장을 기뻐하지 않은 셀주크투르크의 영주들이 적어도 반(反)살라딘이라는 면에서는 일치했다는 증거였다. 적대하고 있던 예루살렘 왕에게 거액을 지불하고 다마스쿠스의 감옥에 갇혀 있는 그리스도교도를 석방해주겠다는 조건으로 반살라딘 공동투쟁을 요청했을 정도였으니까. 하지만 이것은 돈을 받은 아모리가 포로를 데리고 예루살렘으로 돌아오자마자 죽어버리는 바람에 허사가 되고 말았다.

이것이 누레딘 사후 다마스쿠스의 상황이었는데, 살라딘은 소년 술탄을 옹립하는 투르크인 세력과 정면으로 충돌하는 것이 아니라 누레딘의 어린 아들의 보호자로서 다마스쿠스에 발을 들이는 것을 택했다. 물론 사전에 사람을 파견해 여론을 조성하는 것도 잊지 않았지만, 7백 명의 쿠르드 기병만 이끌고 카이로를 출발해 도중에 군대를 증강하지 않고 그대로 다마스쿠스로 들어간 일이 반살라딘 기운을 사그라지게 하는 데 도움을 준 것은 사실이었다.

서른여섯 살의 살라딘은 열한 살의 정통 후계자를 서둘러 제거하려 하지 않았다. 대신 소년 술탄의 존재감을 조금씩 없애가는 길을 택한다. 또한 그는 설령 당면한 공동의 적에 대한 대책일지라도 그리스도교 세력에 공동투쟁을 요청하지는 않았다. 상대가 요청해오면 때로 휴전을 수락하기는 했다. 하지만 공동투쟁을 전제로 한 동맹은 절대 맺지 않았다.

소수민족인 쿠르드족 출신이었던 살라딘은 더더욱 자신의 의지로 움직일 수 있는 대군을 갖고 싶어했다. 그러나 대군을 성공적으로 편성하려면 먼저 이슬람교도가 통일되어야 했다. 그렇지만 이슬람 세계는 종교 면에서는 수니파와 시아파가 대립할 뿐 아니라, 민족 면에서는 아랍과 투르크, 그 밖의 부족으로 분립해 싸움이 끊이지 않았다. 이들의 분쟁을 멈출 수 있는 것은 종교밖에 없다고 생각했을 것이다. 후에 살라딘은 다음과 같이 말했다.

"프랑크인들을 보라. 무엇이 그들을 그토록 용감하게 싸우게 하는가. 그들은 그들이 믿는 신을 위해 싸운다. 그러므로 수가 적어도 강한 것이다. 반대로 우리는 성전을 수행하는 데 필요한, 종교에 대한 열의가 부족하다."

　누레딘의 어린 아들의 섭정을 가장하면서, 살라딘은 이 무렵부터 경건한 이슬람교도의 면모를 전면에 내세운다. 하루에 다섯 번의 예배를 거르지 않고 라마단을 엄수했으며, 이슬람 세계의 성직자인 이맘들에게도 물심양면의 예를 다함으로써, 어떤 면에서는 여론의 형성자이기도 했던 그들의 열광적인 찬사를 받기에 이른다. 살라딘에게도 메카를 순례할 마음은 충분히 있지만 이슬람 세계에 대한 책임감으로 인해 매일 격무에 시달리는 바람에 좀처럼 실행에 옮길 수 없는 거라고 사람들이 믿을 정도였으니 효과는 있었다.

　섭정을 가장함으로써 살라딘은 누레딘이 죽은 1174년이 채 지나기 전 다마스쿠스를 수중에 넣었다. 카이로의 칼리프가 죽은 뒤 그는 새롭게 아이유브 왕조를 창설했는데, 아이유브 왕조의 창시자 자격으로 카이로와 다마스쿠스 양쪽 모두에 수도를 두게 된다. 하지만 누레딘의 유산 중 살라딘이 물려받은 것은 다마스쿠스를 중심으로 한 시리아 중앙부뿐, 북부의 알레포조차 몇 번의 시도에도 불구하고 아직 완전히 자기 것으로 만들지는 못한 상태였다.

　그래도 이맘들에 의한 선전은 효과를 발휘했다. 바그다드에 있는 아바스 왕조의 칼리프가 다마스쿠스로 파견한 특사가, 살라딘을 술탄에 임명한다고 기록한 문서를 가져온 것이다. 이러한 경우 보내는 호화로운 퍼레이드용 의복 한 벌과 함께 건네진 공식 문서에는 다음과 같이 쓰여 있었다.

"살라흐 앗딘 유수프 이븐 아이유브(Salāh al-Dīn Yōsuf ibn Ayyūb)를 이집트와 시리아 중부, 그리고 누비아와 예멘을 통치하는 술탄으로 임명한다.

술탄 살라딘은 이 전역에 사는 이슬람교도의 수위에 선 자이며, 태수와 영주 들의 통솔자이며, 승리에 빛나는 군대의 사령관이며, 이슬람제국의 자랑이며, 이슬람교를 떠받치는 자이며, 이슬람의 칼이며, 아이유브 왕조의 창시자로, 이에 필요한 모든 권리를 인정한다."

그리고 아바스 왕조의 칼리프는 이에 덧붙여 살라딘에게 통화를 주조할 수 있는 권리를 부여하고, 금요일 모스크 예배 때 신자들이 예언자와 칼리프의 이름에 이어 그의 이름을 외우는 것을 인정했다. 살라딘의 술탄 취임을 경계로 이집트와 시리아의 공식 문서에서는 누레딘의 아들 이름이 사라진다.

그래도 여전히 살라딘은 누레딘의 유산을 모두 수중에 넣은 것은 아니었다. 그것을 실현하는 데는 더 많은 세월이 필요했다.

시리아 북부의 주요도시 알레포가 완전히 살라딘의 지배하에 들어온 것은 1182년이 되고 나서다. 또한 바그다드 다음가는 이라크의 주요도시인 모술이 살라딘의 지배하에 들어오게 된 것은 1186년 이후였다. 실로 12년이라는 세월에 걸쳐 살라딘은 누레딘의 모든 유산을 자기 것으로 만들어나갔다. 나이로 말하자면 서른여섯 살에서 마흔여덟 살에 해당하는 시기다. 이것은 말단 '다이묘'에서 '쇼군'이 되는 데 필요한 세월이기도 했다.

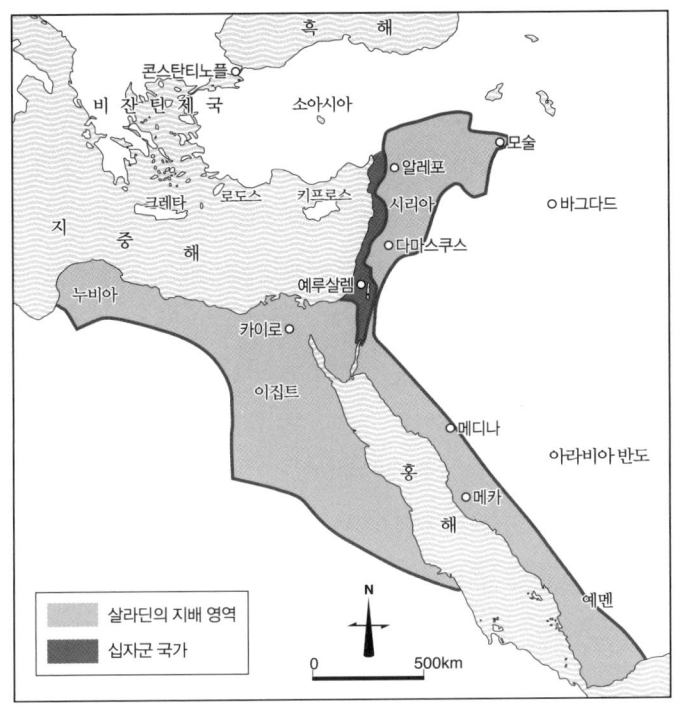

그리고 이 12년 가운데 11년 동안, 세력을 확립하고 확대하는 일에
만 매달렸던 살라딘의 적은 문둥이 왕 보두앵 4세였다. 어쩌면 "무엇
이 그들을 그토록 용감하게 싸우게 하는가"라는 살라딘의 말은, 자신
보다 스물세 살이나 어리고 소수의 병력밖에 없는데다 난치병까지
앓고 있는 예루살렘 왕 보두앵 4세를 염두에 두고 한 것이었는지도
모른다.

젊은 문둥이 왕의 끝없는 싸움

예루살렘의 왕 보두앵 4세는 죽기 전까지 11년간의 치세 기간 내내 병 때문에 왕궁에 틀어박혀 있었던 것은 전혀 아니었다.

이슬람의 대군을 적으로 돌려 정면충돌하는 것을 될수록 피한다는 방침은 변하지 않았다. 하지만 이쪽에도 방어의 기개와 그에 투입할 힘이 있다는 것을 적에게 보여주기 위해, 필요할 때는 과감하게 공격하는 것도 서슴지 않았다. 적이 경시하지 못하게 만드는 자세야말로 억지력(抑止力)으로 이어지기 때문이다. 다마스쿠스 근처까지 군대를 이끌고 간 적도 있고, 이집트까지 진격한 적도 있었다. 거의 매년 예루살렘을 떠나 출격한 셈이다.

전장에서는 항상 말을 타고 최전선에 섰고, 적이 공격해와도 한 발짝도 물러서지 않았다. 병이 악화되었을 때는 안장에 자기 몸을 묶어서라도 지휘를 했다. 말이 쓰러지면 사람도 운명을 함께하게 되니 위험하다며 만류하는 측근의 충고도 보두앵 4세의 마음을 바꾸지 못했다.

젊은 문둥이 왕의 이런 기백에 항상 출격에 동행하던 장병들이 감동받은 것은 당연했다. 또한 직접적으로 왕의 지휘를 받지 않는 '템플 기사단'과 '병원 기사단'의 기사들도 자신들보다 훨씬 어린 왕의 말에 순수하고 진지한 태도로 귀를 기울였다. 왕의 병이 이 사람들에게 불안을 안겨준 일은 없었다. 모두가 보두앵의 병을 알고 있었다. 하지만 감염이 두려워 왕에게 다가가기를 꺼리는 자는 아무도 없었다.

1177년, 보두앵 4세가 열여섯 살 때의 일이다.

살라딘이 2만 6천 명이나 되는 병사를 이끌고서 카이로를 떠나 북상하기 시작했다. 바다를 왼편에 두고 가자를 향해 다가오고 있었다. 예루살렘 시내는 공포에 휩싸였다. 이대로라면 곧 적군이 예루살렘에 다다르게 된다.

이때 보두앵은 아스칼론에 있었다. 살라딘이 카이로에서 출발했다는 소식을 듣자 그의 목적이 이집트가 호시탐탐 노리던 항구도시 아스칼론일 거라 생각하고는, 아스칼론의 방어를 위해 1천4백 명의 병사를 이끌고 가 있었던 것이다.

하지만 살라딘은 바다 쪽을 동시에 공격하지 않고서는 항구도시 공략이 어렵다는 것을 알고 있었다. 살라딘의 의도는 예루살렘을 노리는 척하면서 아스칼론에서 예루살렘군을 끌어내, 도망갈 곳 없는 평원에서 큰 전투를 벌여 괴멸시키려는 것이었다. 예루살렘 내의 방어 병력이 얼마 안 된다는 것을 알고 생각해낸 계책이었다.

열여섯 살의 보두앵은 이 계책에 속아넘어갔다. 하지만 기병만으로 공격하겠다는 결정은 칭찬받아도 좋은 전술이었다. 그리고 살라딘은 이때도 역시나 어린 문둥이 왕을 가볍게 보고 있었다.

그는 2만 6천 명이나 되는 병사의 절반을 주변 지대에서 공포작전을 펼치는 데 내보냈다. 약탈과 화공을 저지르면 예루살렘과 아스칼론의 주민들이 공포에 질려 스스로 성문을 열 것으로 기대했던 것이다.

그러나 나머지 절반이라고 해도 1만 3천 명이나 된다. 그리고 살라딘이 직접 지휘하는 이 1만 3천 명의 병사를 쫓는 형국이 된 보두앵의 병력은, 예루살렘 국왕의 기병 5백 명과 '템플 기사단' 기병 80명에 지나지 않았다.

적군이 시야에 들어오자마자 왕을 선두로 한 580명의 기병이 한꺼번에 살라딘의 군대를 향해 돌진했다. 작전이고 뭐고 없었다. 기력만 가지고서 닥치는 대로 쳐들어간 것이다. 그 지나친 만용에 살라딘의 친위대인 쿠르드 기병대까지 도망치기 시작했고, 용맹하기로 소문난 살라딘군도 도망쳐, 하마터면 술탄이 포로가 될 뻔한 참상을 남기고서 이 몽기사르 전투는 끝이 났다.

군대를 물린 일은 있어도 도망친 적은 없었던 살라딘이 서른아홉 살에 처음으로 맛본 패전이었다.

전장에 방치된 적군의 군기를 질질 끌고서 개선한 보두앵과 기사들을 예루살렘 주민들은 눈물로 맞이했다. 난치병을 앓고 있으면서도 지휘자의 책임을 다하는 이 젊은 왕을 우러르는 마음은 모두가 한결같았던 것이다.

그러나 이로부터 2년 후, 살라딘의 설욕이 이루어진다.
그해, 즉 1179년에 열여덟 살이 된 보두앵 4세는 전장을 시리아로 옮긴 상태였다.

4월, 이슬람 세력과의 경계에서 군사행동을 전개하고 있던 예루살렘 왕의 군대를 살라딘의 조카가 이끄는 이슬람군이 습격했다. 싸움은 시종 격렬했으며 보두앵은 적병 한가운데에서 고립되고 만다. 그런 왕을 구해낸 것은 예루살렘군의 한 장군이었는데, 왕을 붙잡으려고 다가오는 이슬람 병사들을 몸으로 막으며 싸운 그는 중상을 입고 며칠 후 숨을 거두었다. 장군 토론의 왕에 대한 깊은 충성심은 이미 유명했으며, 병사들뿐 아니라 시민들 사이에서도 인망이 높았던 그의 죽음을 모두가 슬퍼했다고 한다.

하지만 보두앵은 애도에 빠져 있기를 거부했다. 추도전을 호소한 것이다. 트리폴리 백작 레몽 3세와 종교 기사단이 그에 응했다. 그들과 합류한 6월, 보두앵은 대담하게도 이슬람 세력권 깊숙이 진격했다.

여느 때처럼 직접 선두에 선 보두앵의 기병대가 이슬람군과의 전투에서 이김으로써 장군의 추도전은 성공한 것처럼 보였다. 하지만 패주하는 이슬람군 맞은편에서 살라딘이 이끄는 본대가 나타났다. 그러고는 전력을 다한 격렬한 전투가 벌어졌다.

이해에는 보두앵의 병세가 소강상태였던 듯, 열여덟 살의 문둥이 왕은 몸을 안장에 묶지 않고도 말 위에서 싸울 수 있었다. 그래서 말이 적군의 창에 찔려 쓰러지자 왕은 땅바닥으로 떨어지고 말았다.

겉보기와 달리 그의 육체는 정상이 아니다. 건강한 사람은 바닥에 떨어져도 곧바로 다시 일어나 말에 뛰어오를 수 있다. 하지만 보두앵은 그럴 수 없었다. 몸이 말을 듣지 않았던 것이다.

그래도 그가 살라딘의 수중에 떨어지지 않았던 것은, 한 병사가 왕을 업고서 쫓아오는 적병을 뿌리치고 다른 병사들의 호위를 받으며 도망치는 데 성공했기 때문이다. 하지만 이날 전투 이후 템플 기사단 단장을 비롯한 십자군측 주요인물은, 트리폴리 백작만 제외하고 모두 살라딘의 포로가 되었다. 며칠 후 그들 대부분은 막대한 몸값을 지불하거나 이슬람교도 포로와 교환하는 형식으로 석방되었지만, 템플 기사단 단장은 이슬람교도와의 교환을 거부하고 다마스쿠스의 감옥에서 죽는 것을 택한다.

　　이 패배는 보두앵에게 통렬한 타격이었다. 하지만 그후 6년간 그는 살라딘과 대결할 일이 없었다. 앞에서 말한 것처럼 살라딘이 알레포와 모술을 지배하에 두는 것을 우선했기 때문인데, 그사이에도 보두앵은 몸이 허락하는 한 계속해서 전장에 나갔다.

　　나병이 차츰 외모까지 무너뜨리기 시작하자 보두앵 4세는 사람들 앞에 나설 때 은가면을 쓰게 되었다. 은가면은 고대 로마시대의 기사가 축제의식 때 쓴 것으로 알려져 있다. 그것을 흉내 낸 것인지는 몰라도, 문둥이 왕은 은가면을 쓰고 말 위의 안장에 몸을 묶고라도 끊임없이 전장에 나갔다.

　　그런 왕을 바로 옆에서 보좌해준 것은 트리폴리 백작 레몽 3세와 예루살렘 왕국 내의 유력한 영주였던 발리앙 이벨린 두 사람이었다. 하지만 이 둘조차 육친에 대한 보두앵의 고뇌까지는 어떻게 해줄 수

272

없었다.

누이 시빌라와 결혼한 기 드 뤼지냥이 잘생긴 외모 외에는 장점이 없는 남자라는 것은 날이 지남에 따라 모두가 알게 되었다. 그런데도 시빌라는 왕 사후 남편을 자신과 함께 공동 통치자로 임명해달라고 남동생을 강력하게 압박했다.

보두앵도 어쩔 수 없이 한 번의 기회를 주었다. 그러나 결과는 예상대로였다. 체재중인 성채가 적에 포위된 것을 알고 달려온 보두앵의 도움을 받고도, 함께 적군을 추격하자는 보두앵의 말에 기 드 뤼지냥은 성채 밖으로 나갈 결심을 하지 못했다. 그는 결단력과 거리가 먼 남자였던 것이다.

보두앵은 누이와 이 남자의 결혼을 무효로 하려고 생각했다. 하지만 야파의 영지에 틀어박힌 시빌라와 그녀의 남편은 대주교의 호출에 응하지 않았다. 보두앵의 병세를 생각했을 때 시간은 그들 편이었다.

1183년, 스물두 살이 된 예루살렘 왕의 병세는 몸의 자유를 빼앗은 것으로 모자라 시력에까지 영향을 미치기 시작했다. 한편 이슬람측에서는 살라딘이 결국 알레포를 완전히 점령하는 데 성공하고 명실공히 시리아와 이집트의 최고권력자 자리에 올랐다. 이제 살라딘에게 남은 것은 티크리스강 상류에 있는 모술을 손에 넣음으로써 이라크 북부까지 지배하는 최고권력자, 즉 이슬람 세계 제일의 술탄이 되는 것뿐이었다.

그로 인한 위기를 통절히 느끼고 있던 보두앵 4세는 결국 최후의 수단을 들고 나온다. 누이 시빌라가 첫 남편인 몬페라토 후작과의 사이에서 낳은 여섯 살 소년을 지금부터 미리 자신의 공동 통치자로 임명함으로써, 자기 사후에 예루살렘 왕위가 무능한 뤼지냥의 손에 넘어가지 않게 하기로 작정한 것이다.

오래지 않아 왕위에 오르게 될 이 소년의 섭정은 트리폴리 백작 레몽 3세와 발리앙 이벨린에게 맡기기로 했다. 자신이 죽은 후 예루살렘 왕국의 행방을 지금껏 자신을 도와준 두 사람에게 맡김으로써 왕국이 좀더 연명하기를 바랐던 것이다.

1183년 11월 20일, 예루살렘의 성묘교회에서는 보두앵 5세라는 이름으로 공동 통치자에 임명된 여섯 살 소년을 맞이하는 대관식이 장엄한 분위기 속에서 거행되었다.

어머니인 시빌라와 그녀의 남편 뤼지냥도 여기 참석했다. 두 사람은 트리폴리 백작과 이벨린에게 이끌려 대주교 앞으로 나아가는 소년을 보면서 불쾌감을 감추지 못했지만, 그런 그들을 마주 보고 앉아 있던 보두앵 4세의 은가면 속의 심정은 아무도 짐작할 수 없었다.

그러나 보두앵은 이로써 모든 것이 끝났다고 생각하지 않았다. 대관식 다음 날, 문둥이 왕은 재상을 만났다. 예전에는 자신의 가정교사였던 티루스의 기욤을 재상에 임명하면서, 보두앵은 그를 카이사레아의 대주교직에도 취임하게 한 바 있었다. 그날 재상을 만난 것은 그를 재상 지위에서 해임하기 위해서였다.

예루살렘 왕 보두앵 4세는 자신을 가장 잘 이해해주는 이 충신에게, 로마로 가서 새로운 십자군의 파견을 요청하는 중책을 맡기려 했다. 예루살렘 왕국의 재상이라는 세속의 지위를 겸하는 것보다 카이사레아의 대주교라는 가톨릭교회의 요직만 갖고 있는 것이 로마 교황에게 심정적으로 호소하는 데 더 효과적이라고 판단했던 것이다.

티루스의 기욤은 이런 왕의 속마음을 제대로 꿰뚫어보았다. 왕에게는 목숨이 붙어 있는 동안 할 수 있는 마지막 일이고, 그에게도 왕에 대한 마지막 봉사가 되는 셈이었다. 두 사람은 이때를 마지막으로 다시는 만날 수 없었다.

'티루스의 기욤'은 로마까지는 무사히 갔지만, 그후 로마에서 프랑스로 향하던 중 소식이 끊기고 만다. 중세 유럽의 치안은 무척 불안해서 고대에는 개인도 안전하게 여행할 수 있었던 주요가도에조차 도적이 횡행했던 것이다.

가톨릭교도 그리스인으로 추정되는 팔레스티나 지방 티루스 출신의 이 사람은, 십자군에 관계된 역사서가 대부분 유럽인의 시점으로 작성된 것과 달리 중근동에 사는 그리스도교도 입장에서 쓴 귀중한 역사서를 남겼다.

그는 중근동의 십자군 국가들에게 가장 어려웠던 시대인 1144년부터 1183년까지를 서술한 현장 증인이었다. 1144년은 에데사 백작령을 이슬람측이 탈환한 해다. 급소를 찔렀다고 해도 좋은 이 사건을 시작으로, 요란하게 떠난 제2차 십자군의 실패, 그에 의한 악영향에 고심하는 십자군 국가, 한편 누레딘과 살라딘으로 이어지는 이슬람측 세력의 확대, 이후 1187년에 일어나는 하틴 전투의 완패와 그 직후 예루살렘 함락으로 이어지는, 비탈길을 굴러내려가는 듯한 붕괴의 '전야'. 이것이 그가 기록한 시대였다.

더욱이 라틴어, 프랑스어, 이탈리아어는 물론이고 아랍어와 투르크어까지 자유로이 구사했던 이 교양인은 일개 시민의 눈으로만 시대의 변천을 바라보았던 것이 아니다. 그는 삼십대에 예루살렘 왕 아모리의 부탁을 받아 왕자의 가정교사가 된 것을 시작으로, 마흔네 살에는 왕이 된 보두앵 4세의 재상으로 취임하고, 11년에 달하는 이 문둥이왕의 치세 기간중 유럽에 파견되기까지 10년 동안 온 힘을 다해 왕을 보좌해온 사람이기도 했다.

이런 인물이 남긴 역사서가 현대까지 십자군의 모든 역사를 통틀어 가장 신뢰할 수 있는 그리스도교측 사료로 여겨지는 것도 당연하다. 교양도 있고 통역이 필요 없었기에 외교 교섭에 파견되는 일이 많았는데, 그때 받은 인상을 기록한 글에는 미소를 짓게 만드는 부분이 적지 않다. 살라딘의 통치를 받은 뒤로 기능이 두드러지게 향상된 이집트의 카이로를 방문했을 때의 이야기를 읽다보면 대체 어느 편이냐고 묻고 싶어질 정도다.

'티루스의 기욤'이라는 이름으로 역사에 남아 있는 이 사람은, 앞서 말한 샤이자르 태수 우사마와 같은 시대를 살았던 인물이다. 두 사람이 차지하고 있던 지위로 보아 아마 어딘가에서 만났을 수도 있다. 만약 그랬다면 무슨 이야기를 나누었을까. 두 사람 사이에는 통역이 필요 없었을 테니 대화는 고급 아랍어로 이루어졌을 것이다.

십자군 시대로 불리는 2백 년은 전쟁의 2백 년이었다. 그래도 양측에는 이 둘로 대표되는 사람이 있었다. 하지만 슬프게도 인간세계에서는 그들 같은 사람의 생각이 대중의 가슴을 뜨겁게 만들지 못한다. 그리고 대중의 가슴을 뜨겁게 만들지 못하는 한 역사는 움직이지 않는다.

그러나 만약 '티루스의 기욤'이 오십대 중반에 소식이 끊기지 않고 프랑스 왕과 영국 왕, 그리고 독일의 황제 등 유럽 최고권력자들 앞에서 열변을 토했다고 해도, 이 시기의 유럽은 십자군 원정에 나서지 않았을 것이다. 중근동의 그리스도교도들이 품고 있던 것과 같은 위기감을 멀리 유럽에 사는 그리스도교도들은 공유하고 있지 않았던 것이다.

그후 1년 4개월이 지난 1185년 3월 16일, 예루살렘 왕 보두앵 4세는 세상을 떠났다. 완전히 불태웠다고밖에 할 수 없는, 스물네 살에 맞이한 죽음이었다.

그가 죽자 이미 공동 통치자 자리에 있던 여덟 살의 보두앵 5세가 왕위에 오른다. 하지만 이 소년 왕은 어머니가 양육에 불성실했던 탓인지 병약하여 1년 후인 1186년에 죽고 말았다.

이후 예루살렘 왕국은 두 사람, 왕 뤼지냥과 여왕 시빌라가 지배하게 되었다. 기 드 뤼지냥은 그해 서른여섯 살이 되었으므로 나이로는 부족함이 없었다. 하지만 부족하지 않은 것은 나이뿐이었다.

한편 같은 해인 1186년, 마흔여덟 살이 된 살라딘은 마침내 메소포타미아 지방 북부의 가장 중요한 도시인 모술까지 패권하에 편입시켰다. 즉 시아파와 수니파 사이의 오랜 대립에 종지부를 찍고, 성지 메카와 메디나를 포함한 이슬람 세계의 지배자로 등극한 것이다.

광대한 영토의 지배자가 된다는 것은 그 지방에서 원하는 만큼의 병사와 군자금을 모을 수 있는 권리를 손에 넣는 것을 의미한다. 이것이야말로 살라딘이 바라던 일이었는데, 그렇게 편성된 대군은 과연 어디로 향하게 되었을까.
그것은 이전의 이슬람 세계의 권력자들과 이슬람교도라는 점은 같아도 전혀 다른 발상을 지닌 살라딘만이 알고 있는 것이기도 했다.

하지만 여기서 잠깐 난세에 횡행하게 마련인, 따라서 이 책을 쓰는 데 빼놓을 수 없는 두 가지 '현상'을 다루고 넘어가기로 한다.

　첫째는 당시 '해시시를 피우는 남자들'이라는 통칭으로 알려져 있던 암살자 집단이고, 둘째는 당시 중근동의 그리스도교도들로부터 '고삐 풀린 개'로 불리던 르노 드 샤티용이다.

'해시시를 피우는 남자들'

　이 암살자 집단이 언제 어디서 무엇을 위해 생겨났는지는 알려져 있지 않다. 그렇지만 '산의 노인'으로 불리던 한 이슬람교도에 의해 조직되었고, 시리아 북부의 산악지대를 본거지로 삼았다는 것은 알려져 있다.

　그 주변의 산악지대는 황량한 사막에 자연 동굴이 많다. 이러한 동굴은 내부에 약간의 연결공사만 하면 3층짜리 성채로 둔갑할 수 있다. 이 방식을 활용하면 굳이 멀리서도 알아볼 수 있는 성채를 건설하지 않아도 사막지대에 사람들 눈에 띄지 않는 요새를 간단히 만들 수 있었다.

　실제로 십자군측에도 이런 유형의 요새가 한두 개 있었다. 그러나 유럽인은 아무리 중근동이라 해도 동굴 생활은 꺼렸던 듯 역시 성채다운 성채를 세우는 것을 선호했다. 그러나 원래부터 중근동에 살고 있던 사람들에게는 이런 고정관념이 없다. 그래서 최근 발견된 '사해문서(死海文書)'가 보여주는 것처럼 동굴 생활에 저항감이 없었던 것이다.

'산의 노인'이 이끌고, 동굴 요새를 본거지로 삼고 있는 이 암살자 집단이 집착한 단 한 가지는 자신들의 독립이었다. 같은 이슬람교도 밑으로 들어가는 것도 싫어했고, 물론 십자군 세력에 굴복하려 하지도 않았다.

이 암살자 집단은 제1차 십자군이 침공해오기 전부터 존재했는데, 그 이유는 이 지방이 이슬람의 지배를 받던 무렵부터 '수요'가 있었기 때문이다. 각지 영주들끼리의 영토 확장 싸움이 활발했던 이 시대에는 적의 태수만 죽이면 전쟁을 일으키지 않고도 영토를 획득할 수 있었기에 직업적인 암살자에 대한 수요가 많았다.

이 암살자들이 두려움의 대상이 된 것은 그들이 죽는 것을 두려워하지 않는 남자들이었기 때문이다. 그들은 마약을 한 상태에서 칼을 들고 덤벼들었는데, 암살에 성공한 후에도 흥분이 가라앉지 않은 탓에 도망가는 것을 잊어버려 결국은 그 자리에서 죽임을 당했다. 그러나 죽음에 대한 공포도 없고 도망칠 생각도 하지 않는 암살자만큼 무시무시한 존재도 없다.

게다가 이 암살자 집단은 오직 돈으로만 움직였다. 따라서 표적이 되면 대책을 세울 수가 없었다. 더구나 암살이 성공하든 성공하지 못하든 하수인이 그 자리에서 죽어버리니, 붙잡아서 의뢰인이 누군지 자백하게 만들 수도 없었다.

십자군이 침공하여 정착한 후에도 한동안 이 암살자 집단은 예전처럼 이슬람교도를 표적으로 삼았다. 그러다 십자군 국가들 사이에서도 대립관계가 생기게 되자 십자군 관계자들도 희생자의 명단에 오르게 된다. 하지만 이것은 종교가 아니라 어디까지나 돈 때문이었다.

그래서 살해당한 사람이 그리스도교도인 경우에도, 암살을 실행한 사람이 '산의 노인'의 부하라는 것은 알 수 있을지 몰라도 어디의 누가 그들에게 암살을 의뢰했는지는 알 수 없었다. 하수인은 제삼자이므로 다른 배경은 미궁에 빠질 가능성이 높았던 것이다.

유럽 국가의 언어에서 '암살자'를 뜻하는 말은 두 가지가 있다. 그 전까지는 라틴어 'sicarius'에서 유래한 말이 주였다. 라틴어의 장자격인 이탈리아어로는 'sicario'이다. 그런데 12세기 이후로는 아랍어 'hashshashin'이 '암살자'의 또다른 어원으로 등장한다. 'hascise(해시시)'를 피우는 사람이라는 뜻이므로, 이탈리아어로는 'assassino'가 된다.

이 암살자 집단은 딱 한 번 괴멸적인 타격을 입은 적이 있었다. 템플 기사단이 그들의 본거지 한 곳을 습격하여 한 사람도 남김 없이 몰살해버렸기 때문이다. 그 대단한 '산의 노인'도 이에 항복했고, 이후 매년 템플 기사단에 공금을 바치는 조건으로 더이상의 습격을 면했다. 십자군 세력의 '특수부대'였던 템플 기사단은 이슬람측의 '특수부대'를 용납할 수 없었던 모양이다.

이들 '해시시를 피우는 남자들'이 사람들의 두려움을 샀던 또 하나의 이유는 암살자들의 침투력에 있었다. 아무리 엄중하게 경비를 해도 어느새 침입해 있는 것이다. 마치 닌자 같지 않나 싶어 웃음이 나오지만, 이 암살자 집단의 존재를 달가워하지 않았던 사람 중에는 살라딘도 있었다. 그가 언젠가 문득 이 집단에 대한 혐오를 드러냈을 때의 일이다.

카이로에 있는 왕궁의 자기 침실로 돌아온 살라딘은 호화로운 침대 커버 위에, 이슬람교도 사이에서 '인사'의 의미인 단 과자 한 봉지와 이 암살자 집단이 사용하는 것으로 유명한 그들 특유의 단검이 살며시 놓여 있는 것을 발견했다. 이때 이후로 이슬람 세계의 최고권력자는 해시시라는 말조차 입에 담지 않게 되었다.

'산의 노인'이 이끄는 암살자 집단은 그후에도 계속 존속했고, 천 년이 지난 지금도 아무도 그들이 소멸했음을 실증할 수 없다.

'고삐 풀린 개'

르노 드 샤티용은 1125년 전후 프랑스 북부 샹파뉴 지방의 소영주 가문에서 분가된 집안의 아들로 태어났다.

1147년 제2차 십자군 때, 프랑스 왕 루이 7세의 군대에 가담하여 참전했다. 하지만 이 젊은이는 십자군이 실패하고 유럽으로 돌아간 후에도 중근동에 남는다. 소영주, 그것도 분가 집안 출신으로는 이대로 귀향한다 해도 미래가 뻔했기 때문이다.

이 시기 중근동의 십자군 사회에서, 고위 인사의 딸이기 때문에 지위와 재산은 갖고 있지만 앞날에 대한 별다른 생각이나 구체적으로 어떤 일을 할 수 있는 재능이 없는 여자를 찾는 건 어렵지 않았다. 그런 여자 중 한 명이 '안티오키아의 콩스탕스'로 통하던 안티오키아 공작령의 여상속인이었다.

스물네 살의 샤티용은 자기보다 꽤 나이가 많은 이 여자에게 접근했을 뿐 아니라, 비공식적으로 결혼까지 한다. 하지만 이 결혼을 공식화하려는 단계에서 당시 십자군 국가의 유력자들이 하나같이 반대했다. 이유는 샤티용의 태생이 미천하다는 것이었다.

하지만 그런다고 기가 꺾일 샤티용이 아니었다. 그는 공식적인 결혼식을 올리는 것을 거부한 안티오키아의 대주교를 감옥에 넣은 것도 모자라, 서민들까지 깜짝 놀라게 만든 잔혹함으로 답했다. 대주교를 발가벗기고 온몸에 꿀을 발라 햇볕이 내리쬐는 곳에 묶어놓고서 벌레가 들끓도록 방치한 것이다. 이것으로 샤티용은 교회에서 결혼식을 거행할 뿐만 아니라 대주교로부터 거액의 군자금까지 받아내는 데 성공한다.

샤티용은 이 자금을 사용해 안티오키아 공작령의 항구에서 배를 띄우면 이틀 만에 닿는 거리의 키프로스 공략에 나섰다. 명실공히 안티오키아 공작이 되는 데 필요한 전과를 쌓기 위해서였다.

하지만 그것은 공략전이라기보다 폭행과 약탈과 화공에 지나지 않았다. 당시 키프로스 섬은 비잔틴제국의 영토였으므로 당연히 콘스탄티노플에서 엄중한 항의가 들어왔다. 샤티용은 그런 것에 신경 쓰지 않고 공략전을 속행하고 싶었을 테지만 당시의 예루살렘 왕은 비잔틴 제국을 적으로 돌리고 싶지 않았다. 예루살렘 왕 보두앵 3세는 샤티용에게 키프로스에서 철수할 것과 비잔틴제국 황제에게 사죄할 것을 명했다.

이리하여 키프로스 공략전이 그의 전과에 아무 도움도 되지 않은 채 끝나버리자, 샤티용의 시선은 이윽고 동쪽으로 향했다. 즉 이슬람교도를 상대로 전투를 시작한 것이다.

이 시기 샤티용과 공동 투쟁 관계에 있던 것은 템플 기사단이었다. 같은 종교 기사단이어도 병원 기사단의 입단 자격이 귀족 출신이었던 것에 비해 템플 기사단에는 그런 조건이 없었으므로 단원 대부분이 유럽사회의 중하층 출신자들이었다. 그들과 출신이 같은 샤티용이 템플 기사단에 친근감을 느낀 것은 당연한 일이었다.

또한 샤티용과 템플 기사단의 기사들은 다음 두 가지, 검술 실력이 발군이라는 것과 뒷일을 생각하지 않고 적에게 달려드는 용기가 비슷했다.

샤티용은 키프로스에서 돌아온 후에도 요란하게 전투를 벌였는데, 1160년 서른다섯 살이 된 해 전투중에 이슬람측의 포로가 되고 만다. 그리고 이로부터 무려 16년을 알레포의 감옥에서 보내게 된다. 골칫거리인 샤티용의 몸값을 대신 내주고 풀어주려 한 사람이 십자군 국가 내에 없었기 때문인데, 그 소동을 일으키고 결혼한 아내조차 남편의 석방을 위해 노력하지 않았다는 사실 역시 샤티용이라는 남자의 본질을 보여주는 일이다.

16년 후 다시 자유를 찾을 수 있었던 것은, 살라딘에게 배제당해 알레포에서 불만을 주체하지 못하고 있던 누레딘의 아들이, 세상에 불만을 가진 자들의 동지의식 때문인지 그를 석방해주었기 때문이었다. 다시 그리스도교 사회로 돌아온 샤티용이 본 것은 이미 비잔틴제국령이나 마찬가지인 안티오키아와 열다섯 살의 문둥이 왕이 이끄는 예루살렘 왕국이었다.

그러나 젊은 문둥이 왕은 이 남자를 다루는 법을 알고 있었다. 포로 생활중에 아내가 죽어 무일푼 신세가 된 샤티용을 예루살렘 왕국 내 영주의 딸과 결혼시킨 것이다. 그 딸이 지참금으로 예루살렘 왕령 남쪽의 두 성채 케라크(Kerak)와 몬트레알(Montreal)을 가져왔기 때문에, 일단 전투가 벌어지면 남들보다 뛰어난 활약을 보이는 샤티용은 이 왕의 밑에서 군무에 임하게 되었다.

이듬해 살라딘에게 유일하게 패배를 맛보게 한 몽기사르 전투에서도, 쉰두 살의 샤티용은 열여섯 살의 문둥이 왕을 선두로 삼아 1만 3천 명의 살라딘 군대에 돌격한 580명의 기병 중 한 명이었다.

그러나 이런 대승에도 보두앵 4세는 평상심을 잃지 않았지만, 샤티용은 그만 우쭐해지고 말았다. 이슬람교도를 상대로는 무슨 짓을 해도 상관없다고 믿어버린 것이다.

이미 이슬람 세계의 최고권력자가 된 살라딘과 예루살렘 왕 보두앵 4세 사이에는 자주 휴전조약이 체결되었는데, 이를 평화로 이어지는 강화가 아니라 일시적인 휴전으로 생각한 건 양쪽 다 마찬가지였다.

따라서 필요가 없어지면 둘 다 아주 간단하게 조약을 파기해버렸다. 하지만 이런 상황에서도 살라딘과 보두앵 둘 다 존중하며 계속 유지해온 협정이 있었다. 그것은 서로 상대측 순례자 일행은 손을 대지 않는다는 협정이었다.

그것을 샤티용이 깨버렸다. 재혼을 통해 손에 들어온 두 성채 케라크와 몬트레알은, 사해에서 아카바 만을 향하는 가도를 내려다보는 고지에 서로 8킬로미터 간격을 두고 나란히 서 있었다. 재혼을 권한 보두앵 4세의 의도는 이 두 성채를 방패 삼아 남쪽에서 공격해오는 적을 방어하는 임무를 샤티용에게 맡기려는 것이었다. 그런데 성채에서 가도를 내려다본 샤티용의 머릿속에는, 아래 가도를 지나가는 순례자 일행을 습격해 강탈해야겠다는 생각밖에 떠오르지 않았던 것이다.

시리아에서 메카로 향하는 이슬람교도 순례자는 일단 시리아 각지에서 다마스쿠스에 모인 뒤 집단을 이루어 요르단 지방을 남하해서 메카로 향했는데, 여기에는 크게 나누어 두 가지 순례길이 있었다.

첫째는 일단 아카바까지 가고, 아카바에서 배로 홍해를 남하해 메카 근처에 상륙하는 길이다. 귀로는 그 반대다.

둘째는 아카바에서 다시 타부크를 경유해 아라비아 반도로 들어가고, 거기서 메디나와 메카로 향하는 길이다.

또한 갈 때는 육로를 택한 순례자들도 돌아올 때는 일단 홍해를 통해 아카바까지 올라온 뒤, 다시 육로로 왔던 길을 되짚어가는 사람이 많았다.

이슬람교에서는 평생에 한 번 메카를 순례하는 것이 신도의 의무이다. 그래서 다마스쿠스에서 아카바까지의 길은 순례가도라고 해도 좋을 정도로 이슬람교도 순례의 중요한 간선도로 역할을 하고 있었다. 그리고 케라크와 몬트레알 성채는 이 가도를 따라 8킬로미터 간격으로 서 있었던 것이다.

샤티용은 도적 두목으로 일변한다. 일당을 모으는 건 어렵지 않았다. 강탈한 사람이나 짐을 시원스럽게 분배했기 때문에 그것을 노리고 모여든 사람이 많았던 것이다. 또한 상대는 이렇다 할 무장을 하지 않은 순례자라 해도 어쨌거나 이슬람교도다. 이슬람교도를 죽여야 한다는 생각으로 유럽을 떠나온 그리스도교도는, 이슬람교도 상대로는 설령 강도짓을 한다 해도 신에 대한 대의를 가질 수 있었던 것이다.

강도 행위는 처음에는 소규모였지만, 눈 깜짝할 사이에 도적단의 규모가 커지고 순례단을 습격하는 횟수도 많아졌다. 한번 해보니 이것만큼 '돌아오는 것'이 많은 군사행동이 없다는 것을 알게 된 것이다.

순례길에 대단한 물건을 갖고 오는 사람이 있겠냐는 생각은 잘못이다. 이슬람교는 상행위를 중요시한다. 메카로 순례를 떠나는 것에는 페르시아 상인이 아라비아 반도의 남쪽을 돌아서 가져오는 물산을 구입한다는 의미도 있었던 것이다.

샤티용의 행동이 점점 요란해지자 가능한 한 이슬람측과의 정면대결을 피하는 방침이던 보두앵 4세는 이를 묵과할 수 없게 되었다. 여러 차례 불러서 엄중하게 질책을 했는데, 이 왕을 보좌하던 트리폴리 백작 레몽 3세와 발리앙 이벨린도 샤티용을 휘어잡을 필요가 있다는

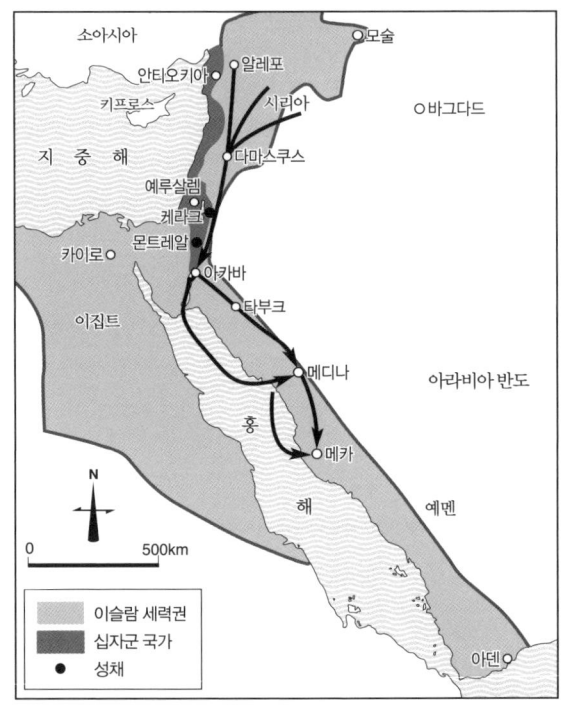

메카 및 메디나로 가는 이슬람교도의 순례로

데에는 의견이 일치했다.

　하지만 이런 왕의 노력에도 불구하고 그는 강도 행위를 계속했고, 1181년 다마스쿠스에서 남하하는 순례단을 습격하여 약탈했을 때는 정도가 너무 심해서, 살라딘이 엄중한 항의의 뜻을 보내왔을 뿐만 아니라 예루살렘 왕과 맺고 있던 휴전조약을 파기하겠다는 뜻까지 전해 왔다. 이때의 순례단은 규모가 커서 샤티용에게 약탈당한 사람과 말,

짐이 여느 때보다 현저하게 많았던 것이다.

그래도 살라딘은 아직 토벌군을 보내지 않았다. 예루살렘의 재상이었던 티루스의 기욤의 외교가 효력을 발휘한 건지도 모른다.

그러나 2년 후 샤티용은 육상의 강도 행위만으로 만족하지 않고, 아카바에서 선대를 편성해 홍해로 나가 해적 행위까지 강행한다.

메카와 메디나가 있는 아라비아 반도 서쪽은 홍해와 면해 있다. 홍해는 북쪽의 아카바, 서쪽의 이집트, 그리고 남쪽의 아덴에서 메카를 향해 오는 순례자들이 반드시 지나야 하는 바닷길이다. 이 홍해를 침범당하자 살라딘도 잠자코 있지 않았다.

그는 동생 알 아딜에게 함대를 이끌고 출동해 샤티용의 해적선단을 공격하게 했다. 샤티용은 아카바로 도망쳐 성채로 돌아갔지만 그의 수하 대부분은 포로가 되었다. 그리고 이 남자들은 모두 순례자들에게 피해를 입힌 벌로 마을 광장에서 목이 잘렸다.

이 사건 후 살라딘은 군대를 보내 아카바를 점거한다. 하지만 샤티용은 이것에도 전혀 상관하지 않았다. 해적질을 할 수 없게 되자 육상에서의 강탈 행위에 전념했다. 육로를 택하든 아카바에서의 바닷길을 택하든, 이슬람교도의 순례길은 샤티용의 본거지인 케라크와 몬트레알의 성채에서 내려다보이는 가도를 지나지 않을 수 없었기 때문이다.

살라딘은 이런 샤티용에게 분노했지만 예루살렘 왕을 비난하지는 않았다. 육체가 무너져내리는 와중에도 왕의 책임을 다하려 하는 보두앵에게 일말의 동정을 느꼈는지도 모른다.

십자군측에서도 이미 골칫거리가 된 샤티용을 제거하기 위해 '산의 노인'이 이끄는 암살자 집단을 이용하려는 생각은 아무도 하지 않았을까 싶지만, 그것은 불가능했다. '해시시를 피우고 암살하는 남자들'이 유일하게 두려워했던 것이 템플 기사단인데, 그 템플 기사단은 샤티용과 항상 양호한 관계였기 때문이다.

2년 후인 1185년, 보두앵 4세는 스물네 살을 일기로 세상을 떠난다. 그리고 1년 후, 보두앵 4세의 뒤를 이은 보두앵 5세도 세상을 떠났다. 이어서 예루살렘의 왕위에 오른 사람이 기 드 뤼지냥이다.

그해 예순한 살이 된 샤티용은 잘생긴 외모가 유일한 장점인 서른여섯 살의 뤼지냥을 만만하게 보고 있었다. 그리고 뤼지냥이 왕위에 오름과 함께 지금까지 문둥이 왕과 소년 왕을 보좌해온 트리폴리 백작 레몽 3세와 발리앙 이벨린, 그리고 병원 기사단으로 대표되는 중근동 십자군 세력 내의 현실파는 국정에 대한 영향력을 잃어간다. 샤티용을 휘어잡을 사람은 이제 아무도 없게 된 것이다.

1186년, 샤티용은 예루살렘에서 열린 뤼지냥의 대관식에 초대받지 못했지만 그런 것에는 신경 쓰지 않았다. 예순한 살의 샤티용은 이번에야말로 마음껏 '고삐 풀린 개'의 모습을 보여주는 데 열중했다. 아카바에서 다마스쿠스로 가는 길을 통과하는 대규모 순례단을 습격한 것이다.

살라딘은 곧바로 막 왕에 취임한 뤼지냥에게 엄중한 항의의 뜻을 표명했다. 샤티용이 약탈한 사람과 짐을 돌려줄 것을 강력하게 요구해온 것이다.

예루살렘 왕 뤼지냥은 이를 샤티용에게 전한다. 하지만 예순한 살의, 이슬람측 말을 빌리자면 '개'는 뤼지냥이 보낸 사절에게 의기양양하게 응수했다.
"뤼지냥이 예루살렘의 주인이라면, 이곳의 주인은 나다!"

약탈한 사람과 짐을 돌려주지 않은 것은 물론이다. 예루살렘 왕 뤼지냥을 경유해 그 사실을 알게 된 살라딘은 이때만큼은 분노를 폭발시켰다.
"코란에 맹세하건대, 그 개를 붙잡으면 내 손으로 직접 죽여주겠다!"

한편 샤티용은, 아라비아어를 할 줄 아는 사람이 드물지 않았던 이 시대 중근동의 십자군 수뇌진들 사이에서 아라비아어와 투르크어를 전혀 입에 담지 않았다는 점에서도 이색적인 존재였다.

예루살렘 왕국 내의 유력한 영주 집안에서 나고 자란 발리앙 이벨린이 이슬람교 이맘조차 존경의 시선으로 바라볼 정도의 고급 아라비아어를 구사한 것은 특별한 예라 해도, 십자군 시대의 그리스도교도는 유럽에서 태어났더라도 중근동 생활이 길어짐과 함께 다소나마 현지 말을 배우는 경우가 많았다.

현지에서 사용하는 언어를 이해할 필요가 있었던 것은 교역에 종사하던 이탈리아 상인들만이 아니었다. 만성적인 병력 부족에 시달리던 십자군측에서는 그리스도교도로 태어나거나 개종한 투르크인을 보조 병력으로 많이 쓰고 있었다. 그들은 실로 신뢰할 수 있는 병사였지만, 이 투르크 병사들에게 라틴어나 프랑스어, 독일어로 명령을 내릴 수는 없었다. 따라서 현실적으로도 현지어를 이해할 필요가 있었던 것이다.

그러나 샤티용은 이슬람교도 땅에서 16년이나 포로 생활을 했으면서 아라비아어도 투르크어도 배우려 하지 않았다. 알아들을 수는 있었다. 하지만 절대 자기 입으로 말하려고는 하지 않았다. 샤티용 입장에서 보면 이슬람교도의 언어는 증오스러운 적의 언어이며 야만스러운 언어에 지나지 않았기 때문이다.

이리하여 1186년도 지나고 운명의 1187년으로 들어서게 된다.

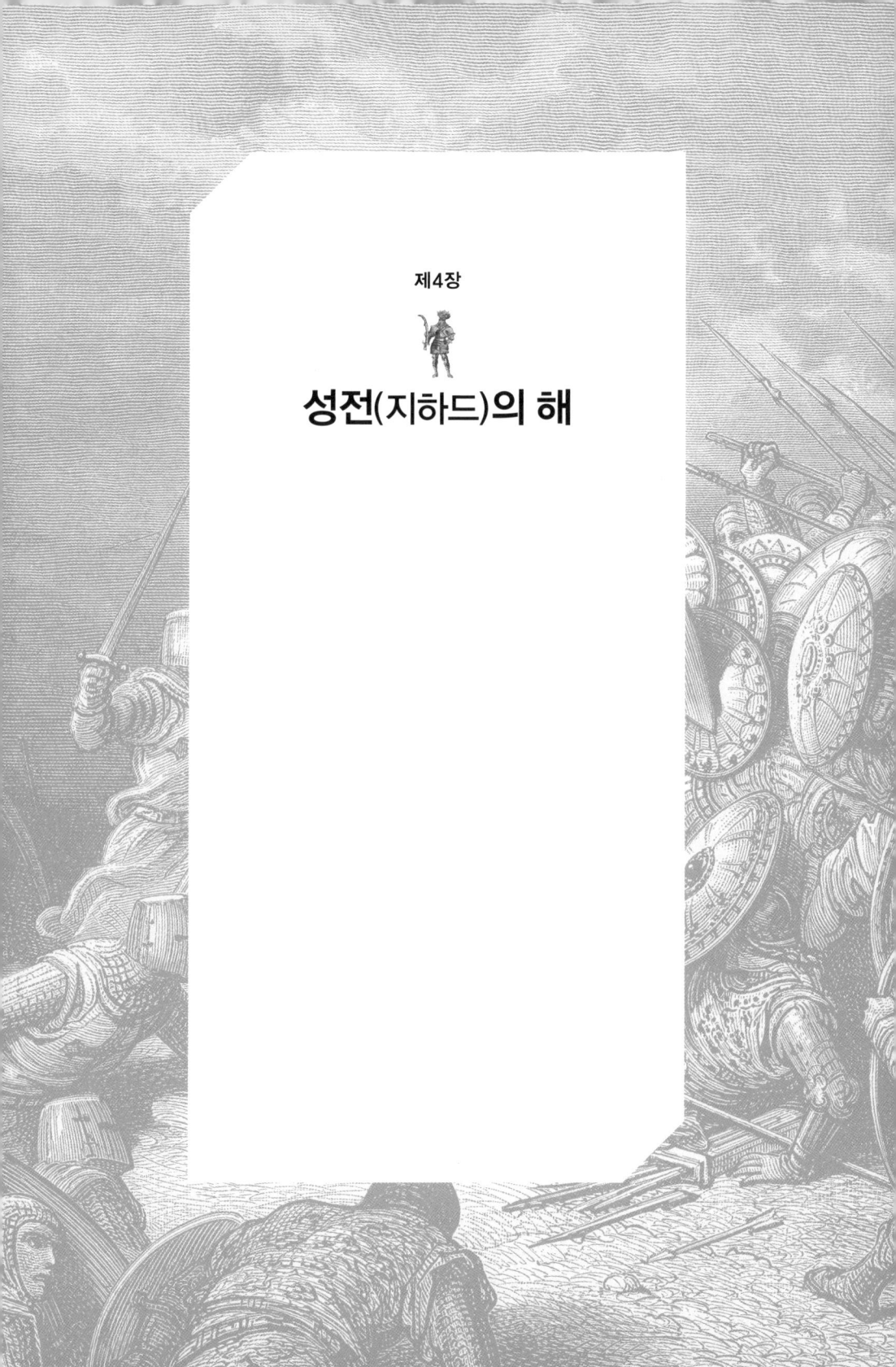

제4장

성전(지하드)의 해

1187년 봄의 기운이 느껴질 즈음, 시리아 북부와 멀리 동쪽의 메소포타미아 지방에서 다마스쿠스를 향해 대군이 모여들기 시작했다.

　3월 13일, 카이로를 떠난 살라딘이 다마스쿠스에 도착한다. 이 다마스쿠스에서 이슬람측은 십자군 시대가 된 후 처음으로, 이교도 배척을 소리 높여 외치는 '성전(jihad)'을 선언한다.

　'성전'은 원래 이슬람교도가 외치기 시작한 말이므로 이슬람 세계의 성직자인 이맘 중에는 이전에도 이를 입에 담은 사람이 있었다. 하지만 대군을 앞에 두고서 최고사령관인 술탄이 선언한 것은 이때가 처음이었다.

　역사적으로 분열 경향이 강한 이슬람 세계를 통합할 수 있는 수단은 종교밖에 없다고 살라딘은 생각했을 것이다. 하지만 그는 '지하드'를 선언했어도 그 목표가 예루살렘의 탈환이라고는 말하지 않았다. 그것은 전략적으로나 전술적으로나 훌륭한 방식이라고 할 수 없었기 때문이다.

전쟁의 목표는 상황에 따라 그 우선순위가 바뀌는 경우가 많다. 목표를 처음부터 확실히 설정해놓으면 오히려 장병들의 사기를 일정하게 유지하기 어렵다.

이교도를 상대로 한 '성전'에 참가하여 죽은 자는 순교자로 간주된다. 따라서 예루살렘 탈환전 이외의 전투에서 목숨을 잃은 자 역시 순교자이며 천국행이 보장된다고 생각하게 만드는 것이 중요했다. 최고 사령관은 이런 것까지 배려할 필요가 있었던 것이다.

그러나 한편으로 적인 십자군측에는 대군을 편성한 살라딘이 노리는 것이 다름아닌 예루살렘이란 사실을 일깨워주어야 한다. 목표가 예루살렘이라고 분명히 말하지 않으면 의심은 더욱 깊어가고, 동시에 공포도 심해진다.

마흔아홉 살이 된 살라딘은 지금까지 13년간의 경험을 통해 이슬람교도 장병들이 성채 공격에 능숙하지 않다는 것을 지겨울 정도로 잘 알고 있었다. 살라딘 역시 십자군측 성채를 공략할 때마다 거의 대부분이라고 해도 좋을 정도로 실패를 거듭해왔다.

296

이슬람교도 병사들에게 부족한 것은 용기가 아니었다. 용기는 충분했다. 그들에게 부족한 것은, 침착하게 하나에 집중할 때 가장 중요한 조건인 인내력이었다.

　성벽으로 방비되는 성채도시를 공격할 때는 공격중에 일어나는 여러 가지 불상사, 즉 악천후나 물 부족, 혹은 식량 부족, 역병의 유행 등 예상치 못한 사태가 덮쳐올 것을 각오해야 한다. 성채도시 공략만큼 지키는 쪽과 공격하는 쪽 모두에게 인내가 필요한 군사행동도 없다. 그리고 예루살렘도 성채도시였다.

　살라딘은 견고한 성벽으로 둘러싸인 성채도시를 공격하는 것이 아니라, 그것을 지키는 병사들을 성벽 밖으로, 그것도 쉽게 돌아갈 수 없을 만큼 멀리 유인해낸 후 전투를 벌여 단숨에 승부를 결정지으려고 했다. 이 전략이 성공하려면 십자군측에서 살라딘이 예루살렘을 노리고 있다고 믿어주어야 유리했다.

　또한 살라딘은 중근동의 십자군 세력이 지금까지 중요한 방어 요소로 삼아온 성채에 대해서도, 종래의 이슬람측 지도자들과 다른 전략으로 임하려 했다.

　성채의 진정한 위력은 난공불락으로 보이는 성채에 틀어박히는 것이 아니라, 난공불락의 그곳에서 수시로 병력을 투입함으로써 주변을 컨트롤하는 데에서 나온다. 그러므로 성채를 공략하는 가장 이상적인 방법은 성벽 하나하나를 공략해 무력화시키는 것인데, 이 전법은 앞서 말한 이유 때문에 이슬람교도에게 적합하지 않았다.

그래서 살라딘이 생각한 것은, 대군을 홍수처럼 밀어붙여 성채를 무력화하는 방법이었다. 고지대에 서 있는 성채만 남기고 그 주변을 마치 물에 잠긴 것처럼 만들어버리는 것인데, 이렇게 하면 성채에서 공격해 나오려 해도 그럴 수가 없다. 그래도 공격을 감행한다면 몰살당할 뿐이니, 성채를 방어하는 병사들은 적의 군대가 통과하는 것을 지켜볼 수밖에 없다. 창 하나 찌를 줄 모르는 농민 출신의 병사도 이런 식으로 이용할 수 있었다.

그렇다면 살라딘은 왜, 마음만 먹는다면 충분히 그럴 만한 힘을 가졌던 누레딘도 시도하지 않았던 예루살렘으로 표적을 좁힌 것일까.

이라크와 시리아를 지배했던 누레딘에 비해, 살라딘은 이라크와 시리아에 더해 이집트까지 지배하에 두었기 때문일까.

이 생각은 전적으로 일리가 있다. 다마스쿠스와 카이로의 관계가 양호하지 않았던 시대에는 다마스쿠스의 군사행동을 카이로가 방해하는 일이 적지 않았다. 그러나 살라딘의 시대가 되어 그럴 걱정이 없어지고 나자 이슬람은 북쪽과 동쪽만이 아니라 남쪽에서도 십자군 세력을 포위할 수 있게 되었다.

실제로 이 1187년의 대공세 때 살라딘은 동생 알 아딜에게 이집트에서 군대를 이끌고 북상하도록 한다. 이는 북쪽과 동쪽, 남쪽에서 한꺼번에 포위하겠다는 생각이 살라딘의 머릿속에 있었다는 것을 보여준다.

그러나 이것 말고도 누레딘과 살라딘의 차이가 하나 더 있었다. 그것은 어디까지나 이슬람교도의 시점에서 생각하던 누레딘에 비해, 살라딘은 그리스도교도의 시점에서도 생각할 수 있었다는 점이다.

이슬람교도에게 가장 중요한 성지는 메카이며, 그다음은 예언자 마호메트가 죽은 장소인 메디나, 마지막이 마호메트가 하늘로 승천했다고 전해지는 바위가 모셔져 있는 예루살렘이다.

한편 그리스도교도에게 중요한 성지는 예수 그리스도가 살았으며 죽었다가 부활한 예루살렘이 첫번째이고, 그다음이 예수가 후계자로 지명한 성 베드로가 순교한 땅인 로마다. 그리고 세번째는 이베리아 반도 북부에 있는 산티아고 데 콤포스텔라다. 이 성지를 이교도의 손에 넘기지 않겠다는 스페인 사람들의 일념으로 시작된 군사행동이 바로, 1492년에야 가까스로 완료되는 '재정복(레콘키스타)'으로 진전된 것이다.

십자군측에 가장 큰 심리적 타격을 주려면 그들 최고의 성도인 예루살렘을 노려야 하는 것이 당연했다.

그 증거로, 다마스쿠스에 대군이 집결하고 있다는 소식만 듣고도 예루살렘 왕 뤼지냥은 침착성을 잃어버리고 말았다.
그는 모을 수 있는 병사를 다 모으고 장수들도 총동원하여, 적이 예루살렘으로 공격해오기 전 도중에서 요격하기로 결정한다. 예루살렘에는 대주교와 소수의 병사밖에 남아 있지 않게 되었으니 상황은 살라딘의 예상보다 유리하게 흘러간 셈이었다. 요격을 나갈 때는 배후의 방비에 만전을 기하는 것이 최고사령관의 상식인데 말이다. 하지만 당시 십자군측의 최고사령관은 잘생긴 외모 말고는 장점이 없었던 뤼지냥이었다. 그리고 이 왕이 가장 의지하던 이가 샤티용이었다.

6월 26일, 다마스쿠스 수비를 장남에게 맡긴 살라딘은 다마스쿠스를 떠나 군대를 이끌고 남하하기 시작했다.

기병 1만 2천 명에 보병까지 총 4만 명에 이르는 대군이었다. 앞서 말한 대로 성채의 무력화를 병행하는 행군이었기 때문에 남하하는 속도는 빠르지 않았다.

한편 지중해에 면한 항구도시 아코에 집결한 십자군은 기병 1천2백 명을 비롯해 총인원 1만 8천 명. 이미 살라딘과 강화가 진행중이던 안티오키아 공작령은 여기에 참가하지 않았다. 12세기 후반에 들어선 당시 십자군 국가는 예루살렘 왕령, 트리폴리 백작령, 안티오키아 공작령 세 나라뿐이었는데, 살라딘은 이 세 나라의 분리도 조금씩 성공해나가고 있었던 것이다.

게다가 수는 적지만 정예만 모은 상설 군사력이라는 데 존재 이유가 있는 종교 기사단도 아코에는 절반밖에 오지 않았다. 대부분의 성채는 템플 기사단과 병원 기사단이 관리하고 있었으므로 그 방어 요원을 제할 수밖에 없었던 것인데, 그중에서도 병원 기사단은 살라딘이 펼친 인해전술에 맞서 적진으로 돌격했던 탓에 단장을 비롯한 130명의 기사가 이미 전사한 상태였다.

이 역시 그들이 예루살렘 왕 뤼지냥을 신용하지 않고 독자적으로 행동했기에 일어난 결과였다. 아코에 집결한 병원 기사단 기사들은 지휘관인 기사단장도 없이 참전하게 된다. 총 몇 명이었는지는 알려져 있지 않다.

정예만 모은 상설 군사력이라는 점에서 병원 기사단과 어깨를 나란히 하는 템플 기사단도, 병원 기사단과 함께 결사 항전을 펼치던 중 상당수의 기사를 잃었다. 그러나 그 격렬한 전투에서도 기사단장과 몇몇 기사는 도망치는 데 성공해서, 기사단장 제라르가 이끄는 본대가 아코에 집결할 수 있었다. 이 양대 기사단을 합쳐도 주요전력인 기사의 수는 4백 명을 밑돌았을 것이다. 종교 기사단은 유명하긴 했지만 지원제라는 이유도 있어 실제 병력은 항상 이 정도밖에 되지 않았다.

살라딘의 기병 1만 2천 명에 비해 십자군은 그 10분의 1이니 승부는 정해진 것이나 다름없어 보이겠지만, 실상은 꼭 그렇지만은 않았다.

그리스도교측 기병 1천2백 명은 중무장을 했고, 이슬람측 기병 1만 2천 명은 경무장이었기 때문이다.

무거운 강철 갑옷과 투구로 단단히 중무장한 기병은 중세 유럽의 '꽃'이다. 즉 중세 유럽의 '문화'인 것이다. 한편 기후와 지세가 유럽과 전혀 다른 오리엔트에서는 중무장이 문화가 될 수 없었다. 도입한다 해도 정착되지 않는다. 살라딘은 자국 병사의 무장을 상당 부분 유럽 스타일로 개조한 사람이었지만, 그래도 경무장의 영역을 벗어나지 않았다.

첫째로, 기병에 빼놓을 수 없는 말의 크기부터 달랐다. 아랍 말은 우아하고 아름답지만 중무장한 기사를 태우고 전장을 질주하는 것은 감당할 수 없었다. 아랍 말보다 체격이 훨씬 큰, 프리지안으로 불리던 중앙 유럽의 말이 아니면 견디지 못하는 것이다. 십자군측은 이 말을 유럽에서 수입했고, 그럴 수 없을 때만 아랍 말을 썼다. 물론 이슬람측은 아랍 말을 탔다. 경무장을 바꾸려 하지 않았던 데는 말 문제도 있었던 것이다.

어쨌거나 말과 기사가 한 덩어리가 되어 돌격해오는 중무장 기병의 위압감은 누가 봐도 압도적이었다. 그러므로 1천2백 명밖에 안 된다 해도, 중무장한 기병은 그들을 능숙하게 다룰 줄 아는 인물이 이끌기만 한다면 열 배의 적을 쫓아버릴 수 있을 만한 위력을 충분히 갖고 있었던 것이다. 하지만 제1차 십자군으로부터 90년이 지난 1187년에는 그런 사령관을 찾아볼 수 없었다.

살라딘이 이끄는 총 4만 명의 군대에 비해 십자군측은 총 1만 8천 명에 불과하다는 것이 전투 결과를 좌우하는 결정적인 요인은 아니다. 딱히 알렉산드로스 대왕이나 로마 시대의 최고사령관까지 거슬러 올라가지 않아도, 뛰어난 지휘관이 적의 5분의 1에 지나지 않은 병력으로 승리를 거둔 예는 적지 않다. 십자군의 역사만 보아도 탄크레디가 기병 24명을 이끌고 티베리아 호 주위의 갈릴리 지방을 제패한 적이 있을뿐더러, 불과 10년 전에는 나병을 앓는 몸이면서 580명의 기병으로 살라딘이 이끄는 1만 2천 명의 군대를 격파한 보두앵 4세도 있었다.

요컨대 '전투'란 거기에 참가하는 병사들을 이끄는 사람의 능력과 기개에 달려 있는 것이다. 따라서 기병 1만 2천 명과 1천2백 명이라는 차이, 4만 명과 1만 8천 명이라는 차이만 보고, 역사상 유명한 '하틴 전투'라는 이름의 이 전투가 시작되기 전부터 십자군이 패배할 게 뻔해 보였다고 말할 수는 없는 것이다.

최고사령관의 '능력'은 전장에서 병사를 어떻게 움직이는가에만 달려 있는 것이 아니다. 살라딘은 절대적인 방어력을 지닌 적의 중무장 기병에 대한 전술로, 병사들에게 기사가 아닌 말을 찌르라고 가르쳤다. 말을 잃은 기사는 기병으로서의 전력 절반을 잃어버린 것이나 마찬가지이기 때문이다.

▎'하틴 전투'

살라딘의 군대는 꾸준히 거리를 좁혀와 6월 27일 처음으로 십자군 국가의 영토에 진입했고, 그후 골란 고원을 왼쪽, 티베리아 호를 오른

쪽에 두고서 행군을 계속해, 30일에는 요르단강을 건너 십자군 국가 깊숙이 침공했다. 그러고는 티베리아 호 남쪽을 돌아 호수 서쪽으로 나가서 그곳에 있는 성채도시 티베리아스 앞에 진을 쳤다. 하지만 이 도시를 공략하는 데에는 집착하지 않았다. 미리 풀어놓은 스파이를 통해 그리스도교군이 아코를 출발해 티베리아스를 향해 행군중이라는 정보를 얻었기 때문이다. 살라딘은 일찌감치 도착해 적을 기다리는 형국이었다.

7월 3일, 십자군측은 아코와 티베리아 호 중간지점인 세포리스에 도착한다. 이곳의 성채는 규모가 컸기 때문에, 트리폴리 백작은 혹시 원군이 올지 모르니 여기 머물며 기다려보자고 진언했다. 하지만 샤티용은 이에 반대했고, 뤼지냥도 샤티용의 의견에 따라 이 안전한 땅을 버리게 된다. 이튿날, 다시 동쪽으로 행군이 재개되었다.

트리폴리 백작 레몽 3세의 걱정은 티베리아 호까지 물이 없는 지역을 지나가야 한다는 것이었다. 하지만 그의 의견은 총 거리가 30킬로미터도 안 되니 괜찮다는 말로 또다시 묵살당한다. 그 30킬로미터가 무엇을 의미하는지 살라딘도 알고 있었다.

'전투'의 결과가 최고사령관의 능력에 달려 있다고 하는 이유는, 최고사령관이 바라던 지역과 바라던 상황에 적군이 들어와주기만 한다면 전투는 이긴 거나 마찬가지이기 때문이다.

304

이 '하틴 전투'에서 가장 중요한 문제는 '물'이었다. 건조한 지대인 중근동에서, 게다가 여름에 치르는 전투다. 그 때문에 '물'이 결정적인 요소였다.

다마스쿠스를 출발한 이후 살라딘이 행군한 길을 더듬어보면 이들은 한 번도 '물'에서 벗어나지 않았다. 반대로 세포리스의 성채를 뒤로한 십자군은 물이 없는 지역을 행군했다. 십자군 중 각기 마실 물을 갖고 있었던 병사들은 이 지방의 영주인 트리폴리 백작의 병사들과, 중근동에서 나고 자란 발리앙 이벨린이 이끄는 부대뿐이었다. 예루살렘 왕 뤼지냥에게는 이런 것을 고려할 만한 능력이 없었고, 강도 행위에 특출난 샤티용에게 물이란 갖고 있는 자에게서 빼앗아 마시는 것일 뿐이었다.

그러나 이들은 금방 답파할 수 있을 것 같았던 30킬로미터가 결코 녹록지 않다는 것을 곧 깨닫는다. 그리스도교군은 세 부대로 나뉘어 종대로 행군하고 있었다.

앞장 선 것은 지세를 숙지하고 있는 트리폴리 백작 레몽 3세와 그의 병사들.

그 뒤를 따르는 본대는 예루살렘 왕 뤼지냥이 이끄는 군대. 말을 타고 가는 뤼지냥 옆에는 아코 주교가 받쳐든 '성십자가'가 있었다. 제1차 십자군이 예루살렘을 '해방'했을 때 발견된 것으로, 예수 그리스도가 책형을 당한 십자가로 여겨져 중요한 전투에 늘 동행했다. 성십자가

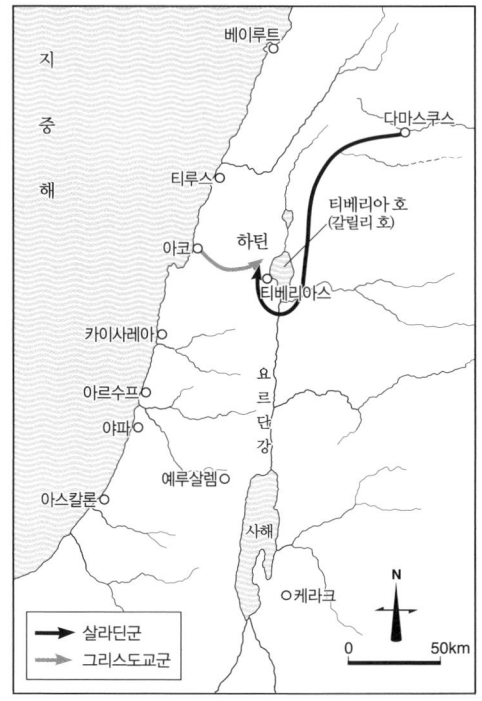

가 전장에서 자신들을 지켜주기 때문에 이슬람과의 전투에서 이길 수 있다고 믿어온 것이다. 이 본대에는 샤티용과 그의 부하들도 가세해 있었다.

맨 뒤에서는 발리앙 이벨린의 부대와 템플 기사단을 주체로 한 종교 기사단의 기병 집단이 진군했다.

한참 나아가던 중에 트리폴리 백작은 더이상 행군을 속행하는 것은 목숨을 재촉하는 짓이라고 판단했다. 말을 달려 뤼지냥에게 가서, 6킬로미터 앞에 물을 구할 수 있는 곳이 있으니 그곳에서 물을 가져오는 것을 허락해달라고 했다. 이미 갈증으로 괴로워하기 시작한 병사들을 본 뤼지냥은 마지못해 트리폴리 백작의 제언을 받아들였다. 그러나 때는 이미 늦었다.

살라딘의 명령을 받은 이슬람군 기병이 행군중인 그리스도교군을 습격한 것이다. 전투를 위한 것이 아니라 행군을 방해해서 속도를 늦추는 것이 목적이었으므로, 습격했다가 곧 물러가고 뒤이어 다른 부대가 기습해오는 방식을 반복했다. 적의 이런 기습을 방어하느라 더는 앞으로 나아가지 못하게 된 십자군은 결국 그곳에서 7월 3일 밤을 지새우게 된다.

티베리아 호까지 12킬로미터밖에 떨어져 있지 않은 야영지에서는 멀리 달빛을 받아 빛나는 호수면이 바라보였지만 그 물을 입에 넣을 수는 없었다. 그리고 곧이어 살라딘의 다음 작전이 시작되었다.

살라딘의 생각은 적군 병사가 물을 입에 넣기 전에, 즉 물이 있는 곳에 도착하기 전에 사방에서 포위해 괴멸시키는 것이었다. 그래서 7월 3일 밤 서둘러 후위를 집중적으로 공격한 것인데, 이때는 이벨린과 종교 기사단의 강력한 반격을 받아 성공하지 못했다.

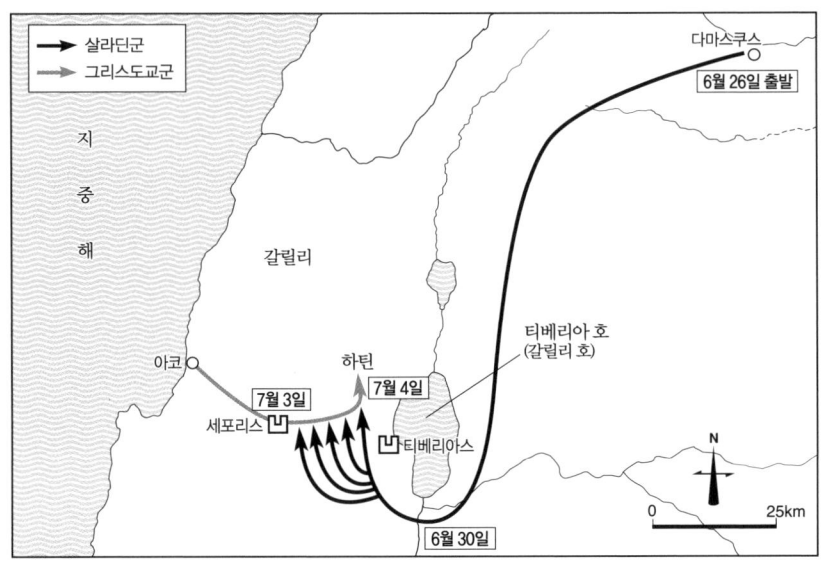

지중해

갈릴리

살라딘군
그리스도교군

다마스쿠스
6월 26일 출발

아코

하틴
7월 4일

세포리스
7월 3일

티베리아 호
(갈릴리 호)

티베리아스

6월 30일

N

0   25km

하틴 전투

　그러나 이튿날인 7월 4일 십자군이 행군을 재개하자 살라딘의 포위 작전이 성공했다는 것이 분명해졌다. 양옆에 이어지는 낮은 언덕을 모두 이슬람군이 점령하고 있어, 그 사이 골짜기를 통과해야 하는 그리스도교군은 전후좌우가 다 적에게 둘러싸인 형국이 되고 말았다.

　게다가 그 주변에서 유일하게 도망칠 수 있는 곳인 니므린 마을로 가는 길조차 완전히 막혀 있었다. 십자군의 도주로를 사전에 예측한 살라딘이 전날 밤 미리 쌓아놓은 나무와 잎 더미에 불을 붙이라고 명령한 것이다. 솟아오른 연기는 연막이 되었고, 그 짙은 연막은 도망갈 수 있는 길을 막아버렸다.

하지만 연막은 도망가는 길만 막은 것이 아니었다. 세 부대로 나뉘어 행군하던 그리스도교군의 각 부대 사이도 가로막아버린 것이다. 그래서 앞서가던 트리폴리 백작의 부대가 포위를 뚫는 데 성공해도, 뒤를 따르는 본대와 후위는 이와 분리되어 포위당한 형국이 되고 말았던 것이다.

남겨진 채 포위당한 뒤에도 장병들은 쉽게 항복하지 않았다. 말이 화살에 맞거나 창에 찔려 보병이 되어버린 기병도, 그리고 원래부터 보병이었던 병사도 감연히 적을 향해 나아갔다.

격렬한 전투가 도처에서 전개되었다. 맹렬하게 싸우던 그리스도교도 병사들이 언덕 위에 서서 지휘하고 있는 살라딘에게까지 육박해와, 언제나 평정심을 잃지 않던 살라딘조차 섬뜩함을 느낄 정도였다.

절망적인 심정으로 싸우는 십자군 병사들이 유일하게 의지할 수 있었던 것은, 언제나 전장의 후방에 있는 '성십자가'를 안치해둔 붉은색 천막이었다. 그리고 그곳에는 예루살렘 왕인 뤼지냥 이하 막료들이 있었다.

이 붉은 천막이 무너지면서 격렬한 전투가 끝났음을 알렸다. 그 모습을 보고 병사들은 비로소 손을 들었지만, 천막이 쓰러진 것을 본 이벨린은 마음을 정한다. 예루살렘 왕국의 유력한 봉건영주였던 이 사람은 부하 병사들과 부근에서 싸우고 있던 다른 병사들을 이끌고, 포위를 좁혀오는 이슬람군을 향해 정면으로 돌격한 것이다. 그리고 그 기세에 눌린 적병 사이를 뚫고 도망치는 데 성공한다.

　전장 바로 북쪽에 있는 하틴, 현지 명칭으로는 히틴이라고 하는 마을의 이름을 따서 '하틴 전투'라고 불리게 된 이 전투는, 이렇게 처음부터 끝까지 살라딘의 생각대로 이루어졌다.

　도망에 성공한 그리스도교측 병사들은 트리폴리 백작과 이벨린의 부대를 합쳐도 3천 명에 이르지 못했다고 한다. 1만 8천 명 중 3천 명밖에 살아남지 못한 것이다. 하틴 전장을 메운 전사자는 십자군측만 해도 1만 명이 넘었을 게 틀림없다.

　살라딘측 전사자가 어느 정도였는지는 알려져 있지 않다. 이는 이슬람교도의 습관이기도 한데, 그들은 사상자 수에 대한 관심이 미미했다. 하지만 얼마 후 살라딘은 이 전쟁터에 전사자들을 기리는 커다란 비를 세우라고 지시했다. 전사자가 얼마 되지 않았다면 그런 지시를 내릴 리 없었을 것이다. 전투가 시종 격렬하게 이루어졌다는 것은 적과 아군의 기록이 일치하는 셈이다.

　역사상 유명한 '하틴 전투'를 살라딘의 최고 걸작으로 보는 사람은 그리스도교측에도 많다. 각본, 연출, 주연 모두 마흔아홉 살의 살라딘 혼자 해낸 것이나 다름없기 때문이다.

　1. 누레딘의 유산인 시리아와 이라크뿐 아니라 이집트까지 통합해 십자군 세력을 북, 남, 동으로 에워싼 다음 결정타를 날린 것.

2. 안티오키아 공작령을 중립 상태로 만들어 중근동의 십자군 세력을 분리하고, 그들의 운명을 결정하는 이 전투에 예루살렘 왕국 한 나라만 나설 수밖에 없는 상황으로 몰아간 것.

3. 적군이 예루살렘을 노리는 것으로 생각하고 당황한 십자군측이, 비교적 유리하게 이슬람군과 싸울 수 있는 성채도시에서 방어하는 것이 아니라 평원으로 몰려나와 전투를 벌이도록 유도한 것.

4. 대군을 투입함으로써, 중근동의 십자군 영토에 수없이 세워져 있던 십자군측 방어 거점인 성채를 무력화하는 데 성공한 것.

5. 적을 물 부족 상태로 만든다는 기본 전략 아래, 살라딘이 바라던 지역과 방식으로 적군을 유인해내는 데 성공한 것.

6. '전투'의 유일한 이점은 단 한 번의 싸움으로 정황을 단숨에 바꾸어버릴 수 있다는 것인데, 6월 26일 다마스쿠스에서 출진한 뒤 7월 4일 결전을 벌일 때까지 고작 9일밖에 걸리지 않았다는 것. 이 한 가지만으로도 살라딘의 전략과 전술은 21세기인 지금도 여전히 '펜타곤'에서 인정할 정도다.

하지만 한편으로 이 '하틴 전투'와 다른 유명한 전투들을 비교해보면, 뭔가 빠져 있다는 느낌이 든다.

알렉산드로스 대왕의 이수스 회전과 가우가멜라 회전.

한니발이 로마군을 상대로 완승을 거둔 칸나에 회전.
카이사르의 알레시아 회전과 파르살루스 회전.

전략과 전술 면에서 걸작으로 평가되는 이 전투들은 모두 '적수가 있는' 전투였다는 것을 알 수 있다. 즉 적측에 상당한 능력을 지닌 최고사령관이 있었음에도 승리를 거둔 사례라 할 수 있는 것이다.

따라서 당당한 정면충돌이라는 느낌이 강하기 때문에, '전투'라는 말보다 '회전(會戰)'이라는 말이 더 어울리는 듯 보인다.

그런 의미에서 '하틴'은 '전투'이긴 했지만 '회전'은 아니었다. 전략과 전술이 모두 뛰어나며 위험을 각오하고 책임을 지는 기개를 가진 최고사령관이 십자군측에 없었기 때문이다. 그것이 '하틴 전투'가 '전투(battle)'이기는 했어도 '회전(battle field)'이 되지는 못한 진짜 이유가 아닐까.

어쨌거나 전투의 목적은 이기는 것이다. 살라딘은 이겼다. 그것도 완승이라 해도 좋은 전과로.

승자와 패자

전투가 벌어진 하틴 평원에서 도망치는 데 성공한 십자군측 주요인물은 앞장섰던 트리폴리 백작 레몽 3세와 후위군을 이끈 발리앙 이벨린 둘뿐이었다. 전사한 주요인물은 없었으나, 도망친 두 사람 말고는 모두 붙잡혀 승리자의 천막으로 끌려왔다.

예루살렘 왕 기 드 뤼지냥.
뤼지냥의 동생이자 예루살렘군 지휘관이었던 무장 두 명.
몬페라토 후작 굴리엘모.
르노 드 샤티용.
'성십자가'를 받쳐드는 역할을 한 아코 주교.
템플 기사단 단장 제라르.

'하틴 전투'는 이미 7월 4일 오후에 끝났다. 그런데도 살라딘의 천막 앞으로 끌려온 사람들은 하나같이 갈증을 호소하듯 입으로 크게 숨을 쉬고 있었다.

그것을 본 살라딘은 찬물을 가져오게 해 먼저 왕인 뤼지냥에게 권했다. 그러나 뤼지냥은 마시지 않고 옆에 서 있던 샤티용에게 잔을 건넸다.

이를 본 살라딘은 버럭 화를 냈다. 너 같은 놈한테 줄 물은 없다고 외치며, 살라딘은 샤티용을 포로 대열에서 끌어내 칼로 베어버렸다. 곧바로 달려온 술탄의 근위병이 샤티용의 머리를 잘랐다. 살라딘은 거듭되는 자신의 항의에도 불구하고 메카로 가는 순례단을 계속 습격했던 샤티용을 붙잡게 되면 자기 손으로 직접 베어버리겠다고 코란에 맹세한 바 있었는데, 그 서약을 1년 만에 지킨 것이다.

그러나 붙잡힌 주요인물 중 죽임을 당한 것은 이 샤티용뿐이었다. 왕 뤼지냥을 포함한 그 외의 사람들은 일단 다마스쿠스까지 연행하기로 했다. 이들은 한 사람을 제외하면 죽일 필요까지는 없는, 즉 살려둔다고 해를 끼칠 만한 능력도 없는 남자들이라 생각했기 때문일 것이다. 살려두면 위험한 딱 한 사람, 템플 기사단 단장은 다른 용도로 쓰려고 살라딘은 생각하고 있었다.

살라딘은 이들 주요인물보다 지위가 낮은 포로들에게 더욱 엄벌을 내렸다. 어쩌면 이들을 살려두는 것이 이슬람측에 더 위험하다고 보았는지도 모른다.

우선 '투르코폴리'로 불리던, 민족적으로는 투르크인이지만 그리스도교도인 보병들이 끌려나왔다. 이 사람들은 충성도가 높고 용감하기 때문에 십자군측의 신뢰가 두터웠던 병사들이다. 하지만 그만큼 전사하는 자의 비율도 높았다. 템플 기사단과 병원 기사단 등의 종교 기사단의 기사들과 함께, 이슬람군과의 전투에서 가장 많이 전사한 것이 이 투르크 보병이라 할 수 있을 정도였다. '하틴 전투'에서도 참전자의 수에 비해 포로가 된 자의 수가 상대적으로 적었다고 한다.

그런 이유로 살라딘 앞에 끌려나온 이 남자들은 수적으로는 적었지만, 살라딘은 전원 참수형에 처하라고 명령했다. 투르크족으로 태어난 이들이 명목상으로라도 그리스도교에 귀의한 것은 신을 배신한 행위라는 것이 이 남자들을 죽인 이유였다.

이들 투르크인을 제외한 보병 포로는 수적으로 단연 많았다고 기록되어 있는데, 살라딘은 전원을 노예로 팔기로 결정한다. 이슬람교는 같은 신도의 노예화를 금하고 있었지만 하틴에서 포로가 된 보병들은 그리스도교도였기 때문이다.

살라딘은 포로 중 템플 기사단과 병원 기사단의 기사들에게는 목숨을 구할 기회를 주었다. 이슬람교로 개종하면 목숨을 살려줄 뿐 아니라 이슬람군 내에서 승진까지 보장하겠다고 말한 것이다. 마찬가지로 이슬람교는 같은 신도의 사형을 금하고 있었는데, 개종할 가망이 거의 없는 이들에게 개종을 요구하는 것은 사형할 이유를 만들려는 의도였다.

실제로 이에 응해 개종한 기사는 거의 없었다. 개종을 거부하고 그 자리에서 죽임을 당한 종교 기사단 기사들의 수는 230명이었다.

참고로 '하틴 전투' 후 살라딘이 내린 처벌에 대한 기록은, 이때 이슬람교로 개종한 템플 기사단의 한 기사가 42년 후에 밝힌 이야기에 근거한 것이다. 하틴 전투 당시 막 20대에 접어든 젊은이였던 스페인 출신의 이 기사는 개종 후 이슬람군에 들어갔으며, 우연히 만난 이탈리아 상인에게 이 이야기를 했을 당시에는 다마스쿠스 수비대장 자리에까지 올라 있었다.

살라딘은 그리스도교도 투르크 보병을 비롯해 템플 기사단과 병원 기사단의 기사 등 중근동 십자군 세력의 상설 전력이었던 남자들을 무자비하게 죽였다. 유럽에서 원정군이 오지 않은 동안에도 중근동 땅에서 십자군 세력을 지탱해온 것이 바로 이들이라는 사실을 알고 있었다. 그러므로 살려두어도 위험하지 않은 주요인물들은 살려주었지만, 이 남자들은 죽였던 것이다.

그러나 살라딘의 이 엄격한 조치는 결국 일시적인 효과밖에 가져오지 못했다. 변명할 기회도 없이 처형당했다 해도 십자군측 보병에는 여전히 그리스도교도 투르크인이 임무를 수행하고 있었고, 괴멸적인 상태가 된 종교 기사단은 '하틴 전투' 후 오히려 지원자가 늘어났던 것이다.

템플 기사단과 병원 기사단은 유럽의 좋은 집안 출신자들이 관록을 얻기 위해 입단하는 명색뿐인 기사단이 아니다. 그들의 일상생활은 당시 유럽에서 쉽게 찾아볼 수 있었던 수도원의 수도사와 같았지만, 기도와 명상으로 신에게 다가가는 것을 필생의 업으로 삼고 있는 것은 아니었다. 그들이 신에게 다가가는 길은 그리스도의 전사로서 이슬람교도와 싸우는 것이었다. 템플 기사단과 병원 기사단에 지원하는 사람이 끊이지 않은 것은, 이들 종교 기사단의 존재의의가 중세 남자들의 가슴에 강한 호소력을 발휘했기 때문이기도 하다.

그렇다면 당장 이들을 죽여도 소용없지 않은가, 아마 살라딘도 그렇게 생각했을 것이다. 그러나 그는 적에게 이기는 것을 최우선으로 삼는 무장이다. 눈앞에 있는 적의 실질적인 전력을 우선 제거해야겠다고 생각한 것도 당연하다. '하틴 전투' 직후의 살라딘은 지극히 무장답게 행동했던 것이다.

그러나 무장은 또한 손에 넣은 승리를 활용하는 방법을 가장 먼저 생각하기도 한다. 바꿔 말하자면 그것은 '쇠뿔도 단김에 빼라'는 말을 실행한 것이었다.

7월 4일의 '하틴 전투' 다음 날, 살라딘은 재빨리 근처의 성채도시 티베리아스에 사자를 파견하여 그 도시의 성문을 열라고 요구했다. 살라딘은 갈릴리 지방의 중요한 지역이기도 한 이 도시에 무혈입성할 생각이었으므로, 성문을 열면 주민의 목숨과 재산을 보장하겠다는 관대한 조건을 내걸었다.

트리폴리 백작 레몽 3세의 영토였던 티베리아스는, 남편이 십자군에 참전한 동안 백작부인이 지키고 있었다. 발리앙 이벨린의 누이이기도 한 백작부인은 그 조건을 받아들여 살라딘에게 성문을 열겠다고 알렸다. '하틴 전투'의 결과를 안 이상 다른 방법이 없었기 때문이다.
살라딘은 제시한 조건을 완벽하게 지켰다. 백작부인과 아이들은 전 재산과 하인들과 함께 살라딘이 보낸 병사들의 경호를 받으며, 남편 트리폴리 백작이 도망가 있던 티루스로 떠났다.

이리하여 살라딘은 제1차 십자군 시대에 탄크레디가 정복한 이래 백 년 가까이 다마스쿠스에 대한 예루살렘의 방벽 역할을 하던 갈릴리 지방을 손에 넣었다. 이제 '안쪽 성벽'까지 메워진 것이다. '하틴 전투'가 끝나고 불과 이틀 후에, 그것도 피 한 방울 흘리지 않고 얻은 수확이었다.

이튿날인 7월 7일, 살라딘은 조카 한 명에게 군대를 이끌게 하여 이번에는 서쪽에 있는 아코를 공격하게 했다. 하지만 역시 조카 혼자서는 역부족이었던 듯, 그다음 날에는 살라딘이 직접 아코 성벽 앞에 섰다.

티베리아스에 이어 이 항구도시를 살라딘이 공략 대상으로 삼은 것은, 중근동을 탈환하는 데 있어 그가 항구도시를 무척 중요하게 생각했다는 사실을 보여준다.

이집트는 해군을 갖고 있었음에도 제1차 십자군 이후 백 년 동안 시리아와 팔레스티나 근해에 접근하지 못했다. 이탈리아의 해양 도시국가가 제해권을 견지하고 있었기 때문인데, 이집트 해군이 그들보다 못한 것은 사실일지라도 유사시에 도망칠 수 있는 항구가 있다면 이 열세 상태가 조금은 개선될 수 있었다. 그래서 살라딘은 아코와 야파, 그리고 십자군의 침공 전에는 이집트의 항구였던 아스칼론을 '쇠뿔도 단김에 뺄' 기세로 공략하려 했던 것이다.
또한 아코는 특히 유럽에서 오는 배가 가장 많이 입항하는 것으로 알려져 있었다. 이 아코를 손에 넣을 수 있다면 유럽에서 오는 원군이 이전만큼 쉽게 상륙할 수 없게 되리라고 생각했을 게 틀림없다.

그러나 아코 역시 성벽으로 둘러싸인 견고한 수비를 자랑하는 항구도시다. 갈 길이 바쁜 살라딘은 여기에서도 관대한 조건을 내걸고 무혈입성하려 했다.

'하틴 전투'의 결과는 아코에도 영향을 미쳤다. 주민들은 계속 이곳에 살게 해주겠다는 살라딘의 조건을 받아들이기로 한다. 그러나 떠나기로 한 사람들도 있었다. 바로 이곳 아코에 자신들만의 거류지를 갖고 있던 피사, 제노바, 베네치아의 상인들이었는데, 이들 중세의 이코노믹 애니멀은 적인 이슬람교도와의 교역에도 적극적이었던 사람들이다.

그러나 그들은 이슬람의 지배하로 들어간 후에도 자신들의 거류지가 존속될 거라고 생각할 만큼 낙관주의자는 아니었다. 그들 역시 이슬람교도가 '유럽에서 온 그리스도교도'라는 의미로 '프랑크인'이라 부르던 사람인 것이다. '그리스도교도이기에 앞서 베네치아인'이라는 격언까지 있던 베네치아 공화국의 사람들도, 이슬람과 그리스도교 중 하나를 선택해야 하는 상황에서는 항상 그리스도교측에 남는 것을 택했다. 이리하여 다른 '프랑크인'과 함께 아코를 떠난 이탈리아 상인들은 티루스나 트리폴리로 옮겨갔다.

살라딘은 이후에도 이런 전법으로 팔레스티나 지방의 항구도시들을 하나둘씩 수중에 넣어갔다. 물론 당시 살라딘의 진짜 의도는 예루살렘을 공략하기 전 예루살렘으로 가는 '보급로'를 차단하는 것이었다.

살라딘은 이 전법을 속행하며 '하틴 전투'에서 포로가 된 두 사람을 이용한다. 예루살렘 왕 뤼지냥과 템플 기사단 단장 제라르였다.

공략하려는 항구도시의 성벽 앞에 진을 치고는 상대편 병사들이 지키고 있는 성벽 앞으로 이 두 포로를 끌고 간다. 그러고는 방어전을 해봐야 소용없으니 무혈입성을 받아들이라고 설득하도록 한 것이다.

예루살렘 왕과 템플 기사단 단장은 시키는 대로 했다. 하지만 성벽 위에 늘어선 상대편 병사들에게서는 조롱과 경멸의 욕설이 돌아올 뿐이었다. 살라딘은 하는 수 없이 시간과 병사를 소비해가며 항구도시 공략전을 계속할 수밖에 없었다.

아울러 부끄러움을 모르는 뤼지냥은 이후로도 7년이나 더 살았는데, 템플 기사단 단장 제라르는 수치심에 시달린 탓인지 채 2년도 지나지 않아 죽고 만다. 하지만 두 사람 모두 살라딘이 석방해준 후에 죽었으니 이슬람측 감옥에서 죽은 것은 아니다.

그러므로 살라딘의 전법은 효과적이었다고는 할 수 없는 셈인데, 이마저도 9월에 들어서면서 중단해야 했다. '지하드'를 기치로 내걸고 이슬람교도를 통합한 이상 이슬람교도의 성도이기도 한 예루살렘의 탈환을 더는 미룰 수 없었던 것이다.

이슬람 세계의 최고권력자이자 '하틴 전투' 이후 명실공히 이슬람의 영웅이 되었지만, 살라딘은 생각보다 자유롭게 행동할 수 있는 상황이 아니었다.

이슬람 사회 역시 봉건사회다. 동시대 유럽에서 황제나 왕에 해당하는 술탄은 자신의 의지로 그의 권위에 복종하고 있는 각지의 태수나 영주를 통솔해나가는 입장에 불과하며, 술탄이 이끄는 군대도 직속만 따지면 그다지 수가 많지 않고 그 외에는 태수나 영주 들이 제공하는 병력을 통합한 것이었다.

이것이 술탄이 장기적인 군사행동을 하기 힘든 원인이었다. 태수와 영주는 자신들 힘의 원천인 병력의 손실을 기꺼워하지 않았고, 또한 그들이 군사행동의 속행을 반대하는 것에는 너무나도 이슬람적인 이유가 있었다.

이슬람교도의 아내는 남편이 4개월 넘게 집에 들어오지 않으면 이혼을 신청할 수 있다는 규칙이 그것이다. 태수들이 종종 가져다 쓰던 이 변명을 물리칠 수 있을 때는 바로 성전에 참가하는 경우다. 요컨대 살라딘은 군사행동을 계속하려면 '지하드'를 제창할 수밖에 없었고, 이슬람교도 누구나 납득할 수 있는 '지하드'는 '하틴 전투' 이후 예루살렘 탈환밖에 남아 있지 않았던 것이다. 예루살렘의 탈환이 바로 살라딘의 최대 목표이기도 했지만.

9월 20일, 살라딘은 예루살렘을 둘러싼 성벽 앞에 도착했다.

예루살렘은 절대 난공불락의 도시가 아니다. 주위를 방비하는 성벽은 대략 4킬로미터에 지나지 않고, 외부에서 원군이 오는 것을 기대할 수 없는 1187년 당시 상황으로서는 침착하게만 공격하면 이르든 늦든 결국 함락될 도시였다. 예루살렘 왕 뤼지냥이 하틴으로 가며 방어요원까지 총동원했기 때문에 시내에는 쓸 만한 병사가 적었고, 이들을 지휘할 수 있는 사람은 전무하다고 해도 좋은 상황이었다.

이 시기 예루살렘에는 6만 명 정도가 살고 있었다.

그중 4분의 1에 해당하는 약 1만 5천 명은, 이슬람교도가 '프랑크인'이라고 부르던 유럽에서 온 그리스도교도이거나, 혹은 그 사람들을 조상으로 둔 '유럽인'이었다.

나머지 4만 5천여 명은 그리스정교도나 아르메니아파에 속하는 동방의 그리스도교도와 유대교도, 이슬람교도로 이루어진 '오리엔트인'이었다.

따라서 이 6만 명 전원을 이슬람교도인 살라딘을 방어하는 데 동원할 수는 없었다. 특히 그리스도교도나 유대교도라도 예전부터 오리엔트에 살고 있던 사람들은, 설령 이슬람의 지배를 받게 된다 해도 지즈야라 불리는 이교도세만 내면 자신들의 신앙을 유지하며 살 수 있다는 것을 알고 있었다. 중세 오리엔트의 이런 상황을 생각하면 방어에 힘쓰는 것도 소용없게 느껴지겠지만, 이런 상태가 5백 년에 걸쳐 계속되어온 중근동도 최근 백 년은 그리스도교도 지배하에 있었던 것이다. 그 지배자측이던 1만 5천 명의 '프랑크인'이 살라딘이 이끄는 이슬람교도의 군대가 다가오자 공포에 떤 것도 당연한 일이었다. 하지만 살라딘이 포진한 예루살렘에는 발리앙 이벨린이 있었다.

발리앙 이벨린

예루살렘 왕국 내의 유력한 영주인 발리앙 이벨린만큼 중근동의 십자군 세력 지배층을 그대로 체현한 인물도 없다.

발리앙 이벨린은 이탈리아 남부에서 제1차 십자군에 참가했다가 이 지역에 정착한 사람의 후예로, 이벨린이라 명명한 야파 근처의 광대한 영토를 가진 영주이며, 중근동에서 나고 자란 '프랑크인'이다. 이탈리아 출신이 흔히 그렇듯 현지 적응력이 뛰어나, 고급 아라비아어를 구사할 줄 알고 이슬람 사회의 현 정세에도 밝은 인물이었다.

이 사람이 이때 예루살렘에 있었던 데는 재미있는 사정이 있다.

하틴 전투의 전장에서 탈출하는 데 성공한 이벨린은 부하 병사들과 함께 티루스로 도망쳤는데, 그의 아내와 아이는 예루살렘에 남아 있는 상태였다. 하지만 '하틴 전투' 직후에는 쉽사리 예루살렘으로 돌아갈 수가 없었다. 티루스에서 예루살렘으로 가는 모든 길에 살라딘의 병사들이 깔려 있었기 때문이다.

그래서 이벨린은 능숙한 아라비아어로 쓴 자필 편지를 살라딘에게 보냈다. 처자식을 예루살렘에서 구해내고 싶으니 티루스에서 예루살렘으로 가는 통행허가증을 살라딘의 이름으로 발급해달라는 내용이었다.

살라딘은 이벨린을 직접 만난 적은 없었지만 그에 대해 잘 알고 있었다. 이슬람교 이맘들에게도 좋은 평가를 받는 몇 안 되는 '프랑크인'이라는 점도 있었지만, 그보다 무장으로서 이벨린을 높이 평가하고 있었다. 살라딘이 단 한 번 패배를 맛본 '몽기사르 전투'에서 문둥이왕 보두앵 4세가 승리한 것도 이벨린의 감투(敢鬪)에 기인한 바가 크다는 것도 알고 있었고, 또 '하틴 전투'의 전장에서 적의 공격이 집중된 후위 부대에 있었으면서도 부하들을 거느리고 탈출하는 데 성공했다는 것도 예사로운 무장이 아니라는 것을 증명해주었다.

그래서 살라딘은 패자이면서 승자에게 의뢰를 한, 이 또한 보통 사람이 할 수 없는 대담한 태도를 취한 이벨린의 부탁을 들어주기로 했다. 하지만 조건을 붙였다. 예루살렘에서는 하루밤에 머물 수 없고 처자식을 데리고 곧장 티루스로 돌아가야 한다는 것이다. 그리하여 이벨린은 살라딘의 군대가 포위하고 있는 예루살렘으로 들어갈 수 있었는데, 그곳에서 그가 본 것은 공포에 떠는 주민들이었다.

발리앙 이벨린은 이들을 버려두고 자기 혼자 떠나는 것을 견딜 수 없었다. 거기다 하틴 전투의 전장에서 무사히 도망친 때로부터 채 3개월도 지나지 않았다. 또다시 살라딘에게 쉽사리 승리를 안겨주고 싶지 않다는 마음이 일었는지도 모른다. 이벨린은 처자식을 그대로 두고 예루살렘 방어에 나서기로 결심한다.
그렇지만 그는 살라딘과 한 사내로서 약속을 한 상태였다. 그래서 그는 살라딘에게 다시 편지를 써서, 약속을 깨는 걸 허락해달라고 요청했다.

예루살렘 성벽을 사이에 두고 코앞에 진을 치고 있던 살라딘으로부터 곧바로 답장이 왔다. 이벨린의 사정을 이해했으니 약속을 깨는 것을 인정하겠다는 내용이었다. 그뿐 아니라 이벨린의 처자식이 티루스까지 가는 데 안전을 보장하는 통행허가증까지 동봉되어 있었다.

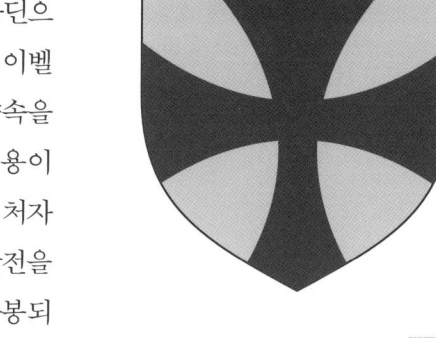

이벨린 가의 문장
(노란색 바탕에 붉은색 변형 십자)

그러나 이처럼 신사적으로 행동한 탓에 살라딘은 손쉽게 함락할 수 있었을 예루살렘에 괜한 공을 들이게 된다. 이것은 중세시대의 '문화'이기도 했던 기사도 정신이 종교와 무관하게 발휘될 때도 있었다는 사실을 보여준다.

이렇게 하여 이벨린은 성도 예루살렘을 방어하는 데 선두에 서게 되었는데, 과연 그에게는 그럴 만한 자격이 있었을까.

결론부터 말하자면, '충분히' 있었다. 달리 그럴 만한 사람이 없었다는 소극적인 이유에서가 아니라, 이벨린에게는 당시 예루살렘에 있던 대부분의 사람들이 납득할 만한 충분한 자격이 있었던 것이다.

발리앙 이벨린은 이벨린 가의 장남이 아니었다. 따라서 그는 원래부터 예루살렘 왕국 내의 유력한 영주였던 것이 아니라, 처음에는 영주 일가의 일원에 불과했다. 예루살렘 왕국 내의 분쟁에 염증이 난 큰형이 안티오키아로 물러가는 바람에 이벨린 가의 주인 자리가 그에게 돌아온 것이다. 그해 발리앙 이벨린은 이미 마흔여섯 살이었다.

하지만 이벨린 가의 주인이 되기 전부터 그는 보두앵 4세에 대한 충성심을 갖고 있었다. 이 왕이 열세 살에 즉위해 스물네 살에 죽을 때까지의 시기에 서른네 살에서 마흔다섯 살이었던 이벨린은 문둥이 왕을 보좌한 두 충신 가운데 한 사람이었다. 아니, 오히려 전쟁에 나가는 왕과 항상 동행한 것은 또 한 사람의 충신인 트리폴리 백작 레몽 3세가 아니라 이벨린이었다. 트리폴리 백작은 자기 영지가 있었으므로 항상 동행할 수는 없었던 것이다.

예루살렘 왕 보두앵 4세는 이 이벨린을, 아버지 아모리가 죽은 후 미망인이 된 비잔틴제국의 황녀 마리아 콤네나와 결혼시킨다. 아직 가문의 후계자도 아닌 이벨린에게는 파격적인 후대였는데, 자신의 여명이 길지 않다는 것을 알고 있던 보두앵 4세는 예루살렘 왕국의 앞날에 이벨린 같은 남자가 필요하다는 것을 깨달았던 것이다. 그리고 계모인 마리아 콤네나와 결혼하는 그에게 본인 소유의 영지가 없는 것을 안타깝게 여겨 나블루스에 있는 영지까지 하사한다. 발리앙 이벨린이 서른일곱 살이던 해의 일이었다.

그러나 6년 후, 나빠지기만 하는 자신의 몸 상태를 직시한 문둥이 왕 보두앵은 아직 여섯 살밖에 안 된 조카를 공동 왕위에 앉힌다. 자신이 죽은 후 누이 시빌라의 남편 뤼지냥이 예루살렘 왕위에 앉는 것을

326

저지하기 위한 책략이었는데, 이 대관식 때 소년을 왕좌로 이끌었던 이도 이벨린이었다. 이러한 경우에는 왕이 그 역할을 하는 것이 관례였지만, 죽음을 향해 가던 보두앵에게는 그럴 만한 체력이 남아 있지 않았던 것이다.

이 대관식이 있은 지 2년 후에 스물네 살의 보두앵 4세가 죽고, 여덟 살의 소년이 보두앵 5세로 혼자 왕이 된다. 하지만 이 왕도 1년 후에 죽고 말아, 그를 대신하여 예루살렘 왕위에 오른 사람은 시빌라의 남편 뤼지냥이었다.

시빌라와 뤼지냥이 예루살렘의 왕궁을 좌지우지하게 되자 이벨린은 밀려나고 만다. 이벨린이 뤼지냥을 따라 하틴 전투에 참가한 것도, 예루살렘 왕국 내의 유력한 영주가 왕이 이끄는 군대에 참가하는 것 이상의 의미가 없었다. 이 시기 그는 이미 큰형이 물려난 이벨린 가의 주인이 되어 있었고, 뤼지냥과는 항상 거리를 유지했다.

당연히 발리앙 이벨린은 뤼지냥이 중용한 샤티용과는 말도 섞지 않는 사이였다. 기질적으로도 맞지 않았고, 이슬람에 대한 샤티용의 강경노선에도 항상 반대해왔기 때문이다.

이러한 발리앙 이벨린이 마흔일곱 살 나이에 예루살렘 방어의 선두에 서게 된 것이다. 이벨린은 아마도 이 또한 자신의 운명이라고 생각했을 게 틀림없다.

그러나 현실은 만만치 않았다. 이벨린의 지휘에 따라 예루살렘 방어전을 치를 수 있는 전사는 60명 정도밖에 남아 있지 않았다. 최소한 3만 명이 공격해올 게 분명한 살라딘에 맞설 주요 방어 전력이 고작 60명밖에 되지 않는 것이다. 이는 살라딘과의 결전에 임할 때 예루살렘 방어요원까지 총동원한 뤼지냥의 책임이었지만, 그때 뤼지냥이 예루살렘 방어를 맡겼던 대주교는 우왕좌왕하기만 할 뿐 전혀 도움이 되지 않았다.

이벨린은 이때 예루살렘 시내에 남아 있던 열여섯 살 이상의 남자를 모두 기사로 임명한다. 그 수가 얼마나 되는지는 알려져 있지 않다. 아마도 이들에게 전투의 프로인 기사라는 호칭을 부여함으로써, 최소한 성도를 방어할 기개를 심어주려 한 것이 이벨린의 생각이었을 것이다.

그러나 60명의 프로와 그 밖의 아마추어로 이루어진 집단을 조직한 발리앙 이벨린의 수완은 예상외로 훌륭한 것이었다.

예루살렘 공방

살라딘은 도착 다음 날인 9월 21일에 바로 공격해왔다. 예루살렘 북서쪽에서 서쪽을 감싸고 있는 성벽, 즉 다마스쿠스 문에서 야파 문까지의 지역이었다. 제1차 십자군이 공격했을 때와 같은 곳인데, 아마 예루살렘을 공격할 때는 이쪽을 노리는 것이 상례였던 듯하다. 21일부터 25일까지 닷새 동안 이 일대는 계속해서 살라딘군의 공격을 받았다.

시내에서 이벨린이 주도한 방어전이 어떻게 이루어졌는지는 알려져 있지 않다. 하지만 중과부적의 정도를 넘어 차원이 다르다고밖에 할 수 없는 병력의 공격을 받으면서도 방어측은 계속 건투했다. 닷새 동안 끊임없이 공격을 받았지만 성벽이 한 군데도 무너지지 않았던 것이다.

살라딘의 군대는 이전의 이슬람 군대에 비해 현격하게 기술이 발전했다. 투석기가 수없이 활용되었고 '그리스의 불'이라 불리는 수류탄이 끊임없이 불을 내뿜었다. 그래도 방어측은 한 발짝도 물러서지 않았다.

닷새째 되는 날 전투가 끝난 후, 살라딘은 더이상 같은 전법으로 공격을 계속하는 건 무의미하다는 것을 깨닫지 않을 수 없었다. 그날 한밤중에 진을 물리라는 명령이 내려오고 살라딘의 군대는 예루살렘 북동쪽으로 이동했다.

이튿날인 26일, 예루살렘 북쪽과 북동쪽 성벽에 새로운 전법의 공격이 다시 시작되었다. 그전처럼 석유를 넣어 불을 붙인 수류탄을 병사들이 하나씩 던지는 게 아니라 성벽 앞으로 끌고 나온 투석기를 이용해 한꺼번에 던져넣었다. 이것이 적중하자 주변 일대는 불바다가

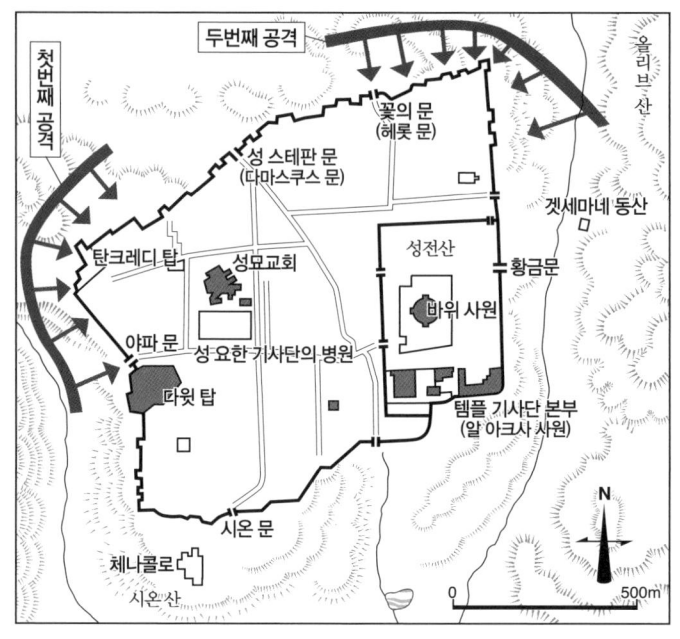

지도 내 라벨:

두번째 공격

첫번째 공격

올리브 산

꽃의 문
(헤롯 문)

성 스테판 문
(다마스쿠스 문)

겟세마네 동산

탄크레디 탑

성묘교회

성전산

황금문

바위 사원

야파 문

성 요한 기사단의 병원

파윗 탑

템플 기사단 본부
(알 아크사 사원)

시온 문

체나콜로

시온산

N

0   500m

예루살렘 공방

되었다.

　이렇게 맹공격을 퍼붓는 한편으로 살라딘은 인부들에게 성벽 아래
까지 갱도를 파라고 명령했다. 사흘에 걸쳐 30미터의 갱도를 파내려
갔고, 조금만 더 파면 내부에 화약을 채워 성벽을 산산조각으로 날려
버릴 수 있었다. 때가 임박했다고 본 살라딘은 붕괴된 성벽을 넘어 시
내로 공격해 들어갈 기병 집단을 편성하라고 명령했다.

　방어하는 쪽도 갱도의 존재를 알아차리고 있었다.

30일, 발리앙 이벨린은 살라딘에게 편지를 보내 직접 회담을 하자고 청했다. 하지만 살라딘에게서는 답이 오지 않았다.

이벨린은 이튿날인 10월 1일, 다시 한번 회담을 청한다. 이날도 살라딘에게서 아무런 답이 없었다.

그래도 이벨린은 포기하지 않았다. 다음 날인 10월 2일, 마침내 살라딘의 천막 안에서 두 사람의 회담이 실현되었다. 둘은 고급 아라비아어로 대화를 나누었다. 통역도 필요 없이, 마흔아홉 살의 이슬람교도와 마흔일곱 살의 그리스도교도가 얼굴을 맞대고 대결한 것이다.

남자의 대결

발리앙 이벨린은 결코 우는소리를 입에 담지 않았다. 오히려 살라딘을 협박했다. 이슬람측 기록에 따르면 그 협박이란 다음과 같은 것이었다.

이벨린은 말했다. 당신은 조만간 예루살렘을 수중에 넣을 것이다. 그러나 예루살렘을 지금 상태 그대로 수중에 넣을 수 있으리라고는 생각하지 마라. 우리는 마지막 한 사람이 죽을 때까지 계속해서 싸울 것이다.

우선 시내에 있는 5천 명의 이슬람교도를 모두 죽이겠다. 그리고 예루살렘 시내에 있는 이슬람의 모든 성소, 바위 사원과 알 아크사 사원부터 사당에 이르기까지 모조리 파괴할 것을 맹세한다.

살라딘, 당신은 예루살렘의 정복자가 될 것이다. 하지만 당신이 정복하는 것은 파괴되고 불에 타서 아무것도 남지 않은, 그리스도교도뿐 아니라 수많은 이슬람교도의 피로 물든 예루살렘일 것이다.

살라딘은 입을 다물고 말았다. 그것을 본 발리앙 이벨린은 어조를 바꿔 다시 이야기를 시작했다. 이 시기 예루살렘에는, 토머스 베켓 사건으로 험악해진 로마 교황의 심사를 누그러뜨리기 위해 영국 왕 헨리 2세가 성지 방어 자금이라는 명목으로 보내온 3만 디나르 상당의 돈이 있었다. 이벨린은 그것을 함락 후 죽임을 당하거나 노예가 될 것이 확실한, 예루살렘에 사는 '프랑크인'들의 몸값으로 쓰려고 생각하고 있었다. 따라서 살라딘과 이벨린의 대화는 몸값 교섭으로 옮겨갔다.

이벨린은 일단 이 3만 디나르로 1만 5천 명이나 되는 '프랑크인'의 몸값 교섭을 시작한다. 남자는 한 사람당 10디나르, 여자는 5디나르, 어린이는 1디나르가 당시 서민의 몸값 시세였으니, 남자와 여자와 어린이 7천 명은 구할 수 있을 것으로 보았다.

물론 이 7천 명은 이슬람교도가 '프랑크인'이라 부르는 유럽인으로 제한된다. 같은 예루살렘 주민이라도 이슬람교도는 포로가 되지 않을 것이고, 또 유대인과 그리스인, 아르메니아인은 항복한 후 계속 예루살렘에 살 수 있다고 살라딘이 인정해주었으므로, 유럽인의 몸값 걱정만 하면 되었던 것이다.

하지만 그래도 7천 명밖에 구할 수 없다. 그러나 전원을 살리려 하면 한 사람도 살릴 수 없게 된다. 이벨린은 자신의 사유재산도 내놓는 동시에 예루살렘 시내의 모든 돈을 끌어모아, 그것으로 불쌍한 사람을 하나라도 더 구해낼 생각이라고 살라딘에게 말했다.

이에 살라딘은 감격하고 말았다. 동석한 살라딘의 동생 알 아딜 역시 형 이상으로 감격해 1천 명분의 몸값을 자기가 내겠다고 나서 형의 동의를 얻었을 정도였다.

살라딘은 최고사령관의 이름으로, 예루살렘 시내에 있는 '프랑크인' 노인에게는 몸값 없이 퇴거하는 것을 허가하기로 결정한다. 또한 미망인이나 고아는 몸값을 받지 않을뿐더러 당장 필요한 돈까지 주어 예루살렘을 떠나도록 해주었다. 이때의 '당장 필요한 돈'은 모두 살라딘의 주머니에서 나온 것이었다.

예루살렘 시내의 '프랑크인'들도 동포가 노예가 되는 것을 막기 위한 노력을 아끼지 않았다. 대주교는 7백 명분의 몸값을 제공했고, 이벨린도 사유재산으로 5백 명분의 몸값을 지불했다. 다른 사람들도 할 수 있는 데까지 노력했는데, 이것은 이런 경우 흔히 나오는 '부채'의 개념이 아니었다. 몸값을 지불할 수 없는 사람이 노예가 되지 않게 하는 데 필요한 돈은 선물로 간주되었던 것이다.

이리하여 이슬람측뿐 아니라 그리스도교측에도, 노예가 된 '프랑크인'은 거의 없었다고 전해진다.

그러나 이러한 조치는 이슬람교 이맘들이 살라딘을 비난하는 이유가 되었다. 그들 같은 원리주의자의 눈에 살라딘의 관대함은 도를 넘은 것으로 비쳤던 것이다.

그들은 88년 전 그리스도교도가 예루살렘을 정복했을 때와 마찬가지로, 그들 모두를 죽이거나 노예로 삼아야 한다고 주장했다.

하지만 살라딘은 이 종교지도자들의 말에 귀를 기울이지 않았다. 그러기는커녕 병사들에게 떠나는 난민에 대한 약탈 행위를 금하도록 했다. 그 덕분에 티루스나 트리폴리를 향해 도망간 난민 중에서 죽거나 약탈을 당한 사람은 거의 없었다고 한다.

예루살렘, 다시 이슬람의 손으로

살라딘은 자신의 생각을 관철시킴으로써 제1차 십자군 때와는 전혀 다른 모습으로, 즉 살육을 행하지 않고 예루살렘의 '해방'을 실현하였다. 그리하여 예루살렘은 88년 후 다시 이슬람교도의 도시로 돌아갔다.

1187년 10월 9일은 이슬람교도의 기념일이 되었다. 그날 살라딘은 대열을 이끌고 성지 해방자로서 당당히 예루살렘에 입성했다. 예루살렘을 자신들 것으로 만드는 것은 그리스도교도에게도 '해방'이었지만, 이슬람교도에게도 '해방'이었다.

사정이 이러했기에 해방자 살라딘은 입성 전에도 해야 할 일이 많았다.

우선 그리스도교 교회로 바뀌어 있던, 통칭 바위 사원으로 불리는 성소에서 돔 정상에 걸려 있던 십자가를 치웠다. 벽면을 장식하고 있는 그리스도교에 관련된 그림도 모두 제거하고, 장미꽃 향기가 나는 성수를 뿌려 정화했다. 이런 일이 모두 끝난 후에야 비로소 신도들이 내부에 발을 들여놓을 수 있었다.

같은 수순의 정화 작업이 프랑크인이 사용했던 모든 성소에서 반복되었다. 템플 기사단 본부로 바뀌어 있던 알 아크사 사원은 다른 어느 곳보다 정성껏 정화 작업이 이루어졌다. 알 아크사 사원은 바위 사원 못지않게 이슬람교도가 중요시하는 성소였던 것이다. 예루살렘 대주교가 살던 저택이 학교로 바뀌고, 88년간 교회로 사용되었던 예루살렘 시내의 모스크가 원래의 모스크로 돌아간 것은 물론이다.

하지만 살라딘은, 역시나 이맘들의 제언에 귀를 기울이지 않고서, 성묘교회에는 손을 대지 못하게 했다. 그리스도의 묘 위에 세워졌다는 이유로 그리스도교도 순례자들의 신앙이 가장 집중되던 이 교회를 그대로 온존하기로 한 것이다. 따라서 콘스탄티누스 대제가 건립한 이 성묘교회는 파괴되지 않고 모스크로도 바뀌지 않은 채, 지금의 형태로 남게 되었다.

성묘교회를 그대로 두었다는 것은 살라딘이 그리스도교도의 순례를 인정했음을 의미한다. 그 증거로 교회 바로 옆에 있는, 순례자들을 치료하기 위해 세워진 병원 기사단의 병원도 그대로 남아 있다.

살라딘은 예루살렘을 십자군이 '해방'하기 이전의 상황으로 되돌린 것뿐이었다. 유럽에서 오는 순례를 허용하되, 예루살렘이 이슬람의 지배하로 돌아갔다는 것을 유럽에서 온 순례자들이 인정해야 한다는 것이다. 그리스도교가 지배하던 시대처럼 예루살렘 대주교가 남는 것은 허용하지 않았지만, 성묘교회에서 봉사하는 수도사들이 남는 것은 허용했다. 같은 이유로, 의료에만 종사하는 조건으로 병원 기사단의 단원 열 명이 남는 것도 인정해주었다.

해가 바뀐 1188년 1월 1일, 살라딘은 '지하드'라는 기치하에 편성한 이슬람 군대를 해산했다. 태수들은 각자의 영지로 돌아가고 병사들은 아내의 품으로 돌아갔다.

이로써 살라딘은 1187년 불과 1년 동안 중근동의 십자군 국가 절반 이상을, 즉 예루살렘 왕령 전체를 없애버린 셈이 되었다. 유럽의 그리스도교도들이 영위해온 백 년간의 십자군 시대를 거의 무(無)로 되돌린 것이다.
'프랑크인'에게는 안티오키아와 트리폴리, 티루스만 남았다.

안티오키아는 '하틴 전투'에 참가하지 않았기 때문에 아직 남아 있었다. 하지만 이곳도 실질적으로는 비잔틴제국의 영토가 되었기에

'프랑크인'의 나라라고는 할 수 없었다. 예루살렘이 함락되었다는 소식을 들은 비잔틴제국 황제가 살라딘에게 축하 편지를 보냈을 정도다.

트리폴리가 십자군측에 남은 이유는 통치자 레몽 3세의 힘 때문이라기보다, 그 지역에 특히 많이 세워져 있던 병원 기사단의 성채 덕이라고 하는 것이 맞을 것이다. '크락 데 슈발리에'는 살라딘의 맹공에도 꿈쩍하지 않았고, 다른 성채도 이슬람 군대에 굴복하지 않았던 것이다.

그러나 성채, 특히 요르단강 동쪽과 예루살렘 왕국 내에 있던 여든 군데의 십자군측 성채는 대부분이 해가 가기 전 살라딘에게 성문을 열었다. 공격에 시간을 들일 것도 없었다. 목숨만은 살려주겠다는 조건으로 퇴거를 받아들이거나, 혹은 그전에 떠났던 것이다. 예루살렘뿐 아니라 대부분의 항구도시까지 잃은 상황이다. 아무리 견고한 성채라도 고립되어버리면 거의 존재의의를 잃게 된다. 항상 동방을 향해 이슬람 세계를 노려보던 성채는, 발상을 바꾸어 도전해온 살라딘에 의해 무력해지고 만 것이다.

티루스가 살라딘의 군대에 함락되지 않은 것은 해상에 우뚝 솟은 이 항구도시가 알렉산드로스 대왕도 공략하기 힘들어했을 정도로 난공불락의 땅이었기 때문이다. 이 지역을 공략하려면 해상 공격이 필수인데, 아무리 살라딘이라도 이집트 해군의 능력까지 바꿔놓을 수는 없었다.

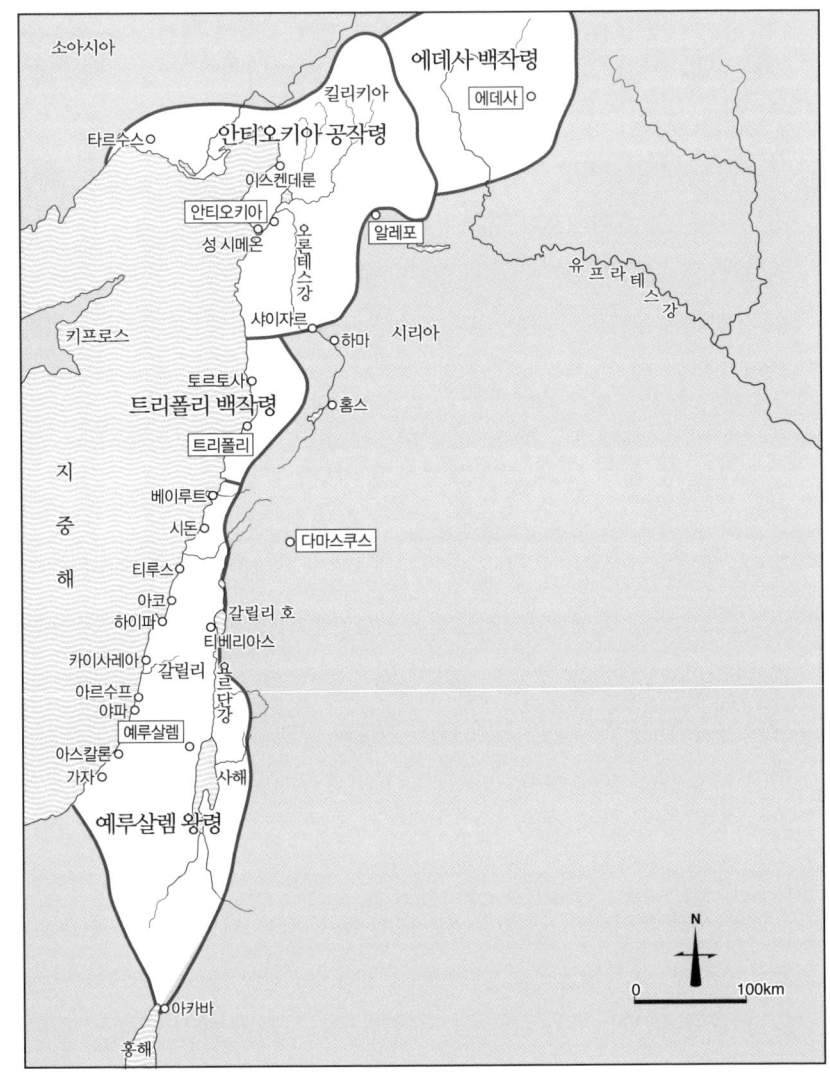

소아시아

에데사 백작령

킬리키아

에데사 ○

타르수스 ○

안티오키아 공작령

이스켄데룬

안티오키아

성 시메온

오론테스 강

알레포

샤이자르

하마 ○

시리아

유프라테스 강

키프로스

토르토사

트리폴리 백작령

홈스 ○

트리폴리

지 중 해

베이루트

시돈

티루스

다마스쿠스

아코

하이파

갈릴리 호

티베리아스

카이사레아

갈릴리

요단 강

아르수프

야파

예루살렘

아스칼론

가자

사해

예루살렘 왕령

N

0   100km

아카바

홍해

십자군 국가(1118년까지)

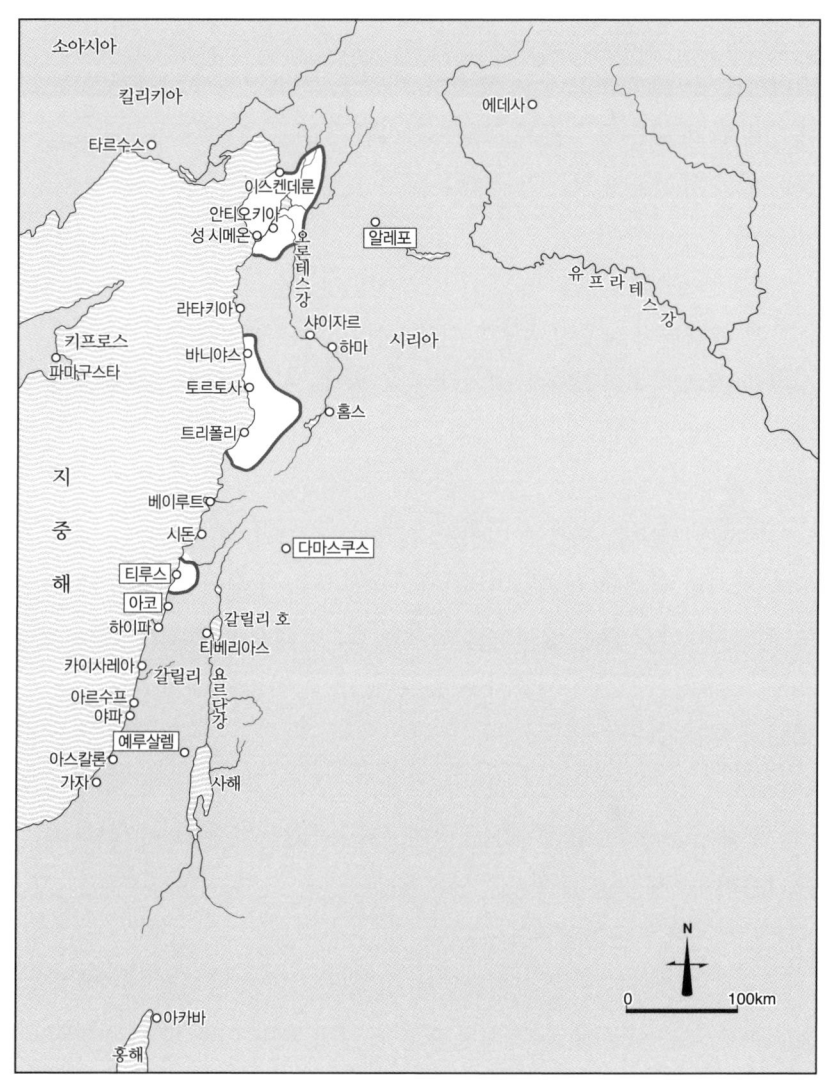

십자군 국가(1187년)

살라딘은 이슬람교도들의 칭송을 받아 마땅한 전략의 천재였다. 그러나 이슬람 세계 최고의 이 영웅이, 아직도 그 세계에서 사사건건 푸대접을 받고 있는 소수민족 쿠르드인이라는 것을 후대의 이슬람교도들은 알고 있었을까 하는 생각이 든다.

한편 살라딘이 예루살렘을 탈환했다는 소식은 중근동에서 멀리 떨어진 유럽에까지 순식간에 퍼져나가, 유럽에 사는 그리스도교도들에게 이루 말할 수 없는 심각한 타격을 안겨주었다.

에데사가 함락된 것과는 이야기가 달랐다. 92년 전 십자군을 일으켰을 당시의 원래 목표였던 성도 예루살렘을 다시 빼앗긴 것이다. 이번에는 에데사를 잃은 충격으로 시작된 제2차 십자군 때의 성 베르나르두스 같은 선동가도 필요하지 않았다. 유럽 전역이 자발적으로 일어났기 때문이다.

독일에서는 붉은 수염이라는 별명으로 유명한 신성로마제국 황제 프리드리히 1세.
프랑스에서는 존엄왕 필리프.
그리고 영국에서는 훗날 이슬람을 상대로 성난 사자처럼 맹렬하게 돌진하는 모습 때문에 '사자심왕'으로 불리게 되는, 이제 막 영국 왕이 된 리처드 1세.

십자군 역사상 가장 화려한 조합의 제3차 십자군이 유럽을 떠나 속속 중근동으로 향하기 시작한다. 이제 살라딘이 맞설 차례였다.

(3권으로 이어집니다)

옮긴이 **송태욱**

연세대학교 국문과를 졸업하고 같은 대학 대학원에서 문학박사 학위를 받았다. 도쿄외국어대학교 연구원을 지냈다. 지은 책으로 『르네상스인 김승옥』(공저)이 있고, 옮긴 책으로 『사랑의 갈증』 『세설』 『만년』 『환상의 빛』 『형태의 탄생』 『천천히 읽기를 권함』 『번역과 번역가들』 등이 있다.

감수자 **차용구**

고려대학교 사학과를 졸업하고, 독일 파사우대학교에서 서양 중세사 연구로 석사와 박사 학위를 받았다. 현재 중앙대학교 인문대학 역사학과 교수로 재임하고 있다. 지은 책으로 『로마제국 사라지고 마르탱 게르 귀향하다』 『중세 유럽 여성의 발견』이, 옮긴 책으로 『중세의 빛과 그림자』가 있다.

십자군 이야기 2

1판 1쇄 2011년 11월 3일
1판 25쇄 2025년 2월 17일

지은이 시오노 나나미
옮긴이 송태욱
감수자 차용구

기획 강명효 | 책임편집 양수현 | 편집 강명효 염현숙 이정원 | 독자 모니터 김경범
디자인 윤종윤 유현아 | 저작권 박지영 형소진 오서영
마케팅 정민호 서지화 한민아 이민경 왕지경 정유진 정경주 김수인 김혜원 김예진
브랜딩 함유지 박민재 김희숙 이송이 김하연 박다솔 조다현 배진성
제작 강신은 김동욱 이순호 | 제작처 영신사

펴낸곳 (주)문학동네 | 펴낸이 김소영
출판등록 1993년 10월 22일 제2003-000045호
주소 10881 경기도 파주시 회동길 210
전자우편 editor@munhak.com | 대표전화 031)955-8888 | 팩스 031)955-8855
문학동네카페 http://cafe.naver.com/mhdn
인스타그램 @munhakdongne | 트위터 @munhakdongne
북클럽문학동네 http://bookclubmunhak.com

ISBN 978-89-546-1521-1 04920
     978-89-546-1523-5 (세트)

www.munhak.com